Vadim Zeland

TRANSSURFING 3

Vadim Zeland

TRANSSURFING 3

Vorwärts in die Vergangenheit

Aus dem Russischen von Helmut Kunkel

SILBERSCHNUR VERLAG

Hinweis:

Wir haben uns bemüht, mit unserer Übersetzung sehr nah am russischen Originaltext zu bleiben, der an einigen Stellen jedoch eigenwillige Neologismen und eine recht bilderreiche Terminologie beinhaltet. Wir haben uns bemüht, dieser in der Übersetzung Rechnung zu tragen und sie in angemessener Weise im Deutschen wiederzugeben. Wenn Sie daher bei Ihrer Lektüre häufiger auf Wortneubildungen stoßen, so hoffen wir, damit in Ihrem Interesse gehandelt zu haben, indem wir die Übersetzung so wortgetreu wie möglich gehalten haben.

Titel der Originalausgabe: Трансерфинг реальности Вперед в прошлое!

ISBN 978-3-89845-253-3

1. Auflage 2008   3. Auflage 2015
2. Auflage 2009   4. Auflage 2023

Übersetzung: Helmut Kunkel
Gestaltung & Satz: XPresentation, Güllesheim
Druck: Finidr, s.r.o. Cesky Tesin

Verlag »Die Silberschnur« GmbH · Steinstraße 1 · D-56593 Güllesheim
www.silberschnur.de · E-Mail: info@silberschnur.de

INHALT

2. Freiling 43

"Freiling" ist eine ausgesprochen charmante Technologie der menschlichen Beziehungen. Sie wollen lernen, Menschen zu beeinflussen, um Erfolg zu haben? Das ist die am wenigsten wirkungsvolle und darüber hinaus auch eine ziemlich fragwürdige Methode. Es ist nicht nötig, Druck auf die Umgebung auszuüben, um seine Ziele zu erreichen! Folgen Sie den Empfehlungen in diesem Kapitel, und Sie werden sehen, dass die Welt Ihnen mit offenen Armen entgegenkommt. Die Menschen werden Ihnen gegenüber eine unerklärliche Sympathie empfinden.

3. Koordinierung 89

Um Ihre Ziele zu erreichen, brauchen Sie nicht unbedingt stark und selbstsicher zu sein. Es gibt eine andere, viel wirksamere Alternative. Koordinierung ist eine einfache Methode, so zu denken und zu handeln, dass das Glück immer auf Ihrer Seite ist. Das ist ungefähr so, wie das Radfahren zu erlernen. Sobald Sie diese Methode erlernt haben, wird Ihr Leben zum reinsten Vergnügen.

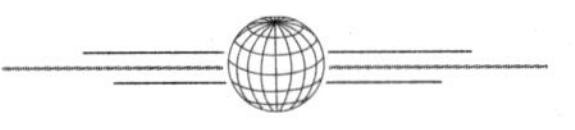

VORWORT

Liebe Leserin, lieber Leser!

Der Glaube an die Existenz von Kräften, die das Schicksal des Menschen bestimmen, ist uralt. Schon immer diente die Ehrfurcht vor der Ungewissheit als Stimulus zur Bildung aller möglichen Fantasien und Mythen, angefangen von den Legenden des Altertums bis hin zu Modellen, in denen der Mensch nicht mehr ist als ein kleines Rädchen im monströsen Weltengetriebe.

Uns alle beschäftigt die Frage, inwieweit wir unsere eigenen Geschicke lenken können und wie das zu bewerkstellen ist. Genau aus diesem Grund erfreuen sich auch heute noch Magie und Mentalistik so lebhaften Interesses.

Das vorliegende Buch wird sicherlich Ihre Neugier befriedigen, da die besagte Frage auf originelle Weise beantwortet wird. Transsurfing öffnet die magische Tür zu einer Welt, in der Sie auf sehr seltsame, ungewöhnliche Dinge stoßen werden. Sie erfahren, dass die Realität lenkbar ist. Dabei wird das Ziel nicht erreicht, sondern verwirklicht sich größtenteils von selbst.

Dies klingt nur aus herkömmlicher Weltsicht unglaublich. Wir sind in das Futteral falscher Beschränkungen und Stereotype eingezwängt. Es wird Zeit, dem Sumpf dieser Illusion zu entkommen.

Wie fantastisch die ganze Idee der Realitätslenkung auch anmuten mag, sie wurde bereits praktisch bestätigt. Schon lange vor der Herausgabe dieses Buches spross und gedieh Transsurfing in einem großen Leserkreis im Internet.

Die Umwelt des Transsurfers verändert sich auf unbegreifliche Weise buchstäblich vor seinen Augen. Wenn die alltägliche Wirklichkeit sich in völlig ungewohntem Licht zeigt, mag dies zunächst erschütternd wirken. Doch das ist keine Hexerei, alles ist ganz real. Die Pioniere des Transsurfings konnten sich aus eigener Erfahrung davon überzeugen. Die folgenden Rezensionen sprechen für sich:

> *"Echt seltsam, aber Transsurfing funktioniert tatsächlich! Ich staune! Einige Dinge, die mir passiert sind, kann ich nur noch Wunder nennen. Ich hätte nie gedacht, dass so etwas möglich ist!"*

> *"Sehr eindrücklich! Ich bin total begeistert, dass ich Dinge zu verstehen beginne, über die ich früher nur spekulieren konnte."*

> *"Um mich herum sehe ich Glück, und es wächst mit jedem Tag! Wie sonderbar - es war immer da, doch ich habe es nicht bemerkt!"*

> *"Ich muss sagen, dass mich in meinem ganzen Leben noch kein Buch so sehr gefesselt hat. Gerade lese ich über die Wechselbeziehung von Seele und Verstand."*

> *"Meine Fragen über das Leben begannen sich auf sanfte Weise zu lösen; alles renkt sich ein und fällt auf seinen Platz. Einfach toll!"*

> *"Mir fehlen die Worte, um den Zustand zu beschreiben, in dem ich mich jetzt befinde. Ich kann ihn nur annähernd wiedergeben: Stille, Ruhe, Glück ..."*

> *"Es funktioniert tatsächlich! Alles andere zählt nicht."*

Kapitel I

Energie

Für die Beschäftigung mit Transsurfing sind eine gute Gesundheit und ein genügend hohes Energiepotenzial erforderlich. Sie finden hier einfache und wirksame Empfehlungen, wie Sie Ihre Lebenskraft steigern und Ihre Energetik auf das nötige Niveau erhöhen können. Dazu brauchen Sie sich keinem Training, keiner Diät oder sonstigen strengen Methoden zu unterziehen.

Kämpfen Sie nicht für Ihre Gesundheit, und sparen Sie keine Energie. Lassen Sie sie in sich ein.

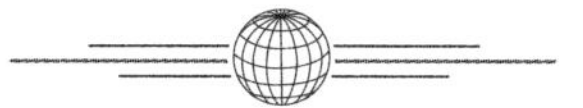

Die Energetik

Für eine effektive Beschäftigung mit Transsurfing sind eine gute Gesundheit und ein genügend hohes Energiepotenzial erforderlich. Sie halten sich auch so für gesund genug? Vielleicht wissen Sie nur nicht, wie sich ein wirklich gesunder Mensch fühlt. Wenn Sie morgens nicht aufstehen mögen, keine Lust haben, zur Arbeit oder zum Studium zu gehen, wenn Sie nachmittags schlapp machen oder schläfrig werden, wenn Sie abends keinen anderen Wunsch haben, als sich vor die Flimmerkiste zu hocken, dann sind Sie nicht gesund. In diesem Fall reicht Ihre Energie nur aus, um ein eintöniges Dasein zu fristen.

Wer seine Last des Überschusspotenzials verringert und sich von den Pendeln befreit, hat genügend zusätzliche Energie zur Verfügung, die er zuvor verschwendet hat. Doch mehr Energie kann nie schaden. Im Laufe dieses Kapitels werden Sie Empfehlungen finden, wie Sie Ihre Energie auf ein noch höheres Niveau anheben können.

Energetik wollen wir als die Fähigkeit definieren, sich Energie anzueignen und sie zu verwenden. Im menschlichen Körper kann man zwischen zwei Energieformen unterscheiden: *physischer* und *freier* Energie. Physische Energie erhält man als Ergebnis der Nahrungsaufnahme. Mit freier Energie ist kosmische Energie gemeint, die durch den menschlichen Körper strömt. Zusammen bilden diese beiden unsere energetische Hülle. Die Energie des Menschen wird zur Ausübung physischer Funktionen verbraucht, strahlt aber auch in die Umgebung ab.

Kosmische Energie ist in unserer Umwelt in unbegrenztem Ausmaß vorhanden, doch der Mensch kann sich davon nur einen verschwindend kleinen Teil aneignen. Diese Energie verläuft durch den Körper in zwei Richtungen. Der erste Strom, der *von unten nach oben* fließt, befindet sich bei Männern einen Zoll, bei Frauen zwei Zoll vor der Wirbelsäule. Der zweite Strom fließt *von oben nach unten,* ganz dicht an der Wirbelsäule entlang. Das Potenzial der freien Energie des Menschen hängt von der Breite seiner zentralen energetischen Kanäle ab. Je breiter sie sind, desto höher ist seine Energetik.

Die Existenz der zentralen energetischen Ströme wurde bereits vor sehr langer Zeit entdeckt. Der Energiefluss im menschlichen Körper verläuft auf recht komplizierte Weise, aber wir wollen hier nicht weiter ins Detail gehen. Wenn Sie dieses Thema interessiert, können Sie sich in weiterführender Literatur kundig machen. Für unsere Zwecke reicht es aus, uns mit den beiden zentralen Strömen zu befassen.

Wenn der normale Energiestrom behindert wird, das heißt, wenn irgendwo ein "Pfropf" oder "Loch" auftaucht, dann entstehen verschiedene Krankheiten. Umgekehrt gilt Ähnliches: Wenn ein inneres Organ erkrankt, wird der energetische Strom verzerrt und beeinträchtigt. Es ist nicht leicht, genau festzustellen, wann eine Störung des Energiestroms durch physiologische Gründe, zum Beispiel durch eine Verschlackung des Organismus, hervorgerufen wird, bzw. wann physiologische Störungen auf eine Veränderung des Energiestroms zurückzuführen sind. Akupunktur, Punktmassage und ähnliche Verfahren können den normalen Energiefluss wiederherstellen. Krankheiten, die auf Störungen des Energieflusses beruhen, können auf diese Weise geheilt werden. Aber die Wirkung wird nicht von Dauer sein. Um alles ins Lot zu bringen, muss man sowohl für den physischen als auch für den feinstofflichen Körper sorgen.

Die Energetik des Menschen ist eng mit der Beschaffenheit seiner Muskeln verknüpft. Verspannte Muskeln behindern den normalen Fluss der unsichtbaren Ströme und tragen zu Störungen in der Feldausstrahlung des Menschen bei. Wer an inneren Spannungen leidet, kann in einer ungezwungenen Gesellschaft allein durch sein Auftauchen die Stimmung verändern: Die Spannungen bleiben gleichsam in der Luft hängen. Auf diese Weise nimmt die Umgebung auch unbewusst negative Energie wahr.

Solche psychischen Spannungen erzeugen in ihrem Umfeld eine Disharmonie und rufen die Nivellierungskräfte auf den Plan. Das Gleichgewicht kann wiederhergestellt werden, und zwar entweder indem man die Energie auf einen gemeinsamen Pegel bringt oder indem man das entstehende Energiepotenzial umkehrt. Zum Beispiel könnte sich die obengenannte Gesellschaft über die unnötige Befangenheit des Neuankömmlings lustig machen.

Die psychische Verfassung und die Lebenskraft eines Menschen sind direkt mit seiner Energetik verbunden. Niedergeschlagenheit, Stress, Frust, Müdigkeit und Apathie zeugen von Energiemangel. Physische Kraft allein ist nicht ausreichend für die Aufrechterhaltung einer hohen Lebenskraft. Wer körperlich schlapp ist, kann sehr wohl zufrieden und gutgelaunt sein. Umgekehrt kann eine wohlgenährte, ausgeruhte Person sich bedrückt oder geschlaucht fühlen.

Die Hauptrolle im aktiven Leben des Menschen spielt die freie Energie. Wenn einem nichts wünschenswert erscheint, so ist dies auf einen Mangel an freier Energie zurückzuführen. Bei einem solchen Defizit mag man sich zwingen, routinemäßige Funktionen zu erfüllen, aber kreativ tätig zu sein oder aktiv etwas zu unternehmen wird schwierig sein. Hinter jeder aktiven Handlung des Menschen steht eine Absicht. Wer keine freie Energie hat, hat auch keine Absicht, kein Ziel vor Augen.

Die physische Energie wird für die eigentliche Ausführung einer Handlung gebraucht. Wir wollen uns aber in erster Linie mit der Art von Energie befassen, die die Absicht stärkt. Ich nenne sie daher auch Absichtsenergie. Ihr ist es zu verdanken, dass in uns *die Entschlossenheit zu haben und zu handeln* entsteht.

Stress und Entspannung

Bedrückung und Spannungen bewirken eine Blockade der zentralen Energieströme. Die zentralen Kanäle verengen sich, und die Zirkulation der freien Energie wird behindert oder kommt gar zum Erliegen. In einer solchen Verfassung verliert die Absicht ihre Energiequelle. Unter Stress sind wir nicht in der Lage, effektiv zu handeln, da die Absicht blockiert ist. Stress kann auf die Energiekanäle aber auch auf entgegengesetzte Weise wirken. Sie können sich plötzlich ausdehnen, und auf einmal können wir unglaubliche Dinge tun, die unter gewöhnlichen Umständen nicht möglich sind. Es gibt hierfür auch Beispiele, aber ein solcher Fall ist eher eine Ausnahme. Meistens nehmen die Fähigkeiten eines Menschen unter Stress rapide ab.

Im Laufe des Tages durchlaufen wir viele Stresssituationen, die in ihrer Wirkungsintensität variieren. Ist diese ganz schwach, so vergessen wir die Situation gleich wieder. Ist sie stark, können wir für lange Zeit aus der Bahn geworfen werden. Die natürliche Reaktion des Körpers auf Stress besteht in einer Anspannung dieser oder jener Muskelpartien. Wir haben uns bereits so sehr an solche Anspannungen gewöhnt, dass wir sie schon gar nicht mehr bemerken. Wenn Sie zum Beispiel jetzt diese Zeilen lesen, spannen Sie bestimmte Gesichtsmuskeln an. Es reicht jedoch schon, Ihre Aufmerksamkeit auf sie zu lenken, und schon entspannen sie sich. Nach ein paar Minuten werden Sie Ihr Gesicht vergessen, und es wird wieder zu einer Maske erstarren, die Ihren emotionalen Zustand widerspiegelt.

Es gibt die irrige Ansicht, dass man durch die Methode der Entspannung dem Stress entgehen könnte. In Wahrheit jedoch versuchen Sie mit der Entspannung Folgen zu bekämpfen, ohne die Ursache beseitigt zu haben. Ein Grund für physische Anspannung ist psychische Anspannung. Bedrängnis, Unruhe, Gereiztheit und Angst rufen spasmische Verspannungen der

Muskeln hervor. Eine bewusste Entspannung der Muskeln wird natürlich zu vorübergehender Erleichterung führen, doch die noch immer vorhandene psychische Anspannung wird den alten Zustand wiederherstellen. *Um psychische Anspannung zu beseitigen, muss man seine Wichtignahme zurückschrauben.* Sie befinden sich nur deshalb im Zustand der Anspannung, weil Sie dem, was Sie berührt, übermäßige Bedeutung beimessen.

Stress ist eine Folgeerscheinung von Wichtignahme. Man kann ihm augenblicklich entgehen, indem man einfach die Wichtignahme herunterfährt. Die Wichtignahme zu stärken ist nicht nur nutzlos, sondern auch schädlich. Mit der Last der Wichtignahme können Sie eine Situation niemals zum Besseren wenden oder effektiv handeln. Im Stresszustand brauchen Sie nur aufzuwachen und sich bewusst zu machen, dass Sie von einem Pendel angestoßen wurden, und zwar am Punkt der Wichtignahme. Es ist nicht schwer zu bestimmen, worin diese Wichtignahme in einem konkreten Fall besteht. Erinnern Sie sich: Durch verminderte Wichtignahme werden Sie vom Pendel befreit und können effektiv handeln. Führen Sie sich vor Augen, dass eine erhöhte Wichtignahme *immer* gegen Sie arbeitet.

In jeder Situation, und sei sie auch noch so komplex, reicht es, sich bewusst an das Problem der Wichtignahme zu erinnern und das Ventil der Überbewertung zu öffnen. Die einzige Schwierigkeit besteht darin, sich rechtzeitig daran zu erinnern. Unter Stress schlafen Sie und können sich nicht mehr an irgendein Transsurfing erinnern. *Um einer Stresssituation zu entkommen, muss man aufwachen und seine Wichtignahme reduzieren.*

Wenn Sie die Gewohnheit haben, Ihren seelischen Komfort zu beachten, wird es Ihnen nicht schwerfallen, sich rechtzeitig zu erinnern. Jedes Mal, wenn Sie Unbehagen empfinden, fragen Sie sich einfach: warum? Habe ich etwas überbewertet? Entledigen Sie sich bewusst der Wichtignahme, egal wie "wichtig" Ihnen die Sache ist. Handeln Sie nur im Rahmen der gereinigten Absicht. Erst dann werden Sie effektiv handeln.

Um Immunität gegen Stress zu erlangen, sollten Sie die alte Gewohnheit, sich bei jedem beliebigen Anlass Mühe zu geben, mit einer neuen Gewohnheit ersetzen: sich nach Möglichkeit in einem Zustand entspannter Gelassenheit zu befinden. Eine solche Entspanntheit bedeutet ganz und gar nicht Schlappheit oder Apathie. Es ist eine Verfassung harmonischer Koexistenz mit der Umwelt, ein inneres *Gleichgewicht.* Ein solches Gleichgewicht setzt die Abwesenheit interner und externer Wichtignahme voraus: Ich bin weder schlecht noch gut; die Welt ist weder schlecht noch gut. Ich bin weder beklagenswert noch wichtig; die Welt ist weder beklagenswert noch wichtig ...

Die Abwesenheit der Wichtignahme oder zumindest ein niedriger Wichtigkeitspegel ist die Hauptbedingung, um den Zustand der Entspannung zu erlangen. Zum Beispiel wird es Ihnen kaum gelingen, am Dachrand eines Hochhauses entspannt zu sein, wenn Sie unter Höhenangst leiden. *Ist es unmöglich, die Wichtignahme abzuschalten, so sollten Sie zumindest keine Kraft zum Entspannen verschwenden.* Das wäre schlecht. Tun Sie sich keinen Zwang an, und achten Sie lieber auf Ihre Gesundheit.

Bei der Beschäftigung mit Transsurfing sollten Sie in der Lage sein, unter allen Umständen und in kürzester Zeit in den Zustand der Entspannung zu kommen. Eine verbale Autosuggestion ist dabei nicht nötig, denn die Muskeln hören nicht auf Worte, sondern auf die Absicht. Die meisten Muskeln kann man bewusst entspannen, einfach indem man seine Aufmerksamkeit auf sie lenkt. Gewöhnlich schenken wir unseren Muskeln keine Beachtung, es sei denn, sie beginnen zu schmerzen. Deshalb reicht es aus, unseren inneren Blick durch den ganzen Körper schweifen zu lassen und die verspannten Stellen zu lockern. Es gibt jedoch Muskelpartien, die es verlernt haben, der Absicht zu gehorchen. Das hat etwas mit der modernen Lebensweise zu tun, die durch viel Sitzen und wenig Bewegung gekennzeichnet ist. Zum Beispiel ist es schwierig, die Rückenmuskeln bewusst zu betätigen. Daher wird der Rücken mit zunehmendem Alter krank. So banal es klingen mag, aber regelmäßige Gymnastik, besonders für den Rücken, ist unverzichtbar.

Machen Sie es wie folgt: Wandern Sie nicht mit Hast, aber zügig mit Ihrem inneren Auge durch den ganzen Körper, und lockern Sie die verspannten Stellen. Betrachten Sie die gesamte Oberfläche Ihres Körpers auf einmal, als ein Ganzes. Stellen Sie sich vor, dass Ihre Haut eine Hülle ist, die sich plötzlich von innen her schnell erwärmt. Konzentrieren Sie sich auf die Oberfläche Ihres Körpers. Stellen Sie sich entweder vor, dass Ihre Haut warm wird oder dass sie von eiskalten Schauern oder energetischen Entladungen durchflutet wird. In erster Linie geht es dabei um das Empfinden, dass Sie eine Haut haben. Dann spüren Sie, wie die gesamte Oberfläche Ihres Körpers von Energie überströmt wird, ähnlich wie die schillernden Regenbogenfarben auf einer Seifenblase. In diesem Moment sind Sie eins mit dem Universum und befinden sich mit ihm in Harmonie. Sie brauchen sich dabei nicht um besondere Empfindungen zu bemühen. Jeder empfindet dies auf seine eigene Weise. Bemühung ist hierbei fehl am Platze. Tun Sie das gleichsam nebenbei, aber doch mit Entschlossenheit. Die Empfindung, als würde die Oberfläche des Körpers mit Energie überschüttet, ist ein Zustand der Entspannung, der Harmonie und der Einheit mit der Umwelt. Nach einigen Versuchen werden Sie dieses Gefühl augenblicklich erreichen, und Sie werden genauso leicht den Zustand der Entspannung erreichen, als wenn Sie die Arme vor der Brust kreuzen.

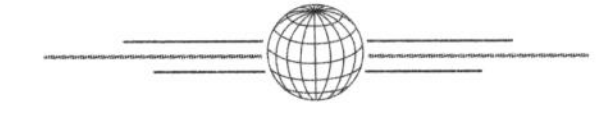

Energievampire

Wir alle schwimmen in einem Meer von Energie. Aber es ist nicht so einfach, an diese Energie heranzukommen, denn sie wird in Bezug auf den Menschen undifferenziert verteilt. Um sie zu erhalten, muss der Mensch seine energetischen Kanäle bewusst erweitern und diesen Strom gezielt dorthin fließen lassen. Zum Beispiel: Sie trinken absichtlich und bewusst Wasser, aber Energie können Sie nicht mit der gleichen klaren Empfindung aufnehmen. Prinzipiell haben wir als Menschen die Möglichkeit, bewusst Energie aus dem Kosmos "aufzutanken", aber diese Fähigkeit befindet sich in einem rudimentären Zustand.

Viel einfacher ist es, fremde, bereits aufgenommene Energie zu bekommen. Dies ist die Methode der so genannten Energievampire. Es ist leicht, an solche Energie heranzukommen, weil sie eine bestimmte Frequenz hat. Um fremde Energie anzuzapfen, reicht es aus, sich auf die entsprechende Frequenz einzustellen. Nach dem gleichen Prinzip empfängt ein Radio nicht alle Frequenzen, sondern nur diejenigen, auf die der Empfänger eingestellt ist. Energievampire ernähren sich von fremder Energie. Zu diesem Zweck stimmen sie sich auf deren Strahlungsfrequenz ein.

Der Vampir stellt sich auf sein Opfer auf der Ebene von dessen Unterbewusstsein ein. Äußerlich kann das auf verschiedene Weise zum Ausdruck kommen. Er nähert sich dem Opfer in einschmeichelnder Manier mit einer unbedeutenden Frage, schaut ihm eindringlich in die Augen, ist bestrebt, es zu berühren und an der Hand zu fassen, knüpft ein Gespräch an, versteht es, sich dem Charakter und Temperament seines Opfers anzupassen, schmeichelt sich in dessen Seele ein und versucht, sich zu dessen Freile vorzutasten. Dies ist der Schmeichelvampir. Er ist in der Regel ein guter Psychologe, ein geselliger, aber nicht charmanter Typ, aufdringlich bis zum Gehtnichtmehr. Freilich ist er sich seiner Aufdringlichkeit bewusst und versucht, sie möglichst zu kaschieren.

Eine andere Art von Vampir ist der Manipulator. Wie Ihnen zur Genüge bekannt sein dürfte, spielt der Manipulator mit den Schuldgefühlen der Menschen. Ein solcher Vampir hält unbewusst nach Menschen Ausschau, die dazu neigen, sich auf fremde Urteile zu verlassen oder in einer schwierigen Lage um Rat zu fragen. Und wer auch nur den geringsten Schuldkomplex in sich trägt, ist ebenfalls unbewusst auf der Suche. Er sucht nach jemandem, der ihn tadeln oder ihm Gnade erweisen könnte. Unterstützung und Rat brauchen jene, die an ihren eigenen Überzeugungen zweifeln und sich gern auf fremde Urteile verlassen. So finden Vampir und Opfer einander, und jeder bekommt, was er braucht. Der Manipulator stellt sich mit Leichtigkeit auf die Frequenz seines Opfers ein. Dazu braucht er nur beiläufig das Problem zu erwähnen, das den Betreffenden quält, und sofort wird dieser sich von selbst öffnen und seine Energie zur Verfügung stellen.

Der dritte Vampirtyp ist der böswilligste und aggressivste: der Provokateur. Ohne viel nachzudenken, geht er sofort in den Frontalangriff über und versucht, sein Opfer aus dem Gleichgewicht zu bringen. Auch die Handlungsweise der Provokateure wird Ihnen nichts Neues sein. Sie verwenden alle möglichen Mittel: von leichtem Spott bis zu grobem Druck. Das Wichtigste ist dabei, dass das Opfer die Beherrschung verliert. Was auch immer seine Reaktion sein wird – eine beleidigende Antwort, Gereiztheit, Empörung, Angst oder Neid –, alles ist genehm.

Durch den Energievampir wird das Opfer wie bewusstlos. Der Vampir seinerseits strebt unbewusst danach, die fremde Energie auszunutzen. Im Laufe seines Lebens bemerkt er Situationen, in denen er Befriedigung und eine Flut von Kräften bekommt, und später will er unbewusst die gleiche Erfahrung wiederholen. Das Opfer des Vampirs fühlt sich nach der "Sitzung" wie gebrochen. Wenn Sie nach dem Umgang mit einer Person Niedergeschlagenheit, Leere, Schwäche oder ein Schaudern spüren, so wurden Sie ausgenutzt.

Den Löwenanteil der in den Menschen enthaltenen freien Energie jedoch schnappen sich die Pendel. Wie sie das tun, wissen Sie bereits. Die Pendel erhalten die Energie durch den Kanal der Wichtignahme. Im Gegensatz zum Vampir, der nur kurzzeitig handelt, kann ein Pendel ständig einen Menschen aussaugen, bis der Betreffende Energie auf der Strahlungsfrequenz des Pendels sendet. Die Stärke dieser Ausstrahlung ist dabei proportional zur Wichtignahme.

Wenn Sie etwas beunruhigt oder bedrückt, ist Ihre Energetik geschwächt. Auf dem energetischen Level spüren dies intuitiv die Menschen wie auch die Tiere Ihrer Umgebung. Das bedeutet, Ihr Bewusstsein und Ihre Überzeugung haben nachgegeben. Unter allen Passanten auf der Straße wird der Hund gerade *Sie* anbellen; die Zigeunerin wird *Ihnen* das Geld aus der Tasche ziehen. Der Energievampir kann *Ihnen* eine gute Dosis Energie aussaugen. Sie werden dann leicht in Problemsituationen geraten.

Sehen Sie jetzt aber nicht gleich in jedem Menschen einen potenziellen Energievampir. Mit einer solchen Haltung öffnen Sie sich bereits dem Zugriff auf Ihre Biosphäre. Um sich gegen unerwünschte Angriffe zu verteidigen, sollten Sie Ihre energetische Hülle stärken, den Level der Wichtignahme beobachten und Ihre Bewusstheit steigern.

Ihre Bewusstheit wird Ihnen im rechten Moment zu erkennen geben, dass Sie in ein Spielchen verwickelt oder in eine Falle gelockt werden. Ihr niedriger Wichtigkeitspegel wird dem Angreifer die Abstimmung auf Ihre Frequenz erschweren. Besonders sollten Sie bereits auf die kleinsten Anzeichen von Schuldgefühlen achten. Wenn ich leer bin, kann mich nichts und niemand anstoßen. Der Manipulator wird Sie nach ein, zwei Versuchen in Ruhe lassen. Ihre starke energetische Hülle wird Ihnen als sicherer Schutz vor Angriffen dienen.

Die Schutzhülle

Jeder ist von einer unsichtbaren Energiehülle umgeben. Der normale Mensch kann sie nicht fühlen, aber er kann sie sich vorstellen. Spüren Sie die gesamte Oberfläche Ihres Körpers, wie es der Fall ist, wenn Sie ein heißes Bad nehmen. Wohlgemerkt, ich sage nicht: "Versuchen Sie es." Tun Sie es einfach. Wenn Sie es nicht bloß versuchen, sondern einfach tun, klappt es sofort, und Sie brauchen keine Übung. Die Energie breitet sich wie eine langsame Welle von der Mitte Ihres Körpers aus, steigt an die Oberfläche und transformiert sich in eine Kugel. Stellen Sie sich um sich herum eine Kugel vor. Dies ist Ihre energetische Hülle. Es spielt keine Rolle, dass sie eigentlich nicht wahrnehmbar ist. Schon die Vorstellung ist der erste Schritt zur Einflussnahme auf die Hülle. Im Laufe der Zeit werden Sie ein echtes Gespür für sie entwickeln.

Personen mit gereiften übersinnlichen Fähigkeiten können sowohl die Hülle selbst als auch ihre Mängel sehen. Jeder von uns hat übersinnliche Fähigkeiten, doch wenn wir sie nicht benutzen, bleiben sie in einem Schlummerzustand. Sie lassen sich aber erwecken, und zwar entweder durch lange Übung oder auf der Stelle; das ist nur eine Frage unserer Absichtskraft. Natürlich ist es nicht leicht, diese aufzubringen. Aber für unsere Zwecke ist es völlig ausreichend, unsere Energetik auf ein gesundes Niveau zu bringen. Eine schwache Hülle ist gewaltsamen Angriffen von außen schutzlos ausgeliefert.

Eine gesunde Energetik können Sie durch regelmäßige Gymnastik entwickeln und erhalten. Dazu brauchen Sie einfach ein wenig Zeit. Stehen Sie auf, wann es Ihnen genehm ist, ohne sich unter Druck zu setzen. Atmen Sie ein und stellen Sie sich vor, dass ein Energiestrom aus der Erde in die Gegend des Damms aufsteigt, sich entlang der Wirbelsäule nach oben bewegt (jeweils im zuvor genannten Abstand), aus dem Kopf austritt und in den Himmel aufsteigt. Dann atmen Sie aus und stellen sich vor, dass hoch oben vom Himmel ein Energiestrom herabkommt, in den Kopf eintritt, die Wirbelsäule hinabfließt und in die Erde gleitet. Sie brauchen diese Ströme nicht unbedingt physisch zu empfinden. Es reicht völlig aus, wenn Sie sie sich einfach vorstellen. Mit der Zeit werden Sie ein besseres Gespür dafür bekommen.

Nun stellen Sie sich vor, dass sich beide Ströme gleichzeitig in entgegengesetzter Richtung bewegen, ohne sich zu überschneiden, jeder in seinem eigenen Kanal. Zu Beginn tun Sie dies im Takt des Ein- und Ausatmens, doch mit der Zeit sollten Sie die Anpassung an die Atmung aufgeben. Sie können mit der Kraft der Vorstellung die Ströme beschleunigen und sie verstärken. Stellen Sie sich jetzt vor, dass der aufsteigende Strom aus Ihnen austritt und sich als Fontäne über Ihren Kopf ergießt. In ähnlicher Weise soll der herabfließende Strom aus Ihnen austreten und sich unter Ihren Füßen als umgekehrte Fontäne ergießen. Über und unter Ihnen haben Sie jetzt sozusagen je einen Springbrunnen. Verbinden Sie das Spritzwasser, sodass Sie sich in einer energetischen Kugelsphäre befinden. Dann achten Sie auf die Oberfläche Ihres Körpers. Fühlen Sie einfach die Oberfläche der Haut, und breiten Sie dann diese Empfindung zu einer Kugelform aus, so ähnlich wie ein Luftballon, der aufgeblasen wird. Wenn Sie Ihre Hautoberfläche geistig aufblähen, verschmilzt sie mit der energetischen Kugel der Springbrunnen. Das alles geschieht ohne jede Anstrengung. Sie brauchen sich nicht mit aller Kraft zu bemühen, etwas zu fühlen.

Seien Sie unbekümmert, wenn Sie die zentralen Ströme nicht physisch empfinden. Sie haben sich so sehr an sie gewöhnt, dass Sie aufgehört haben, sie zu fühlen, so wie Sie auch ein gesundes Organ nicht spüren. Wenn Sie regelmäßig Ihre Aufmerksamkeit auf die Ströme konzentrieren, werden Sie aber bald eine physische Empfindung bekommen. Sie wird nicht so stark sein wie beispielsweise der Tastsinn, aber immer noch real genug.

Das Ganze ist eine Art energetische Gymnastik. Indem Sie die Ströme zu einer geschlossenen Kugel verschmelzen, schaffen Sie um sich eine Schutzhülle. Indem Sie die Oberflächenenergie des Körpers zu einer Kugel aufblähen, verleihen Sie der Schutzhülle Festigkeit. Den Nutzen dieser Gymnastik kann man kaum überbewerten. Erstens schützt sie Ihre Hülle vor Verletzungen. Zweitens reinigen Sie durch das Trainieren Ihrer Energetik Ihre subtilen Kanäle. Eventuelle Pfropfen, die den Energiefluss behindern, werden beseitigt, und Löcher in der Hülle, durch die Energie abfließt, werden gestopft. Dies alles geschieht nicht auf einmal, sondern im Laufe der Zeit. Dafür aber sparen Sie sich ständige Besuche bei Reflexotherapeuten und Mentalisten. Sie stellen die normale Zirkulation Ihrer Energie selbst wieder her.

Ich möchte gleich darauf hinweisen, dass die Energiehülle Sie nicht vor Vampiren und Pendeln beschützen kann. Solche Schmarotzer zapfen Ihnen Energie ab, indem sie sich an Ihre Frequenz anpassen. Wenn ein Pendel versucht, sein Opfer anzustoßen, wird dieses aus dem Gleichgewicht gebracht. In diesem Moment müssen Sie, um dem Pendel auszuweichen, aufwachen und Ihre Wichtignahme vermindern. Ihre Muskeln werden sich entspannen, Ihre Energetik wird ins Gleichgewicht geraten, und das Pendel wird ins Leere rennen. Und wenn Sie selbst nicht ins Pendeln kommen, kann das Pendel Ihre Energie nicht erhaschen. Ihre Bewusstheit sollte darauf gerichtet sein, jene Augenblicke, in denen Sie unwillkürlich aus dem Gleichgewicht geraten, gut zu überwachen.

Die Steigerung der Energetik

Die Steigerung der Energetik erfordert ganz und gar kein "Sammeln" oder "Horten". Dies mag seltsam klingen, weil wir uns so sehr an Aussagen gewöhnt haben wie "Es mangelt mir an Energie" oder "Ich bin voller Energie". Sammeln kann man nur physische Energie in Form von Kalorien. Auf dieser Ebene ist es ausreichend, regelmäßig zu essen und sich zu erholen. Was freie Energie betrifft, so haben wir gar keinen Platz, sie zu speichern. Sie kommt aus dem Kosmos direkt in unseren Körper. Wenn unsere Kanäle breit genug sind, haben wir diese Energie, wenn sie zu eng sind, haben wir sie nicht. Deshalb ist hohe Energetik vor allem eine Frage der Kanalbreite.

Freie Energie ist jederzeit in unbegrenztem Ausmaß vorhanden - also nimm, was du kriegen kannst. Wir brauchen nur zu lernen, sie in uns aufzunehmen und uns als Teil des Universums zu fühlen. Dies sollte jedoch kein einmaliger Akt sein. Wir sollten ständig nach der Empfindung der energetischen Einheit mit der Umwelt streben.

Eine weit verbreitete Ansicht besagt: Wer viel Energie sammelt, wird stark und kann erfolgreich werden. Solches Sammeln dient nur zur Vorbereitung, um mit der inneren Absicht auf die Welt einzuwirken. Wie Sie ja bereits wissen, ist das Unterfangen, die Welt durch Kraftanstrengung zu verändern, sehr schwierig, undankbar und ineffektiv und erfordert zudem einen hohen Energieaufwand. Wer kraft seiner inneren Absicht etwas in dieser Welt bewirken möchte, hält sehr viel von sich selbst. In Wahrheit ist er nur ein Tropfen im Ozean.

Die äußere Absicht kämpft nicht mit der Welt und versucht auch nicht, sie zu ändern. Sie wählt in dieser Welt einfach, was sie braucht. Die äußere Absicht hat es nicht nötig, im "Laden des Variantenraumes" Waren zu erstehen oder sich von einem Verkäufer bedienen zu lassen. Für das Wirken der äußeren Absicht braucht man keine Energie zu sammeln. Sie ist auch so massenweise vorhanden, und zwar überall - wir schwimmen im wahrsten Sinne des Wortes in ihr. In diesem Sinne ist das Sammeln so ähnlich wie in einem See zu schwimmen und dabei im Mund einen Wasservorrat anzulegen. Bemühen Sie sich nicht, Energie zu sammeln, und ermöglichen Sie ihr einfach, frei durch Sie zu fließen, in Form von zwei in entgegengesetzter Richtung fließenden Strömen. Manchmal können Sie die Ströme zu zwei entgegengesetzten Fontänen vereinen. Das ist alles, was nötig ist.

Streben Sie nicht danach, zu einem Energiebündel zu werden, sondern stellen Sie sich als einen Tropfen im Ozean vor. Anerkennen und spüren Sie, dass Sie eins sind mit dem Universum, dass Sie ein Teil von ihm sind. Versuchen Sie nicht, Energie in sich zu konzentrieren, sondern vereinen Sie sich mit der Energie des Universums. Dehnen Sie Ihre energetische Sphäre aus, und lassen Sie sie im umgebenden Raum aufgehen, ohne zu vergessen, dass Sie ein individuelles Teilchen sind. Dann brauchen Sie nur den kleinen Finger der äußeren Absicht zu rühren, und Sie werden in absehbarer Zeit das tun, was Sie mithilfe der inneren Absicht niemals geschafft hätten. Ich spreche hier über das Erreichen Ihres Ziels, nicht aber über die banale innere Absicht, etwas auf der physischen Ebene zu bewegen. Ihre momentanen Bedürfnisse können Sie tatsächlich allein kraft der inneren Absicht befriedigen.

Freie Energie steht Ihnen in ausreichendem Maße zur Verfügung, es sei denn, Ihre Energiekanäle sind zu eng. Die Verengung der Energiekanäle kann zwei Gründe haben: eine Verunreinigung des Organismus oder ständige Stresseinwirkung. In einem verschlackten Organismus kann die Energie nicht frei zirkulieren, und unter Stress werden die Kanäle noch enger. Das kurzzeitige Plätschern energetischen Aufschwungs weicht dann gewöhnlich langen Phasen energetischen Niedergangs. In solchen Phasen kann man kein vollwertiges, aktives Leben führen, sondern fristet ein kümmerliches Dasein.

Mit der Zeit verkümmern die Energiekanäle immer mehr. Dies ist der Grund dafür, dass der Mensch mit zunehmendem Alter aufhört, sich zu entwickeln, und in einen Alltagstrott verfällt. Irgendwann kommt die Funktion der Kanäle dann tatsächlich zum Erliegen. Ein Training der Kanäle findet dann statt, wenn man die Absicht auf höchstem Level anwenden muss. Indem man nach seinen Lebenszielen strebt, stärkt man seine Absicht und damit auch die Kanäle. Kaum hat man die wesentlichen Hürden überwunden, beginnt der Absichtspegel allmählich wieder zu sinken. Es kommt der Tag, wo man sich am Abend (und nicht nur dann!) nichts sehnlicher wünscht, als sich in den Sessel vor dem Fernseher sacken zu lassen. Die Energiekanäle sind verengt, die Absichtsenergie ist weg, und anstatt Freude tritt Düsterkeit ins Leben.

Zum Glück lässt sich all dies leicht verbessern. Dafür braucht man aber seine Absicht nicht zu zwingen, neue Hürden zu erklimmen. *Die Energiekanäle werden durch energetische Gymnastik gut trainiert.* Aber noch besser wird es sein, wenn Sie die Empfindung der zentralen Ströme und des feinstofflichen Körpers möglichst immer mit sich tragen. Dieser Zustand bringt eine Reihe von Vorteilen mit sich: Sie befinden sich in harmonischem Gleichgewicht mit Ihrer Umwelt; Sie reagieren auf subtile

Weise auf Veränderungen in Ihrer Umgebung und bewegen sich erfolgreich mit dem Variantenstrom; Sie sind verbunden mit dem Informationsfeld, der unbegrenzten Quelle kreativen Schaffens; Sie erhalten Zugriff auf die Energie des Kosmos, und Sie haben eine harmonische Ausstrahlung, was um Sie herum eine Oase des Wohlergehens und des Erfolgs schafft. Die Hauptsache jedoch ist: Sie handeln am Rande der Einheit von Seele und Verstand und sind damit der äußeren Absicht näher. So entwickeln Sie die Fähigkeit, die äußere Absicht zu lenken, was wiederum bedeutet, dass Ihre Wünsche sich immer schneller und immer leichter erfüllen werden.

Es reicht aus, sich im Laufe des Tages hin und wieder die Fontänen der Energieströme vorzustellen und sie mental zu verstärken, ohne sich jedoch anzustrengen. Wenn Sie dabei eine Schwere im Kopf empfinden sollten, so bedeutet dies, dass der aufsteigende Strom den absteigenden an Kraft übertrifft. In diesem Fall sollten Sie Ihre Aufmerksamkeit auf den absteigenden Strom richten und ihn bewusst verstärken. Die Ströme sollten sich im Gleichgewicht befinden, sodass der zentrale Punkt etwa in der Mitte des Körpers liegt. Von diesem Punkt aus richten Sie im Geiste Ihre Ausstrahlung auf Ihre gesamte Energiesphäre. Dadurch wird sich die Empfindung des feinstofflichen Körpers deutlich steigern. Auf diese Weise sollten Sie eine umfassende Empfindung für den auf- und den absteigenden Strom bekommen, welche mit der Empfindung Ihres energetischen Körpers verbunden ist.

Wenn Sie Ihre Aufmerksamkeit auf den absteigenden Strom richten, wird Ihr energetisches Zentrum nach unten wandern. Umgekehrt wird Ihre Energie sich im Oberkörper ansammeln, wenn Sie sich auf den aufsteigenden Strom konzentrieren. Außerdem wird sich Ihr physischer Schwerpunkt genauso verschieben wie Ihr energetischer. Dieses Phänomen kann man sich im Sport zunutze machen. Wenn Stabilität in den Beinen gefragt ist, wie zum Beispiel in der Abfahrt beim Skilaufen, sollte man den absteigenden Strom verstärken. Muss man hingegen springen, so sollte man dem aufsteigenden Strom mehr Kraft geben. Den Meistern des ostasiatischen Einzelkampfes sind diese Eigenschaften der Energieströme wohlbekannt. Es ist praktisch unmöglich, sie von der Stelle zu schieben, wenn sie sich auf den absteigenden Strom konzentrieren. Andererseits kann der Meister, wenn er sich auf den aufsteigenden Strom konzentriert, unglaubliche Sprünge vollbringen.

Während Sie die physischen Übungen praktizieren, sollten Sie die zentralen Ströme beachten. Übermäßiger Eifer ist dabei fehl am Platze, denn er führt zu nichts. Werfen Sie einfach hin und wieder einen inneren Blick auf die Wirbelsäule, und stellen Sie sich dabei vor, wie der aufsteigende Strom nach oben fließt und der absteigende nach unten. Wenn Sie regelmäßig die zentralen Energieströme trainieren, werden Sie allmählich ein Gespür für sie entwickeln. Es mag Ihnen scheinen, dass einige Bewegungen mit der Visualisierung der Ströme gar nicht konform gehen wollen, doch nur mit der Ruhe - im Laufe der Zeit werden Sie lernen, jede Bewegung mit der Empfindung der Ströme in Einklang zu bringen.

Wenn Sie Kraftsport betreiben, können Sie Ihre Energetik merklich steigern, wenn Sie dabei Ihre Aufmerksamkeit auf die zentralen Ströme richten. Erfolgt eine Bewegung mit Kraftanstrengung, so ist die Aufmerksamkeit auf die Muskeln gerichtet. Werden bei der umgekehrten Bewegung die Muskeln entspannt, dann sollten Sie Ihre Aufmerksamkeit auf die zentralen Ströme lenken. Den Moment der Entspannung können Sie für ein, zwei Sekunden andauern lassen, um die Bewegung der Ströme zu fühlen.

Als Beispiel wollen wir einen Klimmzug nehmen. Zu Beginn des Hochziehens halten wir den Atem an. Oben angekommen, atmen wir aus und richten unsere Aufmerksamkeit auf die Bemühung. Während des Herunterlassens entspannen sich die Muskeln, wir atmen wieder ein und lenken unsere Aufmerksamkeit auf die zentralen Ströme um. Stellen Sie sich vor, wie während der Entspannungsphase die Energieströme gleichzeitig in beide Richtungen fließen. Gegen Ende biegen wir die Ellenbogen gerade und bleiben für ein, zwei Sekunden an den entspannten Armen hängen. Nun werden wir ganz deutlich die Energieströme wahrnehmen – sie werden gleichsam freigesetzt und beginnen ganz ruhig zu fließen. In der Entspannungsphase brauchen Sie die Ströme nicht zu beschleunigen. Lassen Sie sie einfach fließen, und geben Sie ihnen die Möglichkeit, sich frei zu bewegen.

Beim Liegestütz ist es hingegen möglich, die zentralen Ströme mit Kraft anzutreiben. Während Sie die Ellenbogen durchstrecken, bringen Sie mit dem Ausatmen innerlich mit Kraft die zentralen Ströme in Wallung. Das Ein- und Ausatmen während der Übungen können Sie in einem Rhythmus gestalten, der Ihnen genehm ist. Bei den meisten Kraftübungen jedoch hält man während der Phase der Anspannung den Atem an oder atmet aus, wohingegen man während der Entspannung einatmet.

Allein dadurch, dass Sie die Ströme beachten, fördern Sie bereits ihre Intensität. Der Wechsel von Anspannung und Entspannung fördert die Intensität der Ströme noch mehr, wenn Sie Ihre Aufmerksamkeit sehr sorgsam auf sie richten. Im Stadium der Anspannung sind sie stehengeblieben und wurden zusammengepresst wie Springfedern. Während der Entspannungsphase strecken sich die Federn, und die Kraft der Ströme nimmt zu. Nach der Anspannung wird die angesammelte, zusammengepresste Energie freigesetzt und drängt sich mit Macht durch die zentralen Kanäle.

Die Steigerung Ihrer Energetik wird nicht nur Ihre Lebenskraft erhöhen, sondern wird Sie auch zu einer einflussreichen Person machen. Ihre Ausstrahlung nimmt an Gewicht zu. Das kann nützlich sein, wenn es darum geht, jemanden zu beeinflussen oder von etwas zu überzeugen. Es gibt auch mächtige Methoden, Menschen energetisch zu beeinflussen, aber diese widersprechen dem Prinzip des Transsurfings, welches besagt, dass wir nicht das Recht haben, etwas zu ändern, sondern nur zu wählen. Es ist nicht gut, die Umwelt unter Druck zu setzen oder mit ihr zu kämpfen. Das ist eine sehr ineffektive Weise, um seine Ziele zu erreichen. Wie Sie ja wissen, reagiert die Welt auf Druck in der Regel mit Gegendruck.

Je höher Ihre Energetik ist, desto besser verhalten sich die Menschen Ihnen gegenüber, weil sie unbewusst die Energie spüren und sie sogar konsumieren. Doch gewöhnliche Menschen sind nicht darauf aus, Energie zu saugen, wie es die Pendel tun. Sie baden gleichsam in der fremden Energetik, wenn aus Ihren "Fontänen" überschüssige Energie hervorsprudelt.

Wenn Sie andere an Ihrem Energieüberschuss teilhaben lassen, werden Sie deren Sympathie gewinnen. Die Leute haben sich so sehr daran gewöhnt, den Pendeln Energie zu geben, dass sie immer froh über eine Quelle sind, die selbst Energie verteilt. Zu solchen Quellen gehören die so genannten magnetischen oder charismatischen Persönlichkeiten. Es heißt, sie verfügen sie über eine unerklärliche, magnetische Anziehungskraft. Das ist auch nicht weiter verwunderlich. Was ruft bei Ihnen größere Sympathie hervor: eine abgestandene Pfütze oder eine reine Quelle? Seien Sie unbesorgt, wenn Ihre Energie von Ihren Mitmenschen konsumiert wird. Jeder kleine Energieüberschuss, den Sie an Ihre Umgebung abgeben, wird sich zu Ihrem Nutzen auswirken.

Angenommen, Ihnen steht ein wichtiges Treffen bevor. Vermindern Sie Ihre Wichtignahme und bringen Sie Ihre zentralen Ströme in Gang. Lassen Sie sie fontänenartig sprudeln. Nun sind Sie viel weniger auf kluge Worte und überzeugende Argumente angewiesen. Starten Sie einfach Ihre Springbrunnen. Indem Sie freie Energie aufnehmen und durch sich hindurchströmen lassen, beschenken Sie Ihre Mitmenschen. Dies werden sie auf der Ebene des Unterbewusstseins merken und werden von Sympathie zu Ihnen durchdrungen werden, ohne zu wissen wieso. Das Geheimnis Ihrer Anziehungskraft bleibt aber nur ihnen ein Rätsel.

Die Energie der Absicht

Wie bereits im ersten Kapitel erklärt wurde, geht die Energie in Form der zentralen Ströme in den Menschen ein, formt sich zu Gedanken und erwirbt beim Austritt aus dem Körper diesen Gedanken entsprechende Parameter. Die modulierte Energie wird in den entsprechenden Sektor im Variantenraum transferiert, der die materielle Realisierung der Variante beinhaltet. Die Modulation findet nur dann statt, wenn Seele und Verstand eins sind. Andernfalls gleicht die gedankliche Energie dem Rauschen beim Radioempfang.

Kraft der inneren Absicht können Sie elementare Dinge in der materiellen Welt bewerkstelligen. Die materielle Realisierung einer potenziellen Möglichkeit im Variantenraum hingegen lässt sich nur durch die äußere Absicht erreichen. Dies geschieht, wenn Seele und Verstand in ihren Bestrebungen eins sind. *Die Kraft der äußeren Absicht ist proportional zur Energetik.* Die äußere Absicht ist resolute Entschlossenheit in Verbindung mit einem hohen Energiepotenzial.

Man kann seine Energetik durch das Training der zentralen Ströme und die Reinigung des Organismus steigern. Aber es gibt im Transsurfing noch eine andere bemerkenswerte Methode, die Kanäle zu erweitern, und zwar die *Visualisierung des Prozesses.*

Zur Steigerung der Absichtsenergie ist Absicht erforderlich. Sie können nach folgendem Modell vorgehen: Meine Kanäle dehnen sich aus, und meine Absichtsenergie wächst. Indem Sie der energetischen Gymnastik folgen, visualisieren Sie diesen Prozess. Sicher erinnern Sie sich noch: Das Wesen der Visualisierung des Prozesses besteht in der Feststellung der Tatsache: Heute ist besser als gestern, und morgen wird besser sein als heute. Bringen Sie Ihren energetischen Springbrunnen in Gang, und wiederholen Sie in Gedanken die Aussage, dass Ihre Absichtsenergie mit jedem Tag zunimmt. So wird die Absicht sich selbst unterstützen und die Energetik erweitern.

Vergessen Sie nicht, dass die Absicht, das Biofeld zu steigern, vom Potenzial des Wunsches und der Wichtignahme gereinigt sein sollte. Bemühen und Eifer in dem Bestreben, die Energieströme zu verstärken, wird den gegenteiligen Effekt haben, nämlich eine Verstopfung der Kanäle. Jedes Bemühen, jeder Eifer kreiert ein Überschusspotenzial, denn dadurch geben Sie dem Erreichen des Ziels eine übermäßige Bedeutung. *Absicht besteht nicht in Eifer, sondern in Konzentriertheit.* Ihre Bedeutung ist, sich nur auf den Prozess zu konzentrieren. Wenn Sie die Übungen mit Anspannung und allen Kräften praktizieren, aber Ihr Verstand von etwas anderem träumt, dann vergeuden Sie lediglich Kraft und Zeit. Lassen Sie ab vom eifrigen Streben, und konzentrieren Sie sich einfach auf die Handlung.

Der Schritt der Absicht

Stellen Sie sich ein gewöhnliches Neugeborenes vor, das in eine Gesellschaft gebracht wird, wo die Menschen sehr langsam altern und, sagen wir, bis zu dreihundert Jahre leben. Was glauben Sie, wie lange das Kind leben wird? Ich will damit sagen, dass dem Menschen von Geburt an ein Standarddrehbuch aufgezwungen wird: Mit zunehmendem Alter verschlechtert sich die Gesundheit, der Körper altert und stirbt schließlich. Zweifellos gibt es hierfür normale physiologische Gründe.

Aus der theoretischen Sicht des Transsurfings betrachtet, ist der Prozess des Alterns jedoch nichts anderes als ein induzierter Übergang. Man kann sogar sagen: der längste induzierte Übergang. Er geht sehr langsam vonstatten, aber dafür auch sehr real. Wir haben uns so sehr an das Drehbuch des Alterns gewöhnt, dass niemand auf den Gedanken kommt, es anzuzweifeln. Die Versuche, dieses Drehbuch zu ändern, sind meist auf die Erfindung aller möglichen Elixiere hinausgelaufen. Aber sogar die Errungenschaften der modernen Pharmakologie und Genetik haben keine greifbaren Ergebnisse hervorgebracht.

Hieraus kann man folgern, dass die physischen Faktoren nur für einen Teil des Alterungsprozesses verantwortlich sind. Welche Rolle der induzierte Übergang spielt, lässt sich schwer feststellen. Aber das ist auch nicht so wichtig. Die Hauptsache ist, sich vor Augen zu führen, wie er wirkt.

Von frühester Kindheit an sind wir überzeugt, dass der Alterungsprozess unvermeidlich ist. Im Laufe des Lebens finden wir dann jede Menge Bestätigungen dafür, sowohl aus fremder als auch aus eigener Erfahrung. Jeder Geburtstag wird von theatralischen Wünschen für beste Gesundheit und ein langes Leben begleitet. Aber natürlich weiß jeder, dass solche Wünsche nicht den geringsten Einfluss auf das Drehbuch haben. Im Gegenteil, diese Wünsche besagen ja indirekt, dass unsere Gesundheit bereits beträchtlich angeknackst ist und dass die Jahre dahinfließen. Es handelt sich um leichte Schwingungen oder sogar um den direkten Annäherungsversuch eines destruktiven Pendels.

Früher oder später stellen Sie für sich fest, dass Sie zehn Jahre zuvor noch viel mehr Kraft und Energie hatten. Sie wollen jemandem diesen Gedanken mitteilen, und die Gesprächspartner sind zugegen und gehen gern auf diesen Gedanken ein. Die Themen Alter und Krankheit erfreuen sich in Gesprächen nämlich der gleichen Beliebtheit wie das Wetter. Indem Sie an solchen Gesprächen teilnehmen, strahlen Sie Energie auf der Frequenz eines destruktiven Pendels aus; mit anderen Worten, Sie lassen sich auf sein Spiel ein.

Das Pendel kann Ihnen seinen Stoß versetzen in Form von Unwohlsein oder Krankheit. Sie sind sehr beunruhigt und sehen sich gezwungen, über sich selbst zu reflektieren: "Ich bin anscheinend krank." Dies ist Ihre Antwort auf die Schwingungsfrequenz des Pendels; dadurch bekommt es neue Energie und stößt Sie erneut an - alles tut Ihnen noch mehr weh als zuvor. Sie gehen zum Arzt, der die Erkrankung bestätigt, und der Prozess nimmt seinen Lauf. Das Pendel bekommt mehr Energie und schwingt immer stärker. Wenn die Krise kommt, hat das Pendel schon genug bekommen. Es lässt Sie in Ruhe, und Ihre Genesung setzt ein ... es sei denn, der induzierte Übergang hat Sie auf eine Lebenslinie verfrachtet, wo Sie ein Invalide sind.

Eine sinnvolle Frage wäre: Was würde passieren, wenn Sie nicht zum Arzt gehen, keine Medikamente schlucken und sich nicht um Ihre Krankheiten kümmern? Nein, durch den Verzicht auf die Behandlung einer bereits ausgebrochenen Krankheit entkommen Sie dem Spiel nicht; das wäre nur verantwortungslose Schlamperei. Es geht darum, sich gar nicht erst in das Spiel verwickeln zu lassen.

Sie können mal einen Arbeitskollegen fragen: "Warum warst du nicht da?" Darauf wird er unweigerlich antworten: "Ich war krank." Bitte beachten Sie: Er hat nicht gesagt, dass er kuriert wurde, sondern dass er krank war. Auf die Frage: "Was ist los mit dir?" wird er antworten: "Ich bin krank." Natürlich wirkt eine Antwort auf solche Fragen im Stil von "Ich befinde mich im Heilungsprozess" gekünstelt. Das liegt daran, dass wir uns so sehr an das Spiel mit der Bezeichnung "Krankheit" gewöhnt haben, dass wir die Heilung nicht als das Ziel, sondern als eine Nebenerscheinung des Spieles betrachten.

Das Spiel mit dem destruktiven Pendel beginnt damit, dass Sie die Krankheitssymptome gern annehmen; mit anderen Worten, Sie klammern sich an das Ende der Spirale des induzierten Übergangs. Dem ersten Stoß des Pendels können Sie ausweichen, indem Sie die Krankheitssymptome nicht ernst nehmen, sich nicht mit ihnen befassen und sie schließlich vergessen. Wenn das nicht klappt, können Sie das Pendel abdämpfen, indem Sie grundlegende prophylaktische Maßnahmen ergreifen.

Werden Sie trotzdem krank, dann sollten Sie nicht beim Spiel "Krankheit" mitmachen, sondern beim Spiel "Heilung".

"Krankheit" zu spielen bedeutet, passiv zu leiden, sich an Gesprächen über verschiedene Schmerzen und Gebrechen zu beteiligen, zu jammern und zu klagen, von den Mitmenschen launisch Anteilnahme und Fürsorge zu fordern, das eigene Unwohlsein als unwiderrufliche Last des Schicksals zu akzeptieren und Informationen zu konsumieren, die mit Leiden zu tun haben.

"Heilung" zu spielen bedeutet, aktiv zu handeln, sich für Heilungsmethoden zu interessieren, sich um eine gesunde Lebensweise zu bemühen, die Krankheit mit Humor zu nehmen, seine Aufmerksamkeit auf die Verbesserung des Befindens zu richten und mit Gleichgesinnten zu verkehren.

Wie Sie sehen, sind diese beiden Spiele grundverschieden. Auf der einen Seite nehmen Sie die Rolle des passiven Opfers ein, Ihre Ausstrahlung entspricht der Frequenz des destruktiven Pendels, und Sie werden in den Trichter des induzierten Übergangs eingesogen. Auf der anderen Seite sind Sie selbst Herr Ihres Schicksals, und deshalb werden Sie auf eine Lebenslinie der Gesundheit geraten.

Wenn Sie versuchen, "Heilung" zu spielen, sollten Sie sich fragen, ob Sie für dieses Spiel genügend Aufrichtigkeit mitbringen. Die Sache ist nämlich die, dass man sich selbst betrügen kann, was auch häufig geschieht. So sollte man zum Beispiel ganz bewusst die Notwendigkeit akzeptieren, ein gesundes Leben zu führen, schlechte Angewohnheiten aufzugeben, körperliche Übungen zu machen, gesund zu essen, usw. In Wahrheit aber haben sich die alten Gewohnheiten tief in uns festgesetzt, und wir bemühen uns nur, die Regeln des gesunden Lebens zu befolgen, weil "es sein muss". Eigentlich ist dies nur Faulheit.

Dies ist nicht das echte Spiel, sondern eher etwas im Stile von: "Ich bin krank und lasse mich behandeln." Auf der energetischen Ebene unterscheidet sich diese Haltung durch nichts von dem Spiel der "Krankheit". Mit anderen Worten, Sie spielen "Heilung" nicht aus Überzeugung, sondern aus einer Notwendigkeit heraus. Ihre Absicht ist nicht rein und aufrichtig, und so wird auch das Ergebnis entsprechend ausfallen.

Als Illustration für das falsche Spiel sollen uns die Versuche des schönen Geschlechts dienen, abzunehmen. Sie quälen sich mit gewaltsamen Diäten ("Ich bin krank und lasse mich behandeln"). Sie hassen ihr Gewicht und ihre Figur. Doch wie Sie ja wissen, ist dies die beste Art, Energie auf der Frequenz einer Lebenslinie auszustrahlen, wo ihre Figur und ihr Gewicht genauso bleiben, wie sie sind. Sie mögen ihre Diät nicht und würden viel lieber das essen, was sie gewohnt sind. Wenn auch Sie dieses Spiel jetzt mitspielen, tun Sie sich damit nur sinnlose Gewalt an. Bestenfalls kommen dabei unbedeutende zeitweilige Ergebnisse heraus. Wenn Sie sich selbst zwingen, fürchtet sich Ihr Unterbewusstsein. Schließlich widersetzt es sich und setzt sich durch. Was passiert wohl? Sie geben die Diät auf und gehen nur noch mehr in die Breite.

Es kann nur eine Schlussfolgerung geben: Wenn Sie Gesundheit und Schönheit wollen, müssen Sie Ihre Lebensweise ändern. Mit anderen Worten, Sie müssen Ihre alten Gewohnheiten aufgeben und neue annehmen, aber nicht aus Notwendigkeit, sondern aus Überzeugung. Sie müssen die reine Absicht haben, dies zu tun. Sie können unmöglich Energie auf der Frequenz Ihrer gesunden Lebenslinien ausstrahlen - und natürlich auch nicht auf solche Linien überwechseln -, wenn Sie weiter leben wie zuvor. Seine Gewohnheiten zu wechseln ist nur eine Frage der Absicht und der Zeit. Und sehr viel Zeit ist dazu auch wieder nicht nötig. Sie haben die Wahl.

Die Krankheitspendel

Jeder ist in seinem Leben schon mal krank gewesen. Krankheiten bereiten uns viele Unannehmlichkeiten und Sorgen und bewirken negative Gedanken und Emotionen, die in die Umgebung ausgestrahlt werden. Diese Energie ist ein fruchtbarer Boden für die Entwicklung von Pendeln, die mit Krankheiten verbunden sind. Sie sind immer sehr aufnahmefähig für negative Energie.

Pendel, die durch Krankheiten hervorgerufen wurden, gehören zu den mächtigsten. Dem gegenüber stehen alle möglichen Pendel der Medizin. Stellen Sie sich einmal vor, was für mächtige Strukturen! Kliniken, Sanatorien, Institute, Fabriken, Apotheken, Wissenschaft und Forschung ...

Das erklärte Ziel der medizinischen Pendel ist der Kampf gegen die Krankheiten. Eigentlich aber bewirkt dieser Kampf eine Menge negativer Erscheinungen, die destruktiven Pendeln eigen sind - denn ihr Hauptziel ist es, Anhänger zu gewinnen und festzuhalten.

Zum Beispiel ist die offizielle Medizin allen alternativen Heilmethoden feindlich gesinnt. Kritik an veralteten und falschen Vorstellungen, wird, sofern sie von Anhängern der alternativen Medizin stammt, als unwissenschaftlich deklariert. Neue, alternative Behandlungsmethoden werden stark angefeindet oder sogar verfolgt. Die Anhänger der alternativen Methoden versäumen ihrerseits keine Gelegenheit, der Schulmedizin das Leben schwer zu machen.

Diejenigen, die unter dem Einfluss der Pendel der Krankheiten oder der Medizin stehen, können das Befinden ihrer Jugend - als sie das Thema Gesundheit noch nicht beunruhigte -, nicht wieder zurückgewinnen. Damals hatten sie sich damit einfach nicht befasst, weil sie in dieser Beziehung sorglos waren. Demzufolge war die Frequenz der Krankheitspendel aus ihrer energetischen Ausstrahlung ausgeschlossen.

Mit zunehmendem Alter geraten Sie früher oder später unter den Einfluss der Pendel. Indem Sie Energie auf deren Frequenzen ausstrahlen, spenden Sie ihnen Energie und geraten in eine Abhängigkeit; so gelangen Sie auf Lebenslinien, die durch Krankheit gekennzeichnet sind. Um seine vorherige Gesundheit wiederherzustellen, muss man daher die Verbindung mit den Pendeln kappen. Das bedeutet, die von den Pendeln ausgehenden Informationen nicht in sich aufzunehmen, an ihren Spielen nicht teilzunehmen; hierfür können Sie die Methode des Ausweichens verwenden. Wenn Sie eine Krankheit ernstlich beunruhigt, müssen Sie das Spiel der Heilung mitspielen und sich um Ihren Körper kümmern. Dies ist die Methode des Dämpfens. Wir wollen uns nun ein paar Beispiele für das Verhalten der Krankheitspendel anschauen.

Die Arzneiwerbung zeigt Ihnen jeden Tag glückliche Menschen, die ein bestimmtes Medikament einnehmen und dadurch gesund werden. Nicht nur werden sie gesund, sie erreichen den vollen Erfolg in allem. Das ist der Lockköder. Er funktioniert einwandfrei, denn wie ich bereits erklärte, befindet sich der Großteil der Menschen in einem Dämmerzustand. In ihr Gehirn wurde das Programm eingepflanzt: "Geh zur Apotheke, hol dir das Medikament und das Schnäppchen dazu: vollen Erfolg in allem." Aber das ist noch nicht das Schlimmste. In dieser Werbung ist noch ein weiteres, tiefer gehendes Programm enthalten, das nicht sogleich ins Auge fällt.

Überlegen Sie mal: In der Werbung werden in der Regel völlig normale, attraktive, aufstrebende Menschen gezeigt. (Was sind Sie: etwas Schlechteres?) All diese Menschen leiden an einer Krankheit, aber nach Einnahme des bestimmten Medikaments werden sie schnell wieder gesund (Sie natürlich auch!). Ins Bewusstsein und ins Unterbewusstsein wird uns eingetrichtert, dass wir alle für Krankheiten anfällig sind, schon krank sind oder bald krank werden. Und viele akzeptieren diese Spielbedingungen. Genau dies ist das Kennzeichen des negativen Pendels. Seine

Aufgabe besteht nicht darin, Menschen von ihren Krankheiten zu heilen, sondern sie zu seinen Anhängern zu machen, das heißt, ihnen einzuflößen, dass sie krank sind und Medikamente nehmen sollen.

Eine andere interessante Methode, um Anhänger zu gewinnen, sind Vorhersagen für schlechtes Wetter. Als Grundlage hierfür dienen Informationen über magnetische Stürme, Schwankungen des atmosphärischen Drucks und andere ungünstige Faktoren. (Solche Erscheinungen treten in der einen oder anderen Form wohlgemerkt praktisch jeden Tag auf!) Mithilfe dieser Angaben wird dann die Prognose erstellt: Wer muss heute und morgen mit welchen Krankheiten rechnen.* Es ist schon amüsant anzusehen, wie das Pendel vor Freude außer sich ist, wenn es verschiedene Krankheiten und deren unvermeidliche Folgen für die Betroffenen aufzählt. Nach zwei oder drei Malen aber ist es gar nicht mehr lustig. Können Sie sich vorstellen, welch ein destruktives Programm den ohnehin schon ungesunden Menschen damit ins Bewusstsein gesetzt wird?! Wenn man so etwas hört, könnte man auf den Gedanken kommen, dass es besser ist, gar nicht erst das Haus zu verlassen oder sich gleich in die Kiste zu legen. Natürlich wird unser Befinden von ungünstigen Faktoren beeinflusst; doch warum sollten wir uns von vornherein darauf einstimmen? Aber dennoch lauschen viele Menschen, besonders die älteren, diesen Ergüssen des Pendels und klinken sich damit in das Programm des Unwohlseins und der Verschlechterungen ein, als handle es sich dabei um ein Gerichtsurteil. Solche Prognosen zeigen das dreiste, zynische Bestreben des Pendels, Menschen ihrem Einfluss zu unterwerfen.

Wir kommen nun zum wohl klassischsten Muster: dem Gespräch über Gesundheit mit Verwandten und Bekannten. In der Regel geht es dabei nicht um die Stärkung der Gesundheit, sondern um Krankheiten und deren Behandlung. Einer beschreibt mit Wonne, wie er seine Wunden versorgt, ein anderer gibt stöhnend zur Antwort: "Ja, ja, alt werden ist kein

---

* Solche Prognosen sind oft Bestandteil einer russischen Wettervorhersage.

Pläsier." Die Teilnehmer solcher Gesprächsrunden strahlen aktiv Energie auf der Frequenz der Krankheitspendel aus. Diese Energie ist ebenso ansteckend, wie es krankheitserregende Mikroben sind. Vermeiden Sie solchen Umgang, sonst werden Sie, ehe Sie sich versehen, selber auf die Strahlungsfrequenz der Krankheit versetzt.

Das Krankheitspendel zu identifizieren ist sehr leicht: *Es ködert Sie mit Informationen über Krankheiten und ihre Behandlung.* Wenn Sie sich entscheiden, diese Informationen zu ignorieren, und sie nicht ernst nehmen, wird das Pendel entmutigt sein und Sie in Ruhe lassen - es ist damit gescheitert. Wenn Sie den Informationen mit gesundem Gelächter und Belustigung begegnen, wird das Pendel vor Ihnen erschrecken und Reißaus nehmen.

Wenn Sie sich von den Pendeln trennen, bekommen Sie volle Freiheit, nur wird diese nicht lange währen. Der Mensch ist so veranlagt, dass er ein Anhänger irgendwelcher Pendel sein muss. Deshalb laufen Sie früher oder später erneut Gefahr, unter den Einfluss von Krankheiten zu geraten. Damit dies nicht geschieht, müssen Sie den Schwebezustand verlassen und sich den Pendeln der Gesundung anschließen. Sie sind für alles zuständig, was mit der Stärkung von Körper und Geist zu tun hat. Werden Sie ein Anhänger des gesunden Lebenswandels, und Sie werden erkennen, wie freudig und begeisternd dies ist, verglichen mit dem bedrückenden, beschwerlichen Kampf gegen die Krankheiten.

Es ist ganz offenbar, dass jemand, der sich um sein Wohlbefinden kümmert, Energie auf der Frequenz gesunder Lebenslinien ausstrahlt, und so kann er Krankheiten vermeiden. Wie Sie also sehen, gibt es zwei völlig entgegengesetzte Lebensweisen: die der Krankheitsbehandlung und die der Gesundheitspflege. Es ist klar, dass Erstere der inneren Absicht entspricht und Letztere der äußeren Absicht. Sie selbst wählen Ihre Lebensweise.

Zusammenfassung

- *Physische Energie wird für die eigentliche Ausführung einer Handlung verwandt.*
- *"Absicht" entwickelt sich auf der Grundlage von freier Energie.*
- *Freie Energie fließt in zwei entgegengesetzten Strömen durch den Körper.*
- *Unter Stress wird die Absichtsenergie blockiert.*
- *Um einer Stresssituation zu entkommen, muss man aufwachen und seine Wichtignahme reduzieren.*
- *Wenn es unmöglich ist, die Wichtignahme zu reduzieren, sollte man keine unnötige Kraft zur Entspannung verbrauchen.*
- *Wer energetische Gymnastik praktiziert, stärkt seine Schutzhülle.*
- *Versuchen Sie nicht, Energie anzusammeln, sondern erlauben Sie ihr, frei durch Sie hindurchzufließen.*
- *Hohe Energetik bedeutet breite energetische Kanäle.*
- *Die Energiekanäle kann man durch energetische Gymnastik gut trainieren.*
- *Durch die Reinigung des Organismus werden die Energiekanäle wesentlich breiter.*
- *Innere Absicht: krank sein und behandelt werden.*
- *Äußere Absicht: gesund leben.*
- *Lassen Sie sich auf keinen Fall auf die Spiele der destruktiven Krankheitspendel ein.*
- *Achten Sie beim Befolgen der Übungen auf die zentralen Ströme.*
- *Absicht bedeutet nicht Bemühung, sondern Konzentration.*

Kapitel 2

Freiling

"Freiling" ist eine ausgesprochen charmante Technologie der menschlichen Beziehungen. Sie wollen lernen, Menschen zu beeinflussen, um Erfolg zu haben? Das ist die am wenigsten wirkungsvolle und darüber hinaus auch eine ziemlich fragwürdige Methode. Es ist nicht nötig, Druck auf die Umgebung auszuüben, um seine Ziele zu erreichen! Folgen Sie den Empfehlungen in diesem Kapitel, und Sie werden sehen, dass die Welt Ihnen mit offenen Armen entgegenkommt. Die Menschen werden Ihnen gegenüber eine unerklärliche Sympathie empfinden.

Verzichten Sie auf die Absicht zu bekommen.
Ersetzen Sie sie mit der Absicht zu geben, und Sie werden das bekommen, worauf Sie verzichtet haben.

Die Absicht der Beziehungen

Wir sind es gewohnt, den Erfolg unseres Lebens an zweierlei Dingen zu messen: einerseits am Ausmaß unserer Errungenschaften und andererseits am Umfang unserer Probleme. Transsurfing hilft nicht dabei, die Probleme zu bekämpfen und nicht einmal, sie zu lösen, als vielmehr, sie von vornherein zu vermeiden. Die Ziele wiederum werden auf ungewöhnliche Weise erreicht - mithilfe der äußeren Absicht. In den zwischenmenschlichen Beziehungen wird es immer Probleme und Erfolge geben, sei es nun auf persönlicher oder geschäftlicher Ebene.

Nun stellt sich die Frage: Kann man die äußere Absicht in Beziehungen zu anderen einsetzen? Die Schwierigkeit besteht darin, dass die äußere Absicht etwas Ungreifbares ist, das sich nicht ohne Weiteres dem eigenen Willen unterordnen und beherrschen lässt. Sie können jedoch einen einfachen Trick anwenden, sodass sie unabhängig von irgendjemandes Willen und zu Ihrem Nutzen zu wirken beginnt.

Was bewegt die Menschen? Die innere Absicht. Machen Sie sich ihre Absicht zunutze, anstatt umgekehrt. Stellen Sie Ihre eigene innere Absicht zurück, und ermöglichen Sie der äußeren Absicht, den Mechanismus der inneren Absicht anderer in Gang zu setzen. Um etwas von der externen Welt zu bekommen, braucht die äußere Absicht gerade mal den kleinen Finger krumm zu machen, denn sie selbst hat keinen Wunsch und ermöglicht der inneren, auf die Welt gerichteten Absicht, tätig zu werden. *Machen Sie sich die innere Absicht der Menschen zum Erreichen Ihrer eigenen Ziele zunutze.*

So eigennützig dies auch klingen mag, Sie greifen dabei keineswegs in den freien Willen der Menschen ein. Alle Probleme sind eine Folge des Entstehens von Widersprüchen in den Absichten der Menschen. Der eine richtet sich nach seinen eigenen Interessen und will etwas von einem anderen bekommen. Der andere hingegen hat seine eigenen Gedanken und sein eigenes Ziel. Wie lassen sich die Interessenunterschiede ausgleichen, sodass den Bedürfnissen beider gedient ist? Eine schwierige Aufgabe, nicht wahr? Eigentlich jedoch ist sie sehr leicht zu lösen. Dafür braucht man nur jenes Gemeinsame zu bestimmen, das der inneren Absicht beider dient.

Die Grundlage der inneren Absicht des Menschen ist sein Gefühl der eigenen Bedeutsamkeit. Das Einzige, was den Menschen bewegt und gleichzeitig seine Freiheit in der Welt der Pendel begrenzt, ist seine innere und äußere Wichtignahme. Das Gefühl der eigenen Bedeutsamkeit gehört zur inneren Wichtignahme. Die Pendel sind energoinformative Wesen, die von Menschengruppen hervorgerufen werden und eine Art unabhängige Existenz entwickeln, wobei sie die Menschen ihren eigenen Gesetzen, den Gesetzen der Pendel, unterwerfen. Der Angriffspunkt dieser Unterwerfung ist das Gefühl der Bedeutsamkeit. Hierbei haben die Pendel meistens leichtes Spiel, denn der Großteil der Motivationen der Menschen ist auf die Realisierung der eigenen Bedeutsamkeit gerichtet. Der restliche Teil gehört zur Freile, das heißt zu den Geboten der Seele. Dieser kleine Teil ist in der Regel schwach entwickelt, da er von dem ständigen Zwang betäubt ist, für seinen Besitzer in der Welt der Pendel Bedeutsamkeit zu erreichen.

Um den Mechanismus der äußeren Absicht in den Beziehungen mit anderen Menschen zu starten, muss man ein falsches Stereotyp knacken. Sicher haben Sie schon oft den scheinbar richtigen Aufruf gehört: "Versuche nicht, andere zu ändern. Beginne mit dir selbst." Diese Vorstellung ruft sofort seelisches Unbehagen hervor, denn sie bedeutet: Ich bin unvollkommen; ich muss mich ändern, aber das will ich nicht! Und recht so! *Nicht nur sollte man den Versuch sein lassen, andere zu ändern; auch sich selbst sollte man nicht ändern!* Was immer Sie mit sich selbst oder anderen in diesem Sinne unternehmen würden, es wäre sehr ineffektiv oder sogar schädlich. Sie müssen das Problem anders anpacken. *Sie sollten sich erlauben, Ihre innere Absicht durch andere umzusetzen.* Dann wird auch die äußere Absicht in Gang kommen, und Ihre innere Absicht wird wie von selbst verwirklicht.

Angenommen, eine Frau will, dass ihr Freund sie heiratet, doch aus unerfindlichen Gründen hat er immer neue Ausreden parat. Wenn sie nun ihre innere Absicht einsetzt, wird sie alle ihre Gedanken darauf verwenden, um den Mann zu zwingen, sie zu heiraten. Damit wird sie aber nichts erreichen, sondern nur ein Überschusspotenzial in Form ihres Wunsches und der Wichtigkeit der Ehe erschaffen. Daraufhin werden die Nivellierungskräfte ihr den Auserwählten ganz wegnehmen. Hat er sie vielleicht einfach nicht geliebt? Das schon, aber sie hat die Liebe in ein Abhängigkeitsverhältnis umgewandelt: "Wenn du mich liebst, wirst du mich auch heiraten."

Um die äußere Absicht in Gang zu setzen, muss die Frau dem Wunsch entsagen, ihren Freund zu heiraten, und sich die Frage stellen: Was will er von einer Ehe? Die Antwort wird sie mühelos selber finden. Er will gewiss all das verwirklichen, was ihm wichtig ist: Ich werde geliebt, man schätzt und respektiert mich, findet mich toll, usw. Indem sie ihre Energie auf die Erlangung seiner Ziele richtet, wird sie nicht nur dies schaffen, sondern auch ihre eigenen Ziele verwirklichen. Was aber, wenn er es nicht verdient, respektiert und geliebt zu werden? Warum dann überhaupt mit ihm verkehren? Jeder hat die freie Wahl.

Sie sehen also: *Es ist gar nicht notwendig, sich zu ändern.* Der springende Punkt ist, dass das offene Klappfenster ganz woanders zu suchen ist. Der Mensch ist in der Regel ganz darin vertieft, was er von anderen bekommen will, ohne aber zu bedenken, was diese wollen. Wenn Sie Ihre Aufmerksamkeit auf die Wünsche und Motive anderer richten, werden Sie sehr leicht das bekommen, was Sie selbst wollen. Dafür müssen Sie sich vor allem die Frage stellen: *Worauf ist die innere Absicht meines Partners gerichtet?* Das bedeutet, endlich von der Fensterscheibe wegzufliegen und das offene Klappfenster zu sehen. Kaum haben Sie das getan, brauchen Sie nur noch Ihre innere Absicht auf die Realisierung der inneren Absicht des Partners umzulenken. So wird aus Ihrer inneren Absicht eine äußere Absicht.

Sehr häufig ist die innere Absicht darauf gerichtet, die Aufmerksamkeit auf sich zu ziehen, um im besten Licht dazustehen. Wir wollen einmal annehmen, Sie sind besorgt, dass das nicht klappt. Sie sind zu einer Party eingeladen. Kaum sind Sie dort angekommen, richten die Gäste ihre Aufmerksamkeit sofort auf Sie und beschäftigen sich die ganze Zeit mit Ihnen. Sie beabsichtigen jedoch nur zu erörtern, wie Sie gekleidet sind, wie Sie sich bewegen und worüber Sie sprechen. Wenn in einer Gruppe gelacht wird, so lacht man natürlich über Sie. Und wie viele geringschätzige Blicke werden Sie auf sich ziehen! Ich kann Sie nur bedauern.

Sie haben natürlich gemerkt, dass alles eigentlich umgekehrt zu verstehen war: Die Gäste waren mit sich selbst und ihrer Beziehung zu den anderen beschäftigt. Ihre Beziehung zu den anderen war gar nicht wichtig. Sie können also beruhigt sein. Versuchen Sie nicht, natürlich zu wirken, sondern erlauben Sie sich einfach Ungezwungenheit.

Wir wollen festhalten: *Gerade dann, wenn Sie es darauf anlegen, natürlich zu wirken, wird daraus nichts.* Natürlich kann man dafür Dias zu Hilfe nehmen. Aber das braucht seine Zeit, und die Party wird ja schon am gleichen Abend stattfinden. Ungezwungenheit kann man nur dann erreichen, wenn man seine Wichtignahme senkt. Das ist jedoch alles andere als einfach. Sie können sich nicht ohne Weiteres vom Wunsch lossagen, sich im besten Licht darzustellen.

Der Ausweg aus dieser Lage ist sehr leicht. Jeder von uns interessiert sich beim Umgang mit Ihnen vor allem für die Aufmerksamkeit auf seine eigene Person. Zweifeln Sie nicht daran: Die Menschen sind ausnahmslos mit sich selbst beschäftigt. *Beschäftigen also auch Sie sich mit ihnen!* Lenken Sie Ihre Aufmerksamkeit von sich selbst auf die anderen. Aktivieren Sie Ihren inneren Aufseher, und *hören Sie auf, das Spiel der Erhöhung Ihrer Bedeutsamkeit zu spielen. Spielen Sie stattdessen das Spiel der Erhöhung der Bedeutsamkeit der anderen.* Interessieren Sie sich für sie, hören Sie ihnen zu, beobachten Sie sie. Sie brauchen sich nicht einzuschmeicheln; bewegen Sie sich einfach mit dem Strom. Kaum haben Sie

Ihre Aufmerksamkeit von sich selbst auf andere umgestellt, wird das Überschusspotenzial der eigenen Bedeutung von selbst verschwinden. Dann werden Sie sich ohne Probleme ungezwungen und ausgelassen verhalten.

Um die Aufmerksamkeit auf sich zu ziehen, brauchen Sie nur genügend Interesse für Ihre Umgebung zu zeigen. Sie sprechen mit den Leuten nicht darüber, was Sie interessiert, sondern darüber, was diese interessiert. Auf diese Weise wird Ihre innere Absicht in eine äußere Absicht transformiert. Die anderen werden sich sofort für einen solchen Gesprächspartner interessieren; sie haben keine Chance, sich Ihrer äußeren Absicht zu entziehen, die auf unbegreifliche Weise immer ihre Wirkung tut. Es ist vergeblich zu versuchen, die anderen für seine Person zu interessieren – das ist die innere Absicht. Sich für andere zu interessieren ist die äußere Absicht. Indem Sie die innere Absicht aufgeben und Ihre Aufmerksamkeit auf andere lenken, bekommen Sie ohne weitere Bemühung das von Ihnen gewünschte Ergebnis. Die äußere Absicht wird dies für Sie bewerkstelligen.

Man könnte nun fragen: Was? Indem ich mich für andere Leute interessiere, ziehe ich ihre Aufmerksamkeit auf mich? Kann ich dadurch selber auch interessanter werden? Die Sache ist die: Selbst wenn Sie tausendmal interessanter wären, als Sie es sind, die Leute sind in erster Linie immer mit sich selbst beschäftigt, dann erst kommt alles Übrige. Indem Sie versuchen, die Aufmerksamkeit auf sich zu lenken, denken Sie ausschließlich an sich selbst. *Wenn Sie an jemandem Interesse zeigen, verwirklicht sich dessen innere Absicht.* Woher kommt diese Verwirklichung? Natürlich von Ihnen. Wer ist danach am interessantesten für ihn? Sie.

Die Leute interessieren sich für bekannte Persönlichkeiten, für die Stars aus Fernsehen und Theater. Aber das ist eine andere Art von Interesse. Wenn Sie kein Star sind, betrachtet man Sie als potenziellen Beziehungspartner, entweder im geschäftlichen, freundschaftlichen oder intimen Sinne. Wir wollen einmal den Extremfall der Begeisterung für einen Star betrachten. Die Fans interessieren sich für alle Details seines Lebens; sie verehren ihn;

aber es würde ihnen normalerweise nicht in den Sinn kommen, in ihm einen Beziehungspartner zu sehen. *In gewöhnlichen Beziehungen ist es nicht so wichtig, wie interessant Sie sind,* sondern wie sehr Sie zu einem bestimmten Menschen passen. Danach wird der oder die Betreffende Sie dann auch bewerten.

Weil dieser Mensch an sich selbst denkt, wird er unbewusst eine Einschätzung vornehmen, wie viel Gutes Sie zum Drehbuch einer Beziehung beisteuern könnten, aus der er selbst Befriedigung für sich ziehen wird. Solche Befriedigung findet er, wenn seine ihm wichtigen Vorstellungen in dieser oder jener Form bestätigt werden: Ich erwecke Gefallen und Interesse; ich bin keine Null; ich bin nicht schlechter als andere; ich werde geschätzt und respektiert.

Entscheiden Sie selbst, was Sie bekommen, wenn Sie sich entweder jemandem aufdrängen oder jemandem Ihr Interesse bekunden. Natürlich passen Sie zu allen Parametern, wenn Sie seine Wichtignahme befriedigen. Bekommt er diese Befriedigung, so wird er seine Augen vor Ihren offenkundigen Mängeln verschließen und Ihnen Ihre Schwächen verzeihen. All dies sind für Ihren Partner Nebensächlichkeiten. Sie aber versuchen, besorgt um Ihre Mängel, diese zu verbergen und Ihre Vorzüge hervorzukehren. Ich wiederhole: Ihre Vorzüge und Mängel interessieren Ihren Partner als Letztes; *in erster Linie geht es ihm um sein Gefühl der Bedeutsamkeit, das er durch den Umgang mit Ihnen bekommt.*

Sie können, gemessen an allen Parametern, "super" sein. Aber das wird Ihnen bei der Suche nach Freunden oder einem Lebenspartner nicht helfen. Im Gegenteil, viele Stars leiden an Einsamkeit. Ihre ausgezeichneten Parameter können ihnen bei der Suche nach einem Partner auf einer bestimmten Stufe sogar schaden. Jemand sieht, dass Sie "super" sind, aber *er bewertet Sie vor allem danach, wie viel Bedeutung ihm selbst neben solcher Vollkommenheit zukommt.* Wenn Sie in vollem Glanz vor ihm erstrahlen, wird er höchstwahrscheinlich zu dem Schluss kommen, dass seine eigene Persönlichkeit daneben matt wirken wird. Pfeifen Sie auf Ihre

Parameter, und schenken Sie Ihrem Gegenüber Ihre volle Aufmerksamkeit. Geben Sie ihm seine Bedeutsamkeit in Ihrer Nähe zu spüren, dann wird er sich Ihnen zuwenden.

Wenn Sie sich für jemanden interessieren, so sollten Sie dies aufrichtig tun. Geben Sie Ihrem Gegenüber nicht zu verstehen, dass Sie Tricks kennen, mit denen Sie sein Wohlwollen gewinnen können, oder dass Sie auf Eigennutz aus sind. Wenn Sie jemandes Wohlwollen beanspruchen, verdient er zumindest Ihre aufrichtige Anteilnahme.

Viele, die darauf erpicht sind, den Status eines interessanten Gesprächspartners zu gewinnen, sind bestrebt, sich vor anderen zu profilieren: Seht her, wie schlau ich bin, wie viel ich gesehen und erlebt habe! Dies ist das Wirken der inneren Absicht. Die meisten Menschen handeln so, wenn sie interessant erscheinen wollen. Treten Sie aus diesem Club aus, und nehmen Sie eine andere Haltung ein. Setzen Sie sich nicht das Ziel, ein hinreißender Gesprächspartner zu sein, sondern *Ihrem Partner zu ermöglichen, seine interessanten Seiten zu zeigen.* Passen Sie sich an seine Frequenz an, und hören Sie ihm aufmerksam zu. Stellen Sie Fragen, und zeigen Sie Interesse an den Themen und der Persönlichkeit Ihres Partners. Sie können sich ein paar Stunden lang so verhalten, dass hauptsächlich er das Wort haben wird. Zum Ende des Gesprächs wird Ihr Partner absolut überzeugt sein, dass er einem sehr interessanten Gesprächspartner und einer bemerkenswerten Persönlichkeit begegnet ist.

So wirkt die äußere Absicht. Sie ermöglicht der inneren Absicht anderer, sich zu verwirklichen. *Als Ergebnis bekommen Sie das, wovon Sie sich losgesagt haben.* Sie haben sich von der Zurschaustellung Ihrer eigenen Persönlichkeit losgesagt und haben einer anderen Persönlichkeit ermöglicht, ans Licht zu kommen. Kaum haben Sie dies getan, wird der andere Ihr Anhänger, weil Sie ihm ermöglicht haben, seine innere Absicht zu verwirklichen. Von einem Star kann er so etwas nicht bekommen.

Was aber, wenn Sie jemandes Interesse erwecken wollen, der Sie nicht als möglichen Partner betrachtet? Angenommen zum Beispiel, Sie sind darauf angewiesen, mit jemandem einen geschäftlichen Vertrag abzuschließen. Sie machen ihm eine Offerte, aber er will nicht darauf einsteigen. Er ist einfach nicht interessiert. Dann können Sie nur mit seinem Interesse rechnen, wenn Sie sich selbst und Ihr Anliegen vergessen und Ihre ganze Aufmerksamkeit auf ihn richten. Interessieren Sie sich aufrichtig für alles, was den Betreffenden interessiert, und sprechen Sie mit ihm darüber. Nur dann wird er sich auch für Ihr Problem interessieren.

Sie könnten nun fragen: Warum soll ich anderen zuhören, mich für sie interessieren, ihnen meine Aufmerksamkeit schenken, sie lieben und respektieren, während sie nur mit sich selbst beschäftigt sind? Gut, doch warum sollten sie sich für Sie interessieren, Sie lieben und respektieren? Alles, was Sie sich über sich selbst vorgestellt haben - ich bin so und so, verglichen mit anderen -, ist nur eine Erfindung Ihrer inneren Absicht, gekleidet in ein Überschusspotenzial des Abhängigkeitsverhältnisses und der Wichtignahme. Ihre innere Absicht besteht darin, etwas darzustellen. *In den Augen anderer werden Sie aber nur bedeutend sein, wenn Sie Ihre innere Absicht aufgeben und es der inneren Absicht der anderen ermöglichen, sich zu verwirklichen.* Ihr Vorteil besteht darin, dass Sie Ihre äußere Absicht verwenden, die anderen das Gegenteil. Nutzen Sie Ihren Vorteil.

Wenn Sie etwas von Menschen bekommen wollen, gibt es ein universelles Prinzip, das Sie sich zunutze machen können. Es besteht im Wesentlichen darin, die innere Absicht *zu bekommen* abzulegen und sie durch die äußere Absicht *zu geben* zu ersetzen. Dann wird alles recht einfach.

Wollen Sie von jemandem Anerkennung und Achtung bekommen? Fordern Sie keine Achtung für sich selbst. Respektieren Sie den Betreffenden, und achten Sie darauf, dass er sich in Ihren Augen bedeutend fühlt. Wollen Sie Anteilnahme und Dankbarkeit? Streben Sie nicht danach! Kümmern Sie sich aufrichtig und mit Anteilnahme um die Probleme und Sorgen anderer. Wollen Sie Sympathie erwecken? Indem Sie jemandem einfach schöne Augen machen, wird das nicht klappen. Zeigen Sie jemand anderem Sympathie, dann werden Sie diesem mit Sicherheit sympathisch sein. Brauchen Sie Hilfe und Unterstützung? Helfen Sie selbst einem anderen. Dadurch werden Sie Ihre eigene Bedeutung steigern, und derjenige, dem Sie geholfen haben, wird nicht weniger bedeutend sein und Ihnen etwas schuldig bleiben wollen. Und schließlich: Wollen Sie, dass Ihre Liebe erwidert wird? Entsagen Sie Besitzansprüchen und Abhängigkeitsverhältnissen. Das können Sie schaffen, indem Sie einfach lieben, ohne jede Berechnung. Solche Liebe ist sehr selten, und sie ist unwiderstehlich. *In all diesen Fällen bekommen Sie genau das, was Sie aufgegeben haben.*

Eine Frage ist noch offen: Wie kann man jemanden dazu bewegen, etwas zu tun? Sie können ihn mit der inneren Absicht dazu zwingen, wenn Sie über solche Macht verfügen. Es ist auch möglich, ihn von der Notwendigkeit zu überzeugen, es zu tun. Die wirksamste Weise jedoch ist wiederum die äußere Absicht: Drehen Sie es so, dass der Betreffende Ihnen von sich aus helfen will. Dafür müssen Sie die Angelegenheit mit den Zielen und Bestrebungen der betreffenden Person auf einen Nenner bringen. Stellen Sie sich die Frage: *Wie kann ich das, was ich will, mit dem verbinden, was der andere braucht?*

Finden Sie zunächst die Bedürfnisse des Betreffenden heraus: Wonach strebt er, was fehlt ihm: Geld, Macht, Beachtung, Befriedigung durch gut geleistete Arbeit, Fürsorge vonseiten der Kinder, Prestige, eine Position, Berühmtheit ...? All diese Dinge fallen unter den Oberbegriff "eigene Bedeutsamkeit".

Jedermann fühlt sich letztendlich schlecht, wenn er in dieser Welt wenig Bedeutung hat. Wenn er nichts darstellt, wenn nur wenig von ihm abhängt, strebt er danach, seine eigene Bedeutung zu vermehren. Um dies zu erreichen, stellt er sich immer neue Aufgaben, die ihm greifbare Ergebnisse sichern sollen. So kann er sein Leben lang der inneren Wichtignahme hinterher rennen. Darin liegt durchaus nichts Schlechtes. Man sollte niemanden wegen seines Strebens nach Bedeutsamkeit tadeln. Was dabei tatsächlich erreicht wird und wie es geschieht, ist individuell sehr unterschiedlich, aber alle streben nach Bedeutsamkeit. Wenn hingegen jemand in seiner Entwicklung stehengeblieben ist und nichts mehr erreichen will, so ist das schon schlechter. Das kommt aber nur selten vor. Gewöhnlich will der Mensch zumindest ein wenig erreichen, denn etwas passt ihm nicht in der Position, die er in der Gesellschaft einnimmt.

Finden Sie also heraus, auf welche Weise Ihr geplantes Projekt das Selbstwertgefühl Ihres potenziellen Partners heben kann. Dann *erklären Sie ihm seine Aufgabe im Lichte der Erhöhung seines Selbstwertgefühls.* Ermöglichen Sie ihm dies, und er wird von selbst mitmachen wollen. Wenn er es dann tut, sollten Sie ihm in großzügigem Maße die Wertschätzung zeigen, die er verdient.

Wenn Sie sich nach diesem Prinzip richten, können Sie sehr leicht andere dazu inspirieren, in Ihrem Interesse zu handeln. Mithilfe der inneren Absicht versuchen Sie, etwas zu erzwingen oder durchzudrücken. Mit der äußeren Absicht äußern Sie einfach nur Ihren Wunsch - der Rest erledigt sich wie von selbst zu Ihrem Nutzen. Für die Realisierung der äußeren Absicht sollten Sie so planen, dass die Leute, indem sie an sich selbst denken und für sich handeln, Ihren Interessen dienen. Dazu braucht man nur aufzuwachen, seine eigenen Interessen beiseite zu schieben und über die Interessen der anderen nachzudenken.

Wenn Sie zum Beispiel im Handel tätig sind, denken Sie wahrscheinlich daran, wie Sie Ihre Ware einem potenziellen Kunden *verkaufen* können. Er aber denkt überhaupt nicht daran, dass es Ihnen gelegen kommt, ihm etwas zu *verkaufen.* Er will nicht, dass Sie ihm etwas *verkaufen.* Er will *kaufen.* Sehen Sie den Unterschied? Jeder will mir etwas andrehen, aber ich mag das nicht. Ich will selber wählen, was ich brauche.

Geben Sie sich nicht so, als würden Sie Waren verkaufen. Denken Sie daran, was der Käufer erwerben will. Das Bestreben zu verkaufen ist eine innere Absicht. Die äußere Absicht zielt in eine ganz andere Richtung –

zu erkennen, was der Käufer will. Dabei brauchen Sie nicht einmal zu wissen, welche Ware er kaufen will. Wenn er an Rheuma leidet und Sie sich aufrichtig dafür interessieren, indem Sie ihm einen Arzt oder ein Medikament empfehlen, wird er Ihnen die Ware abkaufen - nicht weil Sie die beste Ware haben, sondern weil Sie mit ihm über sein Rheuma gesprochen haben. Dies ist ein simples Beispiel, aber das darin enthaltene Prinzip funktioniert einwandfrei.

Jedes Mal, wenn Sie für die Erfüllung eines Wunsches auf jemand anders angewiesen sind oder ihn zwingen, etwas zu tun, drängen Sie seine innere Absicht zurück. Fragen Sie sich einmal: Worin besteht die innere Absicht des Betreffenden? Handeln Sie so, dass Sie zur Realisierung seiner Absicht beitragen. Erst dann, wenn Sie bereits seiner Absicht zur Realisierung verhelfen, können Sie daran denken, was Sie von ihm bekommen wollen. Während Sie mit der Realisierung seiner Absicht beschäftigt sind, erwähnen Sie beiläufig Ihre eigene Bitte. Dabei werden Sie nicht einmal herumdrucksen müssen - es kann sich wie von selbst ergeben. Das ist die zauberhafte Kraft der äußeren Absicht.

Eine noch wirksamere Methode des Einwirkens auf andere ist der Versuch, bei ihnen eine innere Absicht zu induzieren. Wenn Sie sich auskennen, ist das ziemlich einfach. Die innere Absicht wird fast immer von der internen Wichtignahme motiviert. Jeder Mensch ist auf die eine oder andere Art bestrebt, seine Bedeutsamkeit zu beschützen, hervorzuheben und zu vermehren. Wenn Sie von anderen etwas brauchen, so können Sie einfach darüber nachdenken, wie sie selbst ihre Bedeutsamkeit steigern können. So etwas nennt man "Herausforderung".

Man kann eine solche Herausforderung einer Gruppe von Leuten stellen: "Na, dann wollen wir doch mal sehen, wer besser ist ..." Oder Sie können an die Berufsehre appellieren: "Wir wollen uns doch nicht blamieren!" Sie können sich auch einfach an die interne Wichtignahme wenden: "Wir werden allen zeigen, wofür wir stehen!" *Wenn jemand diese Herausforderung im Zusammenhang mit seiner eigenen Bedeutsamkeit aufgenommen hat, wird er Ihren Willen wie seinen eigenen erfüllen.* Der Grund dafür ist, dass Sie Ihre innere Absicht zurückgestellt haben und die innere Absicht anderer beachtet haben. *Lassen Sie die innere Absicht anderer zum Zuge kommen, nicht Ihre eigene.*

Der Strom der Beziehungen

Entweder Sie selbst oder Ihre Firma werden wohl damit beschäftigt sein, Dinge zu erzeugen, die von anderen konsumiert werden. Wie nun kann man die Leute dazu bewegen, gerade diese Produkte kaufen *zu wollen?* Falls Sie der Ansicht sind, die Leute werden sie kaufen, weil sie einfach toll sind, so sind Sie auf dem Holzweg. Ein typischer Fehler ist die Haltung der inneren Absicht: "Wir produzieren Meisterwerke, und daher werden die Menschen sie auf jeden Fall kaufen."

In dieser Haltung der inneren Absicht stecken drei Denkfehler. Zum Ersten zeigt die Aussage "Wir produzieren Meisterwerke" die interne Wichtignahme. Sie halten Ihr Schaffen für vollkommen und damit auch für wichtig und bedeutend. Wenn dies aber so ist, können Sie Ihr Produkt nicht objektiv bewerten, denn es ist Ihnen ja nicht gleichgültig. Zum Zweiten ist Ihre innere Absicht darauf gerichtet, Ihre Produkte *zu verkaufen.* Die Leute werden sie aber nicht kaufen wollen, denn aus ihrer Sicht sind die Produkte keine "Meisterwerke", und jemandes Absicht, sie *zu verkaufen,* interessiert sie schon gar nicht. Der dritte und größte Fehler schließlich besteht darin, dass Ihre innere Absicht auf die Produktion gerichtet ist, nicht auf die Bedürfnisse des Käufers. Die kurzsichtige Ausrichtung der inneren Absicht wird bewirken, dass Sie ein vollkommenes Produkt schaffen, das niemand haben will. So etwas geschieht sehr häufig.

Die Haltung der äußeren Absicht besteht darin herauszufinden, was die Menschen wollen, was ihnen fehlt, was sie brauchen, was sie bewegt und interessiert. Die äußere Absicht geht mit dem Variantenstrom. Wenn Sie sich mit der Produktion Ihres "Meisterwerkes" beschäftigen, das in Ihrem eigenen Oberstübchen entworfen wurde, versuchen Sie, sich gegen den Strom zu bewegen. Der Verstand neigt immer dazu, seine eigenen Fähigkeiten zu idealisieren. Er vertieft sich mit Begeisterung in den Schaffensprozess und vergisst alles ringsumher. Der Verstand ist wie versessen darauf, alles seiner Kontrolle zu unterwerfen. Aber die Nachfrage lässt sich auf diese Weise schwerlich beeindrucken, sondern bewegt sich immer mit dem Strom in ihrem eigenen Flussbett. Um dem Strom der Nachfrage irgendwie nachzuhelfen, sind schon gewaltige Werbekampagnen nötig, und selbst das klappt nicht immer.

Der Verstand ist nicht in der Lage, Tendenzen der Nachfrage vorauszusagen. Aber das ist auch gar nicht nötig. Alles, was Sie zu tun haben, ist, sich in Harmonie mit dem Strom zu bewegen, und auf die geringsten Richtungsänderungen zu achten. Es besteht keine Notwendigkeit, ein Fach "Nachfrage" zu erfinden. Fast alle Erfindungen, die ihrer Zeit voraus waren, fanden zunächst keine Anwendung. Das bedeutet jedoch nicht, dass der schöpferische Geist überflüssig ist. Aber: *Wenn Sie mit einem bestimmten Erlös aus dem Verkauf Ihres Meisterwerks rechnen, so wird Ihre Hoffnung wahrscheinlich umsonst sein.* Wenn Ihnen freilich ein Geniestreich gelingt, kann Ihre Erfindung den Markt überfluten. Doch so etwas kommt recht selten vor.

Garantierter Erfolg erwartet nur ein Unternehmen, das eine Bedienung der laufenden Nachfrage im Auge hat. Und damit wären wir wieder bei unserer ursprünglichen Frage angelangt: Wie kann man die Menschen dazu bewegen, Ihre Produkte kaufen *zu wollen?* Die Antwort lautet: *mitnichten.* Wenn es nicht unmöglich ist, so zumindest äußerst schwer. Mit Ihrer inneren Absicht werden Sie bestrebt sein, den Käufern Ihre Ware aufzudrängen. *Die äußere Absicht bewegt sich mit dem Strom und ist bestrebt herauszufinden, was die Menschen wollen und wovon der Markt übersättigt ist. Die Nachfrage lässt sich am Variantenstrom ablesen.* Der Variantenstrom enthält alle Antworten, und nur er kann Erfolg garantieren.

Nicht zufällig werden fundamentale Entdeckungen oder Erfindungen fast gleichzeitig von mehreren voneinander unabhängigen Personen gemacht. Hierin zeigt sich das Phänomen der Bewegung der materiellen Realisierung im Variantenraum. Was geschehen soll, findet zu gegebener Zeit statt. Leonardo da Vinci hat viele Erfindungen gemacht, die erst in moderner Zeit umgesetzt und angewandt wurden.

Man sollte meinen, das alles sei recht offensichtlich. Doch der Verstand ist sehr vergesslich und will aus der Strömung ausbrechen oder sie der eigenen Kontrolle unterwerfen. Wie gesagt: Der Variantenstrom ist ein Prachtgeschenk für den Verstand. Man sollte sich ständig daran erinnern und eine solche Gelegenheit zu nutzen wissen. Dann werden viele Probleme und Hindernisse verschwinden.

Ein Großteil der Probleme in den zwischenmenschlichen Beziehungen ist auf den Kampf des Verstandes mit dem Variantenstrom zurückzuführen. *Kritik gehört zu den Erscheinungsformen dieses Kampfes.* Kritik ist eine direkte Folge der inneren Absicht. Lob und Vertrauen auf die positiven Qualitäten des Menschen gehören zur äußeren Absicht. Jemanden zu kritisieren ist das Gleiche, wie mit der umgebenden Welt zu kämpfen. Es bringt nichts als Ärger. Lob hingegen wirkt wie eine innere Triebkraft. Wenn Sie andere beschuldigen und kritisieren, versuchen Sie, mit Ihrer inneren Absicht auf ihn einzuwirken. Betonen Sie aber seine Vorzüge (auch allen Umständen zum Trotz), so verlieren Sie nichts, sondern Sie ermöglichen der Situation, sich zu Ihrem Nutzen zu entwickeln.

Beschuldigen Sie niemals andere. Viele Menschen neigen zu Selbstvorwürfen und tragen Schuldgefühle mit sich herum. In extremen Fällen kann dies zu Sadomasochismus führen. Doch *niemand* möchte Vorwürfe vonseiten anderer hinnehmen. Anschuldigungen von anderen werden immer als schmerzhaft empfunden.

Der Beschuldigte wird auf jeden Fall beleidigt sein, selbst wenn er sich falsch verhalten hat und die Anschuldigung gerechtfertigt ist. Doch was haben Sie davon? Dass Ihnen die Galle überläuft? Sie kreieren damit doch nur ein Überschusspotenzial, das Ihnen unnötige Leiden bereitet. Auch wenn Sie in erster Linie den Missetäter von seiner Verfehlung überzeugen wollen, werden Sie nicht zum Ziel gelangen. Er mag sich Ihre Anschuldigungen anhören, doch wird er innerlich kaum völlig akzeptieren, dass er im Unrecht ist, selbst wenn er Ihren Ausführungen äußerlich zustimmt. Indem Sie versuchen, sich selbst zu Lasten anderer zu behaupten oder Macht auszuüben, mögen Sie Ihr gewünschtes Ergebnis durchaus erreichen. Aber dann werden Sie zum Manipulator.

Wenn keines dieser Motive auf Sie zutrifft, so verzichten Sie besser auf Ihre Kritik. Durch Tadel und Anschuldigungen versuchen Sie, gegen den Strom zu schwimmen, und schlagen dabei nur mit den Armen auf das Wasser ein. Pfeifen Sie auf die Mängel anderer, und denken Sie lieber an deren Vorzüge. Das ist eine Bewegung mit dem Strom, die Ihnen unschätzbare Vorteile bringen wird.

Wenn Ihr Aufseher nicht schläft, wird er Ihnen immer helfen, eine Erklärung zu finden, warum derjenige, den Sie tadeln wollen, auf entsprechende Weise gehandelt hat. Der Aufseher, der Ihr innerer Beobachter ist, wird Ihnen nicht gestatten, in das Spiel einzutauchen und einen Streit anzuzetteln. Betrachten Sie das Spiel von außen, wie ein Zuschauer, und erinnern Sie sich, dass Kritik nichts bringt außer Schaden. Bewegen Sie sich mit dem Strom.

Anschuldigungen und Kritik können keine positive Rolle spielen, da sie einen aus der Bahn werfen und von der Strömung abbringen, in der man sich bewegt. Die Strömung führt zu einem bestimmten Ziel; denn schließlich richten sich alle Menschen nach ihren eigenen Motiven und Bestrebungen. Indem Sie jemanden ermuntern oder inspirieren (ungeachtet der Umstände), lenken Sie ihn stromabwärts in einen für Sie günstigen Flusslauf, der dessen eigenen Bestrebungen nicht widerspricht. So können Ihre und seine Wünsche parallel verlaufen. Die Rechte und das Ehrgefühl beider bleiben intakt, und ihre Interessen gehen Hand in Hand.

Wie aber gehen Sie selbst mit Kritik um? Entweder Sie vertragen Sie nicht, oder Sie versuchen sich davon zu überzeugen, dass sie berechtigt ist. In beiden Fällen akzeptieren Sie die Kritik nicht, außer natürlich, Sie leiden an einem Schuldkomplex. Kritik kann aufpeitschend sein; sie kann uns zwingen zu handeln, "wie es nötig ist". Doch zwingen kann man nur den Verstand. Die Seele kann niemand zwingen. Sie tut entweder, was sie will, oder sie hindert den Verstand daran zu tun, was er sich vorgenommen hat. *Kritik macht die Seele zum Feind des Verstandes, Lob macht sie zu seinem Verbündeten.*

Lob ist also eine positive, kreative Kraft, Kritik hingegen ist negativ und destruktiv. Genau aus diesem Grunde werden heutzutage Fachkräfte für die Leitung von Unternehmen so ausgewählt und ausgebildet, dass sich künftige Manager nicht an Kritik schlechter Arbeit orientieren, was jeder Hanswurst kann, sondern in der Lage sind, eine Atmosphäre des Enthusiasmus zu kreieren, in der das Personal von selbst gut arbeiten will. Und wie kann so etwas klappen? Wenn Leute, die an einem gemeinsamen Projekt arbeiten, ihre persönliche Bedeutung spüren.

Wenn Sie sich Feinde machen wollen, dann nur zu: Streiten Sie, und beweisen Sie um jeden Preis, dass Sie im Recht sind. Im Kapitel "Der Strom der Varianten" sind wir bereits darauf eingegangen, wie sinnlos, ja schädlich das Bestreben ist, um jeden Preis beweisen zu wollen, dass man im Recht ist. Wenn Streit für Sie eine prinzipielle Bedeutung hat oder wenn Ihre Interessen es Ihnen tatsächlich nicht erlauben nachzugeben, dann streiten Sie! Ansonsten überlassen Sie das Recht, mit den Armen auf das Wasser einzudreschen, lieber anderen.

Von einem Triumph durch überlegene Polemik haben Sie rein gar nichts – außer immer mehr Feinde. Wenn jemand absolut dummes Zeug schwatzt und Sie ihm dies zu verstehen geben, wird er niemals mit Ihnen übereinstimmen. Genauer gesagt wird er dies nur tun, wenn er eine ausgeprägte Neigung zur Selbstbeschuldigung hat. Aber was bringt Ihnen ein Sieg über eine solche Person? Wenn Ihre Interessen gewahrt bleiben, so lassen Sie andere ruhig Dinge behaupten, mit denen Sie nicht einverstanden sind. So vermeiden Sie es, ein Überschusspotenzial zu erzeugen und gegen die Strömung anzukämpfen.

Zankhähne sind für gewöhnlich völlig ins Spiel vertieft und schlummern süß im Land der Träume. *Um nicht selber in das Spiel verwickelt zu werden, muss man aufwachen und den inneren Aufseher aktivieren.* Wenn mehrere Leute sich an dem Streit beteiligen, sollten Sie in den Zuschauerraum hinabsteigen und das Ganze von unten betrachten. Während alle Beteiligten versuchen, ihre eigene innere Absicht zu verwirklichen und ihren eigenen Standpunkt zu beweisen, fliegen Sie durch das Fenster und schauen sich um. Ihnen wird eine Schlussfolgerung einfallen, auf die keiner der Beteiligten kommt. Sie sollten diesen Schluss aber den anderen nicht aufdrängen. Hauptsache, Sie bieten ihn an - mögen die anderen dafür eine Lanze brechen.

Wenn Sie in einem Streit gesiegt haben, können Sie das getrost als Niederlage betrachten. Selbst wenn Ihre Opponenten Ihnen formell Recht gegeben haben, können Sie überzeugt sein, dass sie in Gedanken jede Menge informeller Argumente finden, die für ihren eigenen Standpunkt sprechen. Auf jeden Fall bedeutet der Verlust in einem Streit für den Verlierer eine Schlappe für das Ego. Und wer hat ihm diese Schlappe beigebracht? Derjenige, der es vermochte, auf seinem Standpunkt zu beharren.

Sie wollen doch Ihrem Gegner nicht etwa ins Gesicht schlagen? Na also! Genauso wenig sollten Sie andere vor den Kopf stoßen, indem Sie deren Ego verletzen. Die Menschen fügen einander sehr häufig Beleidigungen zu. Solch eine Beleidigung hat nicht selten einen verborgenen Charakter, denn der Beleidigte frisst seinen Ärger oft in sich hinein. Man zeigt eben nicht gern, dass man für sein Ansehen kämpft, obwohl das alle auf Schritt und Tritt tun, zumindest unterschwellig.

Wenn jemandes Ego soeben einen Dämpfer versetzt bekommen hat und der Betreffende das schweigend hinnimmt, brauchen Sie nicht zu denken, dass ihn das kalt lässt oder er resigniert hat. Der Schlag hat sehr wohl gesessen und die Kränkung wird weiter im Unterbewusstsein rumoren. Sie haben im Streit gesiegt und damit vermeintlich Ihre Bedeutung gesteigert. Doch das ging nur, indem Sie die Bedeutung Ihres Opponenten schmälerten. Sie wissen selber, dass die verborgene Kränkung, die damit unweigerlich einhergeht, überhaupt nicht gut ist. Außerdem anerkennt der besiegte Opponent Ihre Bedeutung nicht im Geringsten an.

Es gibt eine unübertreffliche Weise, jemand anders gegen sich aufzubringen: indem man ihm zu verstehen gibt, dass man besser ist als er. Schaff dir keinen Götzen und keinen Feind - dies ist das wesentliche Motto von Beziehungen mit dem Strom. *Vermeiden Sie es wie die Pest, das Ego anderer anzutasten.* So seltsam dieses Tabu auch klingen mag, Sie ersparen sich so eine Menge Probleme und Unannehmlichkeiten, deren Gründe Sie vielleicht gar nicht erkannt hätten.

Womit ist jemand beschäftigt, der sich mit Ihnen streitet? Mit der Verteidigung seines Egos, auf die eine oder andere Weise. Kommen Sie ihm entgegen. Stimmen Sie seinem Standpunkt zu. Durch solche Übereinstimmung haben Sie ihm gegeben, was er wollte. Jetzt können Sie mit ihm in Ruhe über Ihren Standpunkt reden - ganz unaufdringlich, ohne überzeugen zu wollen, einfach nur reden. Auf diese Weise bewegen Sie sich nicht nur mit dem Strom, Sie bringen auch Ihre äußere Absicht zum Zuge. Letzten Endes erhalten Sie ein so vorzügliches Ergebnis, wie Sie es mit keiner auch noch so ausgeklügelten intellektuellen Raffinesse hinbekommen hätten.

Nehmen Sie zu Beginn des Gespräches eine solche Haltung ein, dass Sie beide den gleichen Blickwinkel haben. Ist das Erste, was Ihr Gegenüber Ihnen antwortet, ein "Nein", so können Sie davon ausgehen, dass es keinen Zweck hat weiterzureden. Er hat sich von Ihnen abgewandt und wird nicht gewillt sein, sich mit dem Strom seines Gesprächspartners zu bewegen. Es ist wichtig, das Gespräch so zu beginnen, dass der andere "Ja" sagt. Beginnen Sie ein solches Gespräch niemals in schroffem Ton oder mit bedrohlichen Argumenten. Beginnen Sie es auf eine Weise, dass Ihr Gesprächspartner mit Ihnen übereinstimmt. Danach können Sie das Gespräch fließend auf die strittigen Fragen lenken. Jetzt haben Sie viel größere Chancen, da Sie sich beide in einer Richtung bewegen und die Ausstrahlung Ihrer Gedanken keine Dissonanz mit der Ihres Partners eingeht.

Wenn Ihnen ein Fehler unterlaufen ist und Sie eine rechtmäßige Anschuldigung zu erwarten haben, dann stellen Sie sich nicht auf Verteidigung ein. *Erkennen Sie Ihren Fehler einfach an.* Jemand, der entschlossen war, den Zorn des Gerechten auf Sie herabkommen zu lassen, wird sehr wahrscheinlich sofort eine großmütige, nachsichtige Haltung einnehmen. Dies widerspricht dem bekannten Sprichwort: Angriff ist die beste Verteidigung. Dadurch, dass Sie von vornherein dem Standpunkt Ihres Opponenten beipflichteten, haben Sie seiner inneren Absicht grünes Licht gegeben. Durch Ihr sofortiges Eingeständnis haben Sie seiner inneren Absicht dazu verholfen, Sie zurechtzuweisen und sein eigenes Prestige zu erhöhen. Da Sie dies aber aus eigenem Antrieb getan haben, frei von Zwang, leidet Ihr Prestige nicht darunter. Sie schlagen zwei Fliegen mit einer Klappe: Sie steigern das Prestige Ihres Opponenten, wofür er Ihnen dankbar sein wird, und Sie bewahren Ihr eigenes Prestige.

Indem Sie Ihre Fehler verteidigen, rudern Sie gegen den Strom und geben den Pendeln Energie. Der Wunsch, sich um jeden Preis zu rechtfertigen, ist auf einen erhöhten Pegel der internen Wichtignahme zurückzuführen. Werfen Sie diese übermäßige Last von sich, und gestehen Sie sich das Recht zu, Fehler zu machen. *Verteidigen Sie Ihre Fehler nicht, sondern erkennen Sie sie bewusst an.* Das wird Ihr Leben auf der Stelle wesentlich erleichtern.

Wie ich bereits sagte, können Bemerkungen von Leuten, über die Sie sich ärgern, durchaus nützlich sein. Die Vorschläge anderer, die Sie im ersten Moment auf die Palme bringen könnten, sind bei genauerem Hinsehen oft gar nicht so sinnlos. Bemerkungen und Vorschläge anderer regen Sie nur dann auf, wenn der Pegel Ihrer internen Wichtignahme überhöht ist. Senken Sie ihn herab, hören Sie auf, gegen die Strömung anzukämpfen, anerkennen Sie, dass auch andere mal Recht haben, und nehmen Sie ihren Hinweis zur Kenntnis.

Sagen Sie ihm, dass er tatsächlich Recht hatte, als er das und das sagte, und Sie werden das Resultat sehen. Sie könnten natürlich auch nicht mit ihm sprechen, aber tun Sie es dennoch. Sie haben ja nichts zu verlieren. Jeder irrt sich mal, auch ein Schlauberger. Wer jedoch wirklich schlau ist, sieht seine Fehler ein und erkennt sie als solche an. Indem Sie laut zugeben, dass der andere Recht hatte, werden Sie sofort sein Wohlwollen erlangen.

Wir leben in der aggressiven Welt der Pendel, wo wir ständig gezwungen sind, uns zu behaupten und zu verteidigen. In diesem Fall aber bieten Sie jemanden an, dies für ihn zu tun. Auf der Stelle ist das Problem der Selbstbehauptung gegenüber Ihnen für Ihr Gegenüber gelöst, und er erfährt Erleichterung. Er ist Ihnen dankbar dafür, dass Sie ihm in seinem Kampf geholfen haben. Sie sind für ihn kein potenzieller Gegner mehr, sondern ein Verbündeter. In seinem Unterbewusstsein wird sich dieser Gedankengang augenblicklich abspielen. Sie denken genauso, wenn Sie im Wachzustand schlafen. Wenn Sie jedoch im Zustand der Bewusstheit sind, wird es Ihnen leicht fallen und Sie sogar interessieren, die Rolle einzunehmen, jemand anderem zu bezeugen, dass er im Recht ist.

Wenn es sich erwiesen hat, dass jemand anders im Recht ist, werden die anderen schweigen, und Sie erkennen laut an, dass dieser Mensch im Recht ist. Sollte dieser Augenblick für den Betreffenden eine prinzipielle Bedeutung haben, so wird er zu Ihrem Schuldner. Auf jeden Fall aber wird er Ihnen dankbar sein, wenn auch größtenteils unbewusst.

Stellen Sie sich vor, in welchem Chaos die Menschen leben. Ständig müssen sie auf der Hut sein und alle als potenzielle Gegner betrachten, selbst wenn sie mit ihnen äußerlich auf gutem Fuß stehen. Jeder ist um sich selbst besorgt und befindet sich in ständiger Verteidigungsbereitschaft.

Dies ist durchaus keine Übertreibung; wir haben uns bloß schon seit Langem daran gewöhnt.

In einer solchen Atmosphäre sind Sie für die vom Kampf ermüdeten Menschen eine Perle, ein wahrer Schatz. Stellen Sie sich nur vor, wie viele Verbündete Sie haben können! Und was müssen Sie dafür tun? Bloß Ihre eigene Wichtignahme senken und nicht zu bequem sein anzuerkennen, dass jemand anders im Recht ist. Sie handeln bewusst, und das ist Ihr Vorteil. Die anderen schlafen und werden Ihnen nicht danken. Würden sie jedoch aufwachen und ihre Haltung zum Ausdruck bringen, so könnten Sie Dinge hören wie: "Gar nicht dumm, dieser Typ. Eigentlich ist er mir sympathisch. Irgendwie mag ich ihn."

Laut wird Ihnen dies niemand sagen, doch würde jemand seine unbewusste Empfindung äußern, würde es genauso klingen. Unter der Last ihres Ego sich nur mühsam dahinschleppend, merken die Menschen gar nicht, dass ihnen echte Goldklumpen zu Füßen liegen. Sie haben einen Riesenvorteil: Ihre Bewusstheit, die Abwesenheit Ihrer Wichtignahme und Ihre Aufmerksamkeit den Menschen gegenüber. Nutzen Sie diesen Vorteil, und Sie werden Gold sehen, wo andere nur Steine und Kiesel erblicken.

Die Abstimmung auf die Freile

Menschen, die miteinander verkehren, stellen sich in bestimmtem Maße aufeinander ein. Dabei werden der Charakter, das Temperament, der Intellekt, die Manier usw. berücksichtigt. Misslingt diese Abstimmung, kommt auch kein gegenseitiges Verständnis zustande, und die Beziehung kann schon durch ein falsches Wort beendet werden. Wenn Sie sich nicht auf die Frequenz Ihres Partners einstellen, werden Sie kein gegenseitiges Verständnis erreichen.

Der Begriff "Abstimmung auf die Frequenz des Partners" trägt rein formellen Charakter. Natürlich ist Ihnen klar, dass ich dieses simple Modell nur der Einfachheit halber verwende. Wie genau die Abstimmung an die physische Ebene geschieht, ist für uns im Prinzip nebensächlich. Wichtig ist, dass jeder Mensch einen charakteristischen individuellen Satz von Parametern hat - die Freile.

Wenn Sie einen engen Kontakt mit einem Menschen eingehen, beschäftigen Sie sich mit Freiling, mit der Abstimmung auf seine Parameter. Der Erfolg Ihres Umgangs hängt direkt davon ab, wie sehr Sie in der Lage sind, das Wesen der Freile Ihres Partners zu erspüren. Das ist gar nicht so kompliziert, wie es scheinen könnte. Die Hauptbedingung für eine erfolgreiche Abstimmung ist die Aufmerksamkeit gegenüber dem Gesprächspartner. Ohne Aufmerksamkeit kann von einer Abstimmung keine Rede sein. Das sollte eigentlich selbstverständlich sein, doch in der Regel befasst sich der Mensch in einem beliebigen Gespräch fast ausschließlich mit seinen eigenen Gedanken.

Ein großer Geschäftsmann hat einmal gesagt: "Alle wollen mir etwas verkaufen, doch niemand fragt mich, was ich brauche." Die Menschen sind bestrebt, etwas von anderen zu bekommen. So denken sie an ihre eigenen Probleme und daran, wie sie sie mithilfe der anderen lösen können. Das ist die pure innere Absicht. Denken wir hingegen daran, was die anderen wollen, so setzen wir den Prozess der äußeren Absicht in Gang.

Wie können Sie das, was Sie wollen, mit dem verbinden, was ein anderer will? Dafür sollte man vor allem bewusst seine Aufmerksamkeit auf dessen Interessen konzentrieren. *Lenken Sie die Blickrichtung Ihres inneren Auges um - von sich selbst auf Ihren Gesprächspartner.* Sie werden sein Interesse nur mit Fragen erwecken können, die ihn und seine Probleme betreffen. Ihre Gedanken sind darauf konzentriert, was Sie bekommen wollen. Das aber interessiert den anderen nicht im Geringsten. Oder bedeutet es Ihnen etwas, was andere wollen? Genauso wenig kümmern sich auch die anderen um irgendwelche fremden Wünsche. *Daher besteht die einzige Möglichkeit, eine gemeinsame Sprache zu finden und auf Verständnis zu stoßen, darin, mit dem Gegenüber ein Gespräch im Rahmen seiner Interessen zu führen.* Über Ihre eigenen Probleme haben Sie ja ohnehin schon mehr als genug nachgedacht. Richten Sie Ihre Aufmerksamkeit also einfach auf die Interessen Ihres Partners. Machen Sie die Absicht Ihres Partners zum Fundament Ihrer Beziehung, Ihre eigenen Probleme sollten nur Beiwerk sein.

Angenommen, Sie wollen im August in Urlaub fahren. Natürlich denken Sie dabei an Ihre eigenen Interessen. Doch woran denkt Ihr Boss? An Ihre Arbeit, keineswegs an Ihren Urlaub. Es gibt zwei Möglichkeiten, um diese Sache anzugehen. Erstens: Sie kommen zu ihm und beginnen, über Ihre Probleme und Wünsche zu klagen. Zweitens: Sie sagen, dass im September ein zusätzlicher Schwung Arbeit zu erwarten sei; daher wollten Sie Ihren Urlaub lieber im August haben, um sich dann im September voll konzentrieren zu können. Was denken Sie, mit welcher Variante Sie durchkommen? Ihr Boss hätte möglicherweise gesagt, Sie sollten Ihren Urlaub lieber im Oktober nehmen, doch höchstwahrscheinlich wird er Ihnen beipflichten, weil das Gespräch auf seiner Wellenlänge verlief. Indem Sie mit anderen im Rahmen ihrer Interessen sprechen, stellen Sie sich auf die Frequenz ihrer gedanklichen Ausstrahlung ein.

Wenn ein Esel partout nicht gehorchen will und sich weigert weiterzugehen, so bedeutet dies, er hängt seinen eigenen Gedanken nach, so wie es auch der Reiter tut. Der Esel denkt an eine Mohrrübe. Zeigen Sie ihm eine Mohrrübe, und er wird weitergehen. Mit anderen Worten, Sie haben Ihre Absicht in den Rahmen der Absicht des Esels gestellt. Was hat der Esel davon, einen fremden Wunsch zu erfüllen? Stellen Sie sich diese Frage jedes Mal, wenn Sie darauf angewiesen sind, dass jemand etwas tut, was Sie brauchen. Wenn Sie die Antwort auf diese Frage gefunden haben, werden Sie alles bekommen.

Um sich auf die Frequenz Ihres Gesprächspartners einzustellen, müssen Sie vor allem aufmerksam zuhören, was er Ihnen mitteilen will - außer natürlich, Sie wollen ihm unbedingt Ihr Thema und Ihren Standpunkt aufdrängen. In einer großen Firma wird sehr viel geredet, aber die Gespräche sind fast immer belanglos, denn niemand hört dem anderen zu. Natürlich geben sich manche den Anschein, als würden sie zuhören, doch zu neunzig Prozent sind sie mit ihren eigenen Gedanken beschäftigt. Um einen interessanten Gesprächspartner abzugeben, brauchen Sie nicht besonders gebildet oder scharfsinnig zu sein; es reicht schon, dem anderen einfach gut zuzuhören.

Wenn Sie jemandem gleichgültig sind, aber sein Interesse erwecken möchten oder auf sein Mitwirken angewiesen sind, so *sollten Sie mit ihm über etwas sprechen, was ihn interessiert.* Vergessen Sie eine Weile, was Sie selbst interessiert. Sie begeben sich damit auf eine andere Frequenz, nämlich auf die Ihres Gesprächspartners. Versetzen Sie sich in seine Lage; dann verstehen Sie, was ihn bewegt, und den Grund, warum er so handelt, wie er es tut. Sobald Sie auf seine Frequenz eingestellt sind, können Sie auf die Fragen zu sprechen kommen, die Sie interessieren.

Der erste und einfachste Schlüssel zur Frequenz eines Menschen ist sein Name. Vergessen Sie nicht, dass jeder Mensch es von Geburt an gewohnt ist, im Umgang mit anderen seinen Namen zu hören. Gebrauchen Sie während des Gesprächs öfter seinen Namen, das wird seine Wirkung zeigen. Die Anrede mit seinem Namen ist wie eine familiäre Parole, die ihm anzeigt, dass Sie freundschaftliche Absichten haben und seine Bedeutsamkeit anerkennen.

Jeder Mensch ist ständig damit beschäftigt, das Schutzschild seiner eigenen Bedeutsamkeit aufrechtzuerhalten. Sie können sich nicht auf die Frequenz eines Partners einstellen, wenn er von einer Schutzwand der Förmlichkeit oder des Misstrauens umgeben ist. Dieses Hindernis lässt sich bisweilen mithilfe entwaffnender Direktheit überwinden. Wenn Sie selbst durchblicken lassen, dass Sie den Schutzschild Ihrer Bedeutsamkeit nicht vor sich halten und auch nicht beabsichtigen anzugreifen, wird Ihr Partner seinen Schutzschild ebenfalls senken. Eines der wirksamsten Mittel zur Beseitigung einer beliebigen Trennwand jedoch ist *die Entwicklung echter Sympathie.*

Warum lieben wir unsere Haustiere? Weil sie uns immer aufrichtig zu verstehen geben, dass sie froh sind, uns zu sehen. Sie wedeln mit dem Schwanz, schnurren, springen, kreischen oder bringen ihre Begeisterung sonst wie zum Ausdruck. Natürlich gibt es auch weniger gesellige Wesen, wie zum Beispiel Zierfische; aber solche Tiere rufen keine Liebe hervor. Sie sind wie Pflanzen oder ein Teil der Inneneinrichtung. Diejenigen, die wir lieben, sagen gleichsam zu uns: "Ich beanspruche nichts von dir. Ich bin einfach nur froh, dich zu sehen." Das ist einer der Hauptgründe, warum wir unsere Haustiere lieben.

Wenn Sie im Umgang mit Menschen Sympathie erwecken wollen, *sollten Sie ihnen zu verstehen geben, dass Sie froh sind, sie zu sehen.* Natürlich muss dabei nicht die gleiche Begeisterung zum Ausdruck kommen wie bei den Hunden. Es reicht schon zu lächeln, sie freundlich zu begrüßen, sie beim Namen zu nennen und ihnen aufmerksam zuzuhören. Verhalten Sie sich hingegen wie Zierfische, wird auch Ihre Beziehung dementsprechend sein.

Der psychische Mechanismus hierbei ist sehr einfach: Im Unterbewusstsein wird Ihr Partner denken: "Ich bin jemandem begegnet, der froh ist, mich zu sehen. Ich bin also keine Null; ich bedeute etwas in dieser Welt. Diese Person hier ist die Bestätigung. Welch angenehmer, sympathischer Mensch!"

Aufmerksamkeit und Anteilnahme sollten nicht gespielt sein. *Es gibt nichts Abgeschmackteres als förmliche Anteilnahme, nur um die Etikette zu wahren.* Die Menschen verziehen ihre Lippen zu einem Lächeln. Das ist eigentlich gar kein Lächeln mehr, sondern etwas Ähnliches wie eine Krawatte. Gewohnheitsmäßig fragt man: "Wie geht's?" und wartet auf eine Standardantwort. Eine Antwort, die vom Erwarteten abweicht, wird als Anomalie wahrgenommen. Niemanden kümmern fremde Probleme. Warum also danach fragen?

Beim Umgang mit einem Menschen können Sie mit ihm eine Resonanz eingehen, indem Sie Energie auf seiner charakteristischen Frequenz ausstrahlen.

Jeder Mensch hat seine eigene Resonanzfrequenz, die Wellenlänge, auf der er "tickt". Das kann ein "Steckenpferd" sein oder sonst etwas, was ihn besonders interessiert, etwas, auf das er stolz ist. Diese Leidenschaft ist wie eine Saite, die in seiner Resonanzfrequenz erklingt. Wenn es Ihnen gelungen ist zu bestimmen, worin seine Passion besteht, dann unterhalten Sie sich mit ihm darüber, selbst wenn Sie ihn dazu auf dieses Thema ansprechen müssen. Dies ist die wirksamste Art, einen Kontakt herzustellen. Indem Sie diesen Gesprächsfaden aufnehmen, können Sie Ihren Partner sehr leicht für sich gewinnen.

Sie können das Wohlwollen eines anderen ohne Schwierigkeit erobern, indem Sie ihn um Hilfe bei der Lösung eines Problems oder um einen kleinen Gefallen bitten. Auf diese Weise verschaffen Sie ihm Geltung, während Sie Ihre eigene verringern. Er fühlt sich bedeutender, wenn Sie ihm zu verstehen geben, dass Sie auf seine Hilfe angewiesen sind, und Sie geben ihm die Möglichkeit, sich zu profilieren.

Hat er Ihnen den Gefallen erwiesen, wird er in Ihrer Nähe das Gefühl haben, gebraucht zu werden, und sein Wohlwollen ist Ihnen sicher. Das Gefühl der eigenen Geltung ist jedem sehr lieb. Jemand, dem Sie dieses Gefühl geben, wird Ihnen das bis zum Lebensende nicht vergessen. Geben Sie zu: Auch Sie selbst erinnern sich mit Dankbarkeit an jene, die Ihre Qualitäten zu schätzen wussten.

Vielleicht denken Sie jetzt, dass ich in Bezug auf das Geltungsbewusstsein der Menschen übertreibe. In der Tat, für einen Außenstehenden könnte die Theorie des Freiling den Eindruck erwecken, als würde sich jeder Mensch für ein großes Tier halten. Das wäre sicher eine Übertreibung, aber dennoch spielt das Geltungsbedürfnis eine wichtige Rolle im Verhalten und in der Motivation der Menschen. Was denken Sie: Welche Handlung vonseiten anderer verletzt den Menschen am meisten? Ihn zu ignorieren, zu beleidigen, zu beschimpfen, zu verprügeln? Nein, die tiefste Verletzung besteht darin, ihn zu *demütigen*.

Nach dem Leben selbst gibt es nichts Wichtigeres für den Menschen als seine Geltung. Der stärkste Durst nach dem physischen Durst ist der Durst nach Macht. Logisch, denn dies ist die höchste und letzte Stufe des Kampfes um Geltung. Längst nicht bei allen Menschen nimmt der Geltungskampf solch ausgeprägte Formen an. Doch wenn der Mensch absolut alles hat, bleibt ihm nur noch das Streben nach Macht. Nichts ist eine so starke Triebfeder wie Macht. Hierauf aufbauend, können Sie selber überlegen, welche Rolle das Gefühl der eigenen Geltung im Verhalten und in der Motivation des Menschen spielt.

Jede Kritik versetzt dem Geltungsgefühl des Menschen einen Dämpfer und ist somit eine Art Antifreiling. *Sagen Sie niemals, dass jemand Unrecht hat.* Selbst wenn Sie überzeugt sind, dass Sie Recht haben, ist es vorteilhafter, die Neutralität zu wahren. Auf diese Weise verstoßen Sie nicht gegen das Geltungsgefühl der Person, und Sie sind vor den Nivellierungskräften geschützt.

Was einen Menschen auch noch sehr empfindlich treffen kann, ist, wenn Sie sein negatives Dia anstoßen. Dieses Dia befindet sich auf dem Film der Wichtignahme, und wenn Sie es anstoßen, berühren Sie einen wunden Punkt. Ein negatives Dia ist etwas, das einem Menschen an sich selber nicht gefällt. Wie Sie ja wissen, ist jemand mit einem negativen Dia bestrebt, es vor sich selber zu verbergen und es auf andere zu projizieren. Versuchen Sie mal, eine Gegenanschuldigung vorzubringen, also die Projektion umzukehren, und Sie werden sehen, welch stürmische Reaktion darauf folgt. Der andere wird die Bezichtigung aufs Schärfste von sich weisen, und Sie werden zu seinem ärgsten Feind. Also lässt man die negativen Dias anderer am besten ruhen. Auf keinen Fall sollte man versuchen, jemandem zu erklären, dass sich in seinem Kopf ein Dia befindet.

Die genaueste Abstimmung auf die Freile eines anderen findet natürlich dann statt, wenn zwei Menschen sich verlieben. Wie und warum dies geschieht, lässt sich nur sehr schwer erklären, wenn überhaupt. Über dieses Thema wurde schon immer sehr viel gesagt. Um Gegenliebe zu bekommen, muss man jedes Besitzrecht aufgeben und ohne Berechnung lieben. Man kann Liebe erhalten, indem man sie nicht in ein Abhängigkeitsverhältnis umwandelt. Doch um sich zu verlieben, können Sie rein gar nichts tun. Das ist alles, was ich dazu sagen kann.

Somit habe ich die wesentlichen Prinzipien des Freiling beschrieben. Sie stellen sich auf die Frequenz Ihres Partners ein, indem Sie in seinem Interesse handeln. Daraufhin bekommen Sie von ihm etwas, was Sie mit den gewöhnlichen Methoden der inneren Absicht nicht erreicht hätten.

Die Energie der Beziehungen

Ich habe bereits über wohltuende Visualisierungen gesprochen. Ich möchte daran erinnern, dass ihr Wesen in Folgendem besteht: Angenommen, jemand bereitet Ihnen Probleme; er geht Ihnen auf die Nerven und attackiert Sie. Oder umgekehrt: Sie müssen unbedingt etwas von jemandem bekommen. In beiden Fällen sollten Sie versuchen, in etwa herauszufinden, was Ihrem Gegenüber Sorgen bereitet, was ihn fertig macht, was ihm fehlt: Ist es die Gesundheit, Zuversicht, seelischer Komfort? Zweifellos drückt uns alle irgendwo der Schuh, und sei es auch nur ein bisschen – besonders aber, wenn jemand Ihnen ein Problem bereitet oder Sie einem anderen. Stellen Sie sich jetzt eine Situation vor, in der die betreffende Person ihre Bedürfnisse erfüllt bekommt.

Stellen Sie ihn sich zum Beispiel vor, wie er in seine Lieblingsbeschäftigung vertieft ist und Zufriedenheit, Vergnügen und Ruhe erfährt. Sie brauchen nicht über ein wohltuendes Drehbuch nachzudenken; visualisieren Sie einfach ein beliebiges Bild, das Ihnen in den Sinn kommt. Angenommen, er sitzt im Sessel am Kamin mit einem Glas Bier; er badet mit Genuss im Meer, spaziert in einem Tal mit blühenden Blumen, fährt

Rad, macht vor Freude Luftsprünge. Wenn es Ihnen gelingt, es ihm recht zu machen, wird der Betreffende ohne ersichtlichen Grund Ihnen gegenüber Sympathie empfinden und wird das tun, was Sie von ihm wollen, oder er wird die problematische Situation mildern.

Was ist hier geschehen? Ungefähr das Gleiche, als wenn man sich einen guten Film ansieht. Unter einem guten Film verstehe ich einen Kinostreifen, der die Empfindung eines Freudenfestes in sich trägt. Sie sehen den Film, und irgendwie wird Ihnen ganz leicht und angenehm ums Herz. Der Film kreiert also ein Seelenfest auf der mentalen und emotionalen Ebene. Und die wohltuende Visualisierung kreiert dieses Fest auf der energetischen Ebene. Wenn es Ihnen gelungen ist, sich auf die Freile eines Menschen einzustellen und seine Bedurfnisse zu erraten, wird er eine Welle des Komforts empfinden.

Der Unterschied zwischen einem mentalen und einem energetischen Fest besteht in Folgendem: Wer eine energetische Delikatesse bekommt, empfindet Wohlbehagen, ohne sich darüber klarzuwerden, was der Grund dafür war. Aber das ist auch nicht mehr wichtig. Hauptsache, der Betreffende fühlt sich in Ihrer Nähe wohl. Hieraus bildet sich dann sein Wohlwollen Ihnen gegenüber. Wichtig ist hierbei, dass Sie die wohltuende Visualisierung aufrichtig ausführen, indem Sie die Bestrebungen von Seele und Verstand vereinen. Wenn es Ihnen aufrichtig gelingt, dem Menschen Gutes zu wünschen, wird der Effekt sehr greifbar sein.

Wie Sie wissen, macht gerade ein Überfluss an freier Energie einen Menschen zu einer einnehmenden, magnetischen, starken, charismatischen Persönlichkeit. Die Leute spüren, oft unbewusst, die starke Energetik einer Person. Je nach dem Grad der Milde oder Härte der Ausstrahlung wird die energetische Persönlichkeit als einnehmend bzw. stark wahrgenommen. *Auf jeden Fall ist die Kraft der Ausstrahlung proportional zur Menge der freien Energie und der Stufe der Einheit von Seele und Verstand.* Der Überschuss an freier Energie ergießt sich auf die umgebenden Menschen, die dies spüren. Die freie Energie wird von den Gedanken der Menschen modifiziert. Je näher die Bestrebungen von Seele und Verstand beisammen sind, desto reiner die Modifizierung. Nicht umsonst beeindrucken alle starken Personen mit innerer Fülle und Ganzheit.

Wie ich bereits sagte, *ist Charme eine Gegenliebe von Seele und Verstand.* Wenn die Seele aus dem Futteral befreit wird, gewinnt die Persönlichkeit an Anziehungskraft. Die Attraktivität besteht nicht in eigener Kraft, sondern in der Einheit von Seele und Verstand. Dies ist genau das, was den Menschen fehlt, und daher fühlen sie sich von einer solchen Persönlichkeit angezogen wie Motten vom Licht. Auf der energetischen Ebene manifestiert sich Charme als reine Ausstrahlung der Einheit von Seele und Verstand. Wenn dabei die Kraft der energetischen Fontänen groß genug ist, strahlt die Persönlichkeit förmlich einen eigenen Reiz aus. Die einnehmende Persönlichkeit lebt in der Einheit von Seele und Verstand, das heißt gemäß ihrem Kredo. Sie befindet sich im Zustand eines seelischen Freudenfestes, genießt das Leben und badet in ihrer eigenen Liebe, ohne einen Beigeschmack von Narzissmus. Diese festliche Empfindung wird von den Menschen der Umgebung wahrgenommen.

Solche Menschen gibt es nicht oft, aber Sie können einer von ihnen werden. Dafür müssen Sie sich Ihrer Seele zuwenden, sich selbst liebgewinnen und den Weg zu Ihrem Ziel beschreiten. Dabei werden sich nicht nur Ihre persönlichen Eigenschaften ändern, sondern auch Ihr Körper wird attraktiv werden, Ihr Gesicht sympathisch und Ihr Lächeln bezaubernd. Auf Ihrer neuen Lebenslinie wird Ihr Aussehen, das heißt die Dekoration des Sektors, den Parametern der Ausstrahlung entsprechen, bei denen Sie mit sich zufrieden sind. Wenn Sie dies nicht glauben, dann schauen Sie sich Fotos an, die Sie während einer Zeitspanne gemacht haben, als Ihr Leben von einem schwarzen Streifen überzogen war.

Indem Sie Ihre Energiekanäle trainieren und Ihre Energetik steigern, entwickeln Sie außergewöhnliche Fähigkeiten, Menschen zu beeinflussen und ihre Sympathie zu gewinnen. Um ein Star zu werden, muss man sich außerdem in genügendem Maße von seinem Geltungsbedürfnis befreien und seine energetischen Fontänen in Gang setzen. Eine Person mit einem Überschuss an freier Energie erweckt immer das Interesse und die Sympathie der umgebenden Menschen. Besonders effektiv ist dies, wenn die Frequenz der freien Energie auf die Frequenz der Gedanken der Umgebung abgestimmt ist.

Stellen wir uns vor, Sie befinden sich im Kreise einer Belegschaft oder eines Kollektivs und besprechen zusammen ein allgemeines Thema. Die Frequenz der inneren Ausstrahlung Ihrer Gesprächspartner ist ungefähr auf ein und dasselbe Objekt ausgerichtet, und alles schwingt sozusagen im Gleichklang. Setzen Sie Ihre Fontänen in Gang, und lassen Sie Ihre Energie die Umgebung durchfluten. Spüren Sie Ihre energetische Hülle und fühlen Sie, wie sie sich ausdehnt und die gesamte Runde umfasst. Nun werden Ihre Bemerkungen wesentlich mehr Gewicht haben. Die Leute werden die Kraft Ihrer Gedanken empfinden.

Bei einem Gespräch unter vier Augen können Sie in Gedanken eine wohltuende Visualisierung beginnen. Wenn dabei Ihre energetischen Fontänen laufen, werden Sie auf Ihren Partner den besten Eindruck machen. Dieses Verfahren ist sehr vorteilhaft in Situationen, wo Ihr persönlicher Charme und Ihre Kraft gefordert sind. Bei geschäftlichen Verhandlungen, bei Prüfungen oder Vorstellungsgesprächen und in persönlichen Beziehungen werden Sie mit dieser Methode aufblühen.

Die wohltuende Visualisierung stimmt Sie auf sehr effektive und tolerante Weise auf die Frequenz Ihres Gesprächspartners ein. Energievampire stimmen sich auf die Freile ein, um wunde Punkte zu treffen oder sich einzuschmeicheln. Im Unterschied zu ihnen "betatschen" Sie die Freile nicht und saugen auch keine Energie ab - im Gegenteil, Sie beschenken Ihren Partner. Er wird dies sehr zu schätzen wissen und Ihnen dankbar sein.

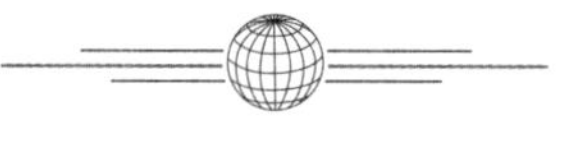

NACHSICHT

Wenn Ihnen Ihre Mängel bekannt sind, die Sie beim Erreichen Ihrer Ziele stören können, und Sie meinen, dass Sie weder über gediegenes Wissen noch über besondere Fertigkeiten verfügen, dann sollten Sie mit sich selbst nachsichtig sein. Akzeptieren Sie sich so, wie Sie sind. *Gestatten Sie sich den Luxus, mit Mängeln behaftet zu sein und keine außergewöhnlichen Vorzüge zu haben.* Dies wird Ihnen sehr helfen und wird Ihnen Erleichterung und Ruhe bringen. Wenn Sie gegen Ihre Mängel ankämpfen und versuchen, das Fehlen Ihrer erforderlichen Qualitäten zu kaschieren, dann werden Ihre Mängel während wichtiger Prüfungen zweifellos in Erscheinung treten.

Diese Nichtakzeptanz Ihrer eigenen Qualitäten und Mängel wird sich als Hindernis manifestieren, und Sie selber werden dieses Hindernis verursachen. Zunächst einmal bewirkt Ihr Minderwertigkeitsgefühl oder Ihr Schuldgefühl ein Überschusspotenzial. Die Nivellierungskräfte werden die Situation noch verschärfen. Zweitens wird die äußere Absicht Ihre Befürchtungen unweigerlich zur Verwirklichung führen. Genau das, was Sie unbedingt vermeiden wollen, wird im Drehbuch enthalten sein. Zum Beispiel wird Ihnen gerade die Frage gestellt werden, vor der Sie sich fürchten. Oder Sie werden gebeten, etwas zu erklären, was Sie nicht verstehen. In erster Linie jedoch werden Sie im entscheidenden Moment von Befangenheit oder einem Blackout befallen werden.

Wofür wird Ihre freie Energie verbraucht? Für die Aufrechterhaltung des Überschusspotenzials der Wichtignahme, für den Kampf mit den Nivellierungskräften und für die Kontrolle der Situation, die Ihnen rapide aus den Händen gleitet. Je mehr Bedeutung Sie Ihren Mängeln geben, desto ungestümer werden sich die Nivellierungskräfte gebärden. Je mehr Sie sich auf die Beherrschung der Lage versteifen, desto stärker wird der

Druck des Variantenstroms, der sich ganz und gar nicht anschickt stehenzubleiben. Schließlich ist Ihre gesamte Absichtsenergie erschöpft. Was können Sie in einem solchen Zustand noch leisten?

Stellen Sie sich vor, Sie müssen ständig ein Ferkel mit sich herumschleppen. Es quiekt und windet sich, und Sie haben alle Hände voll zu tun, es festzuhalten und zu beruhigen. Doch wenn Sie es loslassen, spüren Sie sofort Erleichterung und Freiheit. Die Energie, die Sie verwendeten, um das Ferkel festzuhalten, steht Ihnen jetzt ganz zur Verfügung, und Sie können sie auf andere Ziele richten.

Die Analogie mit dem Ferkel ist gar nicht so grob, wie sie erscheinen mag. Es wird Ihnen kaum gelingen, Ihre Mängel zu verbergen. Sie fahren besser, wenn Sie sich auf Ihre Vorzüge konzentrieren. Sie können sich selber überzeugen, wie viel leichter und freier Sie sich fühlen, wenn Sie vor einer Situation, wo Sie sich von Ihrer besten Seite zeigen sollen, loslassen und Ihre Mängel akzeptieren. Dabei kann es sich um ein Bewerbungsgespräch, eine Prüfung, einen Wettbewerb oder auch um ein Wiedersehen handeln. Schrauben Sie Ihre innere Wichtignahme herunter. Üben Sie Nachsicht (Vergebung der Schuld) mit Ihren Mängeln, und Sie werden sich fühlen, als ob Ihnen eine Last von den Schultern genommen wurde. Das Überschusspotenzial ist weg, und Ihre Absichtsenergie steht Ihnen wieder zur freien Verfügung.

Der Kampf mit Ihren Mängeln ist eine sinnlose Bemühung der inneren Absicht. Es ist die Bemühung der Fliege, die gegen das geschlossene Fenster fliegt. Die Beseitigung des Überschusspotenzials und die Entladung der Energie verschaffen Ihnen einen riesigen Vorteil.

Nicht umsonst besagt eine Volksweisheit: "Die Augen fürchten sich, doch die Hände packen zu." Was ist besser: von Zweifeln gepeinigt zu werden, sich in seinen Komplexen zu wälzen und krampfhaft seine Mängel zu verbergen oder sich dieser unnützen Last einfach zu entledigen und die Arbeit der gereinigten Absicht zu tun? Wenn Ihnen das Senken der Wichtignahme misslingt, sollten Sie versuchen, Ihre Kontrolle über die Situation loszulassen und vom passiven Erleben zum aktiven Handeln überzugehen. Beginnen Sie einfach zu handeln. Es ist egal wie - ob effektiv oder weniger effektiv. Es darf ruhig auch mal unter aller Kanone sein. Das Wichtigkeitspotenzial wird sich im Laufe der Handlung zerstreuen, Ihre Absichtsenergie wird entlastet und befreit werden, und am Ende wird alles gut sein.

ARBEITSSUCHE

Zum Abschluss dieses Kapitels möchte ich die Prinzipien des Transsurfings, inklusive Freiling, in Bezug auf eine Frage demonstrieren, die uns alle beschäftigt. Sie haben wahrscheinlich schon öfter darüber gelesen, wie man ein Resümee verfasst oder sich bei einem Vorstellungsgespräch verhalten sollte. Ich hoffe, dass Sie in dieser Hinsicht aus dem Folgenden für sich nützliche Schlussfolgerungen ziehen können.

Zu Beginn ist es wichtig zu bestimmen, welche Art von Arbeit Sie suchen. Hierbei können Sie sich völlig auf die Auswahlmethode Ihres Ziels und Ihrer Tür verlassen, eine Thematik, die hier keiner Wiederholung bedarf. Sie sollten sich nur daran erinnern, dass Sie das reale Recht der Wahl haben und dass Ihre Möglichkeiten nur durch Ihre eigene Absicht und den Pegel Ihrer Wichtignahme begrenzt sind. Im Laufe der Suche nach einer passenden Arbeit sollten Sie nicht über das mit ihr verbundene Prestige, die Mittel, sie zu bekommen, oder ihre Mängel nachdenken, sondern nur darüber, ob Sie die Arbeit wirklich wollen.

Wir wollen einmal annehmen, Ihnen sind Zweifel gekommen, ob es eine offene Stelle gibt für die Arbeit, die Sie für sich ausgesucht haben. Für diesen Fall sollten Sie wissen, dass die Pendel für Sie alle nur erdenklichen

Umstände arrangieren werden, damit Sie von Unruhe, Enttäuschung oder sogar Verzweiflung erfasst werden. Sie sollten darauf gefasst sein und sich ständig vor Augen halten, *dass Sie das Recht haben zu wählen, und wenn Sie eine Bestellung aufgegeben haben, wird sie früher oder später in Erfüllung gehen.*

Im Traum wirkt Ihre Absicht augenblicklich, aber die materielle Realisierung ist träge und zäh wie Harz. Deshalb sind Zeit, Geduld und die unerschütterliche Überzeugung erforderlich, dass Sie das Recht haben zu wählen. In einem schlechten Restaurant müssen Sie lange auf den Kellner warten, doch letzten Endes können Sie überzeugt sein, dass Ihre Bestellung erfüllt wird. Ich rate Ihnen also, folgendes Dia zu verwenden: *Sie treffen eine Auswahl und bestimmen, welche Arbeit Sie haben wollen; woher aber Ihre Stelle kommt, betrifft Sie nicht.* Im Variantenraum ist alles möglich! Es sind die Pendel, die versuchen, den Verstand vom Gegenteil zu überzeugen. Sie brauchen sich nur darum zu kümmern, zu wählen und die feste Absicht zu haben, die Bestellung erfüllt zu bekommen.

Wenn Sie allerdings nicht warten können, müssen Sie sich mit dem begnügen, was zurzeit erhältlich ist. Ich hoffe, das ist klar. Haben Sie jedoch eine Arbeit, die Ihnen das Existenzminimum gewährleistet, können Sie ruhigen Gewissens Ihre Bestellung aufgeben und auf deren Erfüllung warten.

Wenn Ihnen eine Arbeit gefällt, Sie aber trotzdem seelische Befangenheit verspüren, können Sie ein Dia visualisieren, das zeigt, wie Sie Ihre Arbeit gut erledigen und wie sie Ihnen Spaß macht und Zufriedenheit verschafft. *Wenn sich Ihre Befangenheit nach einiger Zeit nicht auflöst, so weist dies auf seelisches Unbehagen hin.* In einem solchen Fall sollten Sie nach anderen Varianten suchen.

Wenn Sie Ihre Arbeit bestimmt haben, können Sie sich daran machen, ein Dia zu visualisieren, das das bereits erreichte Ziel zeigt. Natürlich sollten Sie in der Zwischenzeit nicht Däumchen drehen, sondern das Nötige tun. Doch bevor wir uns dem Verfassen eines Resümees und dem

Vorstellungsgespräch zuwenden, sollten Sie Ihre Absicht in der erforderlichen Richtung bündeln.

Es wäre ein Fehler, sich auf das Ziel zu konzentrieren, *die Anstellung zu erhalten.* Das Ziel sollte in Gedanken als Dia gegenwärtig sein, *auf dem Sie angestellt sind und alles hinter sich haben.* Wenn Sie daran denken, ob Sie die Stelle bekommen oder nicht, werden Sie unweigerlich Drehbücher der Niederlage erschaffen. *Erinnern Sie sich an die Transferketten.* Das erste Glied ist die Zusammenstellung des Resümees. Darauf müssen Sie Ihre innere Absicht richten.

Wenn Sie Ihr Resümee schreiben, sollten Sie alles aufzählen, was Sie können, *aber nur einen Posten nennen, für den Sie sich bewerben.* Dafür gibt es wichtige Gründe. Erstens: Indem Sie Ihre Bereitschaft zeigen, sowohl diesen Job als auch einen zweiten oder dritten auszuüben, lassen Sie eine Unsicherheit durchscheinen und riskieren, das Misstrauen des Arbeitgebers zu erwecken, der denken mag, dass Sie mit jeder Arbeit einverstanden sind, wenn man Sie nur anstellt. Zweitens: Indem Sie mehrere Ziele vor sich stellen, verzweigt sich Ihre Absicht und verliert an Kraft. Drittens: Wenn Sie sich zu viel vornehmen, erschaffen Sie um sich herum ein Überschusspotenzial, und im Endeffekt gehen Sie leer aus. Sie können wählen, aber bei einer Gelegenheit sollten Sie auch nur eine Sache wählen. Wer sich ein Spielzeug aussucht, verlangt ja auch nicht, dass es die Eigenschaften einer Puppe, eines Brettspiels und eines Musikinstrumentes in sich vereint.

Bestimmen Sie, wer oder was Sie tatsächlich sein wollen und welche Stelle am besten zu Ihnen passt. Sie brauchen sich nicht zu genieren, denn schließlich sind Sie es, der sich die Arbeit aussucht. Erinnern Sie sich: Für einen Platz an der Sonne brauchen Sie nicht zu kämpfen – Sie haben das Recht zu wählen. Bezeichnen Sie genau das Profil, das Sie gewählt haben. Machen Sie sich keine Sorge, dass es für Ihren Wunschjob keine Stelle gibt. *Wenn Sie sich gestatten zu haben, werden Sie genau das bekommen, was Sie wollen.* Wie dies realisiert wird, braucht Sie nicht zu kümmern. Überlassen Sie diese Sorge der äußeren Absicht.

Bei der Zusammenstellung Ihres Resümees *ist die innere Absicht darauf ausgerichtet zu zeigen, was für ein hervorragender Spezialist Sie sind. Die äußere Absicht ist darauf gerichtet, was der Arbeitgeber bekommt.* Spüren Sie den Unterschied? Natürlich werden hervorragende Spezialisten überall gebraucht. Doch wenn Sie ein Neuling bei der Jobsuche sind, so werden Sie sicher befremdet sein, wenn der Arbeitgeber einen hervorragenden Spezialisten mit bescheideneren Qualitäten bevorzugt.

Ihr Konkurrent wird Sie genau deshalb aus dem Rennen werfen, weil seine Parameter der Vorstellung des Arbeitgebers über die zu vergebende Stelle am meisten entsprechen. Von seiner inneren Absicht ist der Arbeitgeber inspiriert, einen Spezialisten auszusuchen, der den Parametern entspricht, die er selbst aufgestellt hat. Und so rasselt er gegen die Fensterscheibe, ohne das weit offene Klappfenster - Sie - zu bemerken.

Der Verstand ist nicht in der Lage, die Nachfrage vorauszuahnen. Er wird bestrebt sein, Sie wie ein "Meisterwerk" zu präsentieren. Doch der Markt diktiert ganz andere Kriterien. Natürlich kann und sollte man bestrebt sein, sich von seiner besten Seite zu zeigen, nur sollte man dies nicht übertreiben. Richten Sie stattdessen all Ihre Gedanken und Motive auf die Probleme des Arbeitgebers: Fragen Sie sich ständig: *Was will er von Ihnen bekommen? Was braucht er?* Versetzen Sie sich in seine Lage.

Sie können auf sehr einfache Weise vorgehen. Sehen Sie sich die auf Ihr Profil passenden Vakanzen durch, und schreiben Sie alle von den Kandidaten geforderten Qualitäten auf. Sie werden sehen: Vieles wiederholt sich. Aus dieser allgemeinen Masse nehmen Sie alles, was Sie betrifft, und schreiben unter Ihre Pflichten und Qualitäten das, was der Arbeitgeber in Ihrem Resümee sehen will. Sie können in Ihrem Resümee in der Tat alles abschreiben, was der Arbeitgeber von seinen Kandidaten fordert. *Prägen Sie in Ihrem Bemühen um Ausschmückung nicht Ihre eigenen, selbsterfundenen Begriffe, sondern bedienen Sie sich der Sprache des Arbeitgebers.*

Stellen Sie sich einfach vor, Sie seien nicht der Bewerber, sondern der Arbeitgeber, der ein ideales Resümee seines Arbeiters aufsetzt. In diesem Fall wird es nicht Ihren, sondern seinen Kriterien entsprechen. Dafür jedoch müssen Sie zuerst eine ganze Reihe Vakanzen durchlesen und sich in die Haut der Verfasser der Ausschreibungen versetzen. Darüber hinaus können und sollten Sie weitere Kenntnisse aufzählen, die für den Job auch noch nützlich sind. Besonders betonen jedoch sollten Sie genau das, was gefordert wird. *Ihr Resümee sollte klar an die Forderungen des Arbeitgebers angepasst sein.*

Bevor Sie Ihr Resümee abgeben, indem Sie es zum Beispiel ins Internet stellen, sollten Sie sich in die Lage Ihres Arbeitgebers versetzen und nach bereits vorhandenen Resümees von Spezialisten Ihres Fachs suchen. Ich verspreche Ihnen, dass Sie so bedeutende neue Erkenntnisse machen und sich einen riesigen Vorteil verschaffen werden. Denn da die meisten Bewerber ihrer inneren Absicht folgen, gehen sie sofort zur Personalabteilung und geben dort ihr Resümee ab. Versuchen Sie also, zuerst Resümees von Spezialisten für Ihr Fach zu finden. Stellen Sie sich vor, Sie müssten einen der Kandidaten wählen. Dann werden Sie alle Vorzüge und Mängel Ihrer Mitbewerber erkennen und sich vorstellen können, was der Arbeitgeber denkt, wenn er diese Resümees liest. Sicher werden Sie zu dem Schluss kommen, dass Sie bei Ihrem Resümee hier und da noch etwas ändern müssen.

Wenn das Resümee fertig ist, können Sie es an verschiedene Firmen senden. Es ist nicht nötig, durch die Tür zu stürmen, sie muss nur offen sein. Mit anderen Worten, Sie brauchen sich nur anzubieten. Drängeln oder quengeln ist nicht erforderlich. *Stellen Sie es so an, dass das Personalbüro von selbst auf Sie zukommt.* Veröffentlichen Sie zum Beispiel Ihr Resümee in verschiedenen Massenmedien. Versuchen Sie nicht, mit Ihren Wünschen und Bestrebungen Druck auf die Welt auszuüben. *Legen Sie den Schwerpunkt bei Ihrer Arbeitssuche darauf, auf Ihre Anwesenheit auf dem Arbeitsmarkt hinzuweisen. Ermöglichen Sie der Arbeit so weit wie möglich, Sie zu finden.* Schicken Sie niemals ein und dasselbe Resümee mehrmals. Sie sollten sich selbst respektieren und Ihren

Preis kennen. Wenn Sie ein exklusiver Spezialist sind, können Sie Ihr Resümee an verschiedene Arbeitsvermittlungsagenturen schicken und in Ruhe abwarten.

Rechnen Sie nicht mit einer augenblicklichen Antwort. Es kann sein, dass Sie auf die Erfüllung der Bestellung lange warten müssen. Das hängt auch von der Reinheit Ihrer Absicht ab. Wenn der Wunsch in Ihnen wie eine helle Flamme lodert, werden die Nivellierungskräfte Sie auf jede nur erdenkliche Weise stören. Oft wird eine Bestellung erst dann ausgeführt, wenn die Hoffnung bereits versiegt ist. *Je gleichgültiger Sie sich gegenüber Ihrer Bestellung verhalten, desto eher wird sie erfüllt werden.* Die Abwesenheit des Wunsches gibt Ihnen die Freiheit, die es Ihnen ermöglicht, sich auf die Absicht zu handeln zu konzentrieren, anstatt über einen möglichen Misserfolg besorgt zu sein.

Endlich werden Sie zu einem Gespräch eingeladen. Jetzt müssen Sie besonders sorgfältig auf die Ausrichtung Ihrer Absicht achten. Der Gedanke daran, in dem betreffenden Unternehmen eine Anstellung zu bekommen, ist eine engstirnige innere Absicht. *Die Konzentration darauf, dass Sie selber diesem Unternehmen etwas geben werden, ist eine äußere Absicht.* Jetzt ist es an der Zeit, das Zieldia zu entsorgen, sich von sich selbst abzuwenden und sich auf die Bedürfnisse des Arbeitgebers zu konzentrieren. *Jetzt sollte Sie ausschließlich Ihre äußere Absicht interessieren.*

Bringen Sie möglichst viel aus Werbeprospekten über den Betrieb in Erfahrung. *Finden Sie heraus, worauf das Unternehmen besonders stolz ist, auf welche Unterschiede es im Vergleich mit seinen Konkurrenten Wert legt.* Führen Sie sich diese Punkte klar vor Augen, und erwähnen Sie sie unbedingt im gegebenen Augenblick beim Vorstellungsgespräch. Jedes Unternehmen hat, genau wie jedes Pendel, seine eigene Resonanzfrequenz. Diese Frequenz ist durch zahlreiche Parameter charakterisiert. Bestimmen Sie den Geist des Unternehmens. Was ist seine korporative Ethik: hart reglementiert oder frei? Wie ist die Art des Umgangs: offiziell oder freundschaftlich? Was wird in Bezug auf die Arbeit mehr geschätzt: Enthusiasmus und Initiative oder Disziplin und Sorgfalt? Teamarbeit oder individuelles Schaffen? Und so weiter. Das alles erlegt den Mitarbeitern Beschränkungen auf, bestimmt die Art des Umgangs und macht eigentlich die Mitglieder der Belegschaft aus. *Wenn es Ihnen gelingt, den Geist des Unternehmens zu erfassen, wird man Sie bereits beim Gespräch als einen Mitarbeiter wahrnehmen.*

Vor dem Gespräch sollten Sie Nachsicht mit Ihren Mängeln und dem Fehlen Ihrer Vorzüge üben. Wenn Ihnen die Mängel bekannt sind, die Sie beim Bekommen der Anstellung stören könnten, und wenn Sie wissen, über welche wichtigen Kenntnisse oder Fertigkeiten Sie nicht verfügen, können Sie dieses Thema abhaken und sich in Ihre Lage fügen. Akzeptieren Sie sich so, wie Sie sind. Es gibt keine idealen Kandidaten, genauso wenig wie es ideale Arbeitgeber gibt. Daher können Sie getrost Ihre interne und externe Wichtignahme über Bord werfen. Sie brauchen sich weder vor sich selbst noch vor jemand anders zu rechtfertigen. Das alles bedeutet natürlich nicht, dass Sie nicht an Ihren Mängeln zu arbeiten bräuchten. Doch zurzeit des Gesprächs sollten Sie sich gestatten, die Mängel zu haben.

Jeder weiß, dass man während des Gesprächs nicht aufgeregt sein sollte. Viele versuchen, mithilfe der inneren Absicht die Aufregung zu bekämpfen. Doch wie sehr Sie sich auch zureden, ruhig zu sein und sich nicht aufzuregen, es ist alles vergebens. Sie können mit der Aufregung nicht zurechtkommen, solange Sie deren Grund nicht beseitigen. Der Kampf gegen die Aufregung kann zu einer Art Erstarrung führen, fast wie eine ägyptische Mumie. *Die einzige Art, der Aufregung zu entgehen, ist, sich von vornherein mit einem Misserfolg abzufinden.*

Der Wunsch, angestellt zu werden, erzeugt ein Überschusspotenzial. Je mehr Bedeutung Sie einem erfolgreichen Resultat beimessen, je wichtiger es für Sie ist, die Stelle zu bekommen, desto weniger Chancen haben Sie. *Sie müssen Ihre Absicht vom Wunsch reinigen.* Sie gehen zu dem Gespräch nicht deshalb, um die Anstellung zu bekommen, sondern damit das Gespräch stattfindet. *Streben Sie nicht das Ziel an, sondern konzentrieren Sie sich auf den Prozess.* Genießen Sie den Prozess des Gesprächs. Niemand wird Ihnen den Kopf abreißen, Sie haben nichts zu verlieren. Sehen Sie das Gespräch als eine Gelegenheit, sich zu entspannen und zu vergnügen. *Darauf sollten Sie sich einstimmen.* Es ist für Sie eine gute Gelegenheit, sich von Ihrer besten Seite zu zeigen. Gönnen Sie sich also ein wenig Glück. Lassen Sie alle Gedanken sausen, dass Sie in ein Fettnäpfchen treten könnten. Sie haben sich ja schon mit einem Misserfolg abgefunden, also haben Sie nichts mehr zu verlieren.

Während des Gesprächs sind alle Gedanken des Bewerbers darauf gerichtet, sich von seiner besten Seite zu zeigen. Dies ist die innere Absicht. In welchem Licht sehen Sie am besten aus? *Die äußere Absicht ist auf ein echtes Interesse an den Problemen des Arbeitgebers gerichtet.* Nur im Licht seiner Probleme können Sie der Beste sein.

Ihre Aufgabe besteht darin, dass Sie beim Beantworten der Fragen das Gespräch auf die Probleme des Arbeitgebers lenken. *Gleichzeitig müssen Sie auf die gestellten Fragen klar und deutlich antworten, ohne Reden zu schwingen oder auszuweichen.* Der Arbeitgeber sieht es gar nicht gern, wenn ein Bewerber auf eine Frage nicht konkret antwortet, sondern mit ausschweifenden Erklärungen daherkommt. Doch falls sich eine Gelegenheit ergibt, können Sie den Arbeitgeber ruhig fragen, was seine Hobbys sind, wie er lebt, worauf er stolz ist und welche Probleme er hat. Die Grundlage des Gesprächs aber sollte es sein, *Ihre Vorzüge im Licht der Probleme des Unternehmens darzustellen.* Sprechen Sie mit dem Arbeitgeber über seine Probleme und wie Sie mit Ihren professionellen Fertigkeiten bei deren Lösung helfen können. Dies ist die äußere Absicht. *Wenn es Ihnen gelingt, das Gespräch in das Flussbett der Probleme des Arbeitgebers zu lenken, können Sie davon ausgehen, dass das Spiel bereits nach Ihrem Drehbuch abläuft.*

Wenn Sie schließlich die Stelle nicht bekommen, so bedeutet dies, es war nicht die Ihre. Sie wissen ja nicht, welche Probleme Sie sich auf diese

Weise erspart haben. Bleiben Sie cool, warten Sie auf Ihre Arbeit, und nehmen Sie sie sich. Wenn Sie aber eine fremde Arbeitsstelle angenommen haben, können Sie mit Problemen rechnen. Deshalb ist es besser, seine eigene Arbeit zu suchen. Wie Sie dies tun können, wissen Sie bereits: Gedanken an diese Arbeit sollen nicht das geringste seelische Unbehagen hervorrufen. Dies ist der Fall, wenn man zur Arbeit geht wie zu einem Fest.

Zusammenfassung

- *Machen Sie sich die innere Absicht anderer zum Erreichen Ihrer Ziele zunutze.*
- *Die Basis der inneren Absicht ist das eigene Geltungsgefühl.*
- *Versuchen Sie weder, andere zu ändern, noch sich selbst.*
- *Um sich ungezwungen zu verhalten, sollten Sie die Aufmerksamkeit von sich selbst auf die anderen richten.*
- *Spielen Sie mit beim Spiel der Erhöhung des Geltungsgefühls anderer.*
- *Um die Aufmerksamkeit auf sich zu ziehen, ist es ausreichend, genügend Interesse an der Umgebung zu zeigen.*
- *Im Umgang mit Ihnen bewerten andere nicht, wie interessant Sie sind, sondern wie viel Sie zur Realisierung ihrer eigenen Bedeutsamkeit beitragen können.*
- *Wenn Sie sich für Menschen interessieren, sollten Sie dies aufrichtig tun.*
- *Die äußere Absicht ermöglicht die Realisierung der inneren Absicht anderer.*
- *Sagen Sie sich von der Absicht zu bekommen los, und ersetzen Sie sie mit der Absicht zu geben.*
- *Als Ergebnis bekommen Sie das, wovon Sie sich losgesagt haben.*
- *Streit und Kritik sind Formen des Kampfes von Verstand und Variantenstrom.*
- *Enthalten Sie sich aller Handlungen, die gegen das Geltungsgefühl anderer verstoßen.*
- *Zu Beginn eines Zwiegesprächs sollten Sie sich in die gleiche Strömungsrichtung wenden wie Ihr Partner.*
- *Verteidigen Sie nicht Ihre Fehler, sondern erkennen Sie sie bewusst an.*
- *Nehmen Sie die Rolle des Zeugen ein, der bestätigt, dass jemand anders Recht hat.*
- *Das Entwickeln echter Sympathie zu einem Partner beseitigt den Schutzschirm.*

- *Die Bitte um einen kleinen Gefallen bringt Ihnen Sympathie ein.*
- *Die wohltuende Visualisierung ruft Komfort auf der energetischen Ebene hervor.*
- *Die Kraft des Einflusses einer Persönlichkeit ist proportional zur Menge ihrer freien Energie.*
- *Charme ist die Gegenliebe von Seele und Verstand.*
- *Gönnen Sie sich den Luxus, Mängel zu haben und bestimmte Vorzüge nicht zu haben.*
- *Das Überschusspotenzial der inneren Wichtignahme wird durch Handeln zerstreut.*

Kapitel 3

Koordinierung

Um Ihre Ziele zu erreichen, brauchen Sie nicht unbedingt stark und selbstsicher zu sein. Es gibt eine andere, viel wirksamere Alternative. Koordinierung ist eine einfache Methode, so zu denken und zu handeln, dass das Glück immer auf Ihrer Seite ist. Das ist ungefähr so, wie das Radfahren zu erlernen. Sobald Sie diese Methode erlernt haben, wird Ihr Leben zum reinsten Vergnügen.

Ich will nicht, ich hoffe nicht – ich beabsichtige.

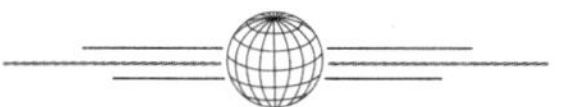

Das Labyrinth der Unsicherheit

Auf dem Weg zum Ziel durch die erforderliche Tür kann niemand Sie stören außer Sie sich selbst. Genauer gesagt, können Sie sich nur durch Unsicherheit und einen Mangel an Selbstsicherheit stören. Diese beiden Dinge sind eigentlich zwei Seiten einer Münze. Beide ruinieren die innere Absicht und lassen die äußere Absicht praktisch nicht zum Zuge kommen.

Was auch immer Sie im Zustand der Unsicherheit tun, es wird nicht gut ausgehen. Je dringlicher dabei Ihr Wunsch ist, desto schlimmer wird das Ergebnis sein. Die Abwesenheit des Glaubens an Ihre eigenen Chancen und die überhöhte Einschätzung äußerlicher Probleme führen zum Zustand der Befangenheit oder Erstarrung. Das Wesen der Erstarrung besteht in extremer Befangenheit. Die externe Wichtignahme des Ziels bewirkt den quälenden Wunsch, dieses zu erreichen. Die interne Wichtignahme bewirkt Zweifel an Ihren Chancen. All dies zusammen vereint sich zu Unsicherheit.

Unsicherheit unterdrückt mit Macht die innere Absicht in ihrem Bestreben, das Ziel zu erreichen. Da die Wirkung der Nivellierungskräfte noch hinzukommt, wird der Effekt der Unterdrückung genau das Gegenteil der Absicht sein. Außerdem wird Energie zur Aufrechterhaltung mehrerer Überschusspotenziale verbraucht. Eine schöne Ansammlung ist das: interne und externe Wichtignahme, ein brennender Wunsch und das Streben, sich selbst und die Situation unter Kontrolle zu halten. Die freie Energie reicht für all das einfach nicht aus. Der Betreffende fühlt sich befangen, bedrückt und handelt plump und unbeholfen. Dadurch schnürt sich der Würgegriff der Kontrolle noch fester zusammen.

Dies kann bis zum Zustand der Erstarrung führen, wo man weder in der Lage ist, sich zu bewegen, noch sich verständlich zu machen. Es kann geschehen, dass die Absicht fest umklammert ist. In Wirklichkeit aber mangelt es allgemein an Absicht. Die ganze Energie der Absicht ist in die Aufrechterhaltung von Überschusspotenzialen geflossen. Unsicherheit gibt in Form von Besorgnis und Unruhe direkt Nahrung für die Pendel ab. Besorgnis ist gekennzeichnet durch negative Erwartungen wie: "Was passiert, wenn ..." Im Zustand der Unsicherheit neigt man allgemein zu pessimistischen Prognosen. Die Energie strömt in das vorgestellte Erleben negativer Drehbücher und die damit verbundenen Emotionen. Hierbei wird auch die Energie der Absicht verbraucht. In diesem Fall jedoch ist die Tatsache des Aufwands nicht so schrecklich wie das Objekt, auf das sich die Energie richtet. Unruhe, Besorgnis und Angst sind mächtige Generatoren der schlimmsten Erwartungen, die, wie Sie ja wissen, in Erfüllung gehen.

Eine weitere reiche Quelle der Unsicherheit ist das Schuldgefühl, aus dem gleich ein ganzer Strauß von Unvollkommenheiten, Verklemmungen und Unwürdigkeiten erblüht. Zuversicht, Selbstvertrauen usw.: Fehlanzeige! Das Gefühl der Schuld und alles, was damit einhergeht, führt zu einer Verengung der energetischen Kanäle. Die Energie der Absicht reicht nur dazu aus, unentschlossen, kraftlos und ungeschickt zu handeln. Wenn Sie dazu noch zu Schuldgefühlen neigen, werden Sie ständig von Manipulatoren umschwirrt werden wie eine Lampe von Motten. Ihre Schwäche spürend, werden diese sich auf Ihre Kosten gütlich tun und mit Vergnügen Ihre schutzlose Energie absorbieren. Ständig spielen sie mit Ihren Schuldgefühlen, und Sie versuchen sich endlos vor ihnen zu rechtfertigen, wobei Ihre Unsicherheit nur noch zunimmt.

Unsicherheit drängt Sie in eine ausweglose Lage. Je stärker Ihr Geltungsbedürfnis und Ihr Wunsch, desto bodenloser Ihre Unsicherheit. Je mehr Sie versuchen, sich selbst und die Situation unter Kontrolle zu bekommen, desto größer Ihre Befangenheit. Und Schuldgefühle können Ihr Leben in das beklagenswerte Dahinvegetieren eines Pechvogels verwandeln.

Wer versucht, diesem Labyrinth zu entkommen, strebt auf alle möglichen Arten nach Selbstsicherheit. Eine Möglichkeit ist die, auf direkten Konfrontationskurs mit der Welt zu gehen. Durch solches Attackieren möchte der Betreffende seiner Umwelt ein Warnsignal geben, seine Stärke demonstrieren und seine Unsicherheit verbergen. Mit Druck und Entschlossenheit versucht er, um sich eine Wand der Selbstsicherheit zu errichten. Dieser Weg erfordert eine Menge Energie, aber dennoch stürzt die Wand der Selbstsicherheit immer wieder ein. Die Aufwendung von Kraft und Energie führt zur Bildung eines Überschusspotenzials und zum Widerstand des Variantenstroms. Auf jeden Fall erleidet man früher oder später eine Niederlage und muss erneut den Kampf aufnehmen und eine Wand der Selbstsicherheit aufbauen.

Eine andere Art, Selbstsicherheit zu finden, besteht darin, erst gar kein Fundament für die Selbstsicherheit zu bauen, sondern sozusagen va banque zu spielen. Solche Selbstherrlichkeit ist das Gleiche wie Verzagtheit, nur von innen nach außen gestülpt. Wenn Selbstsicherheit auf nichts begründet ist, entsteht ebenfalls ein Überschusspotenzial. Das Problem besteht in diesem Fall aber nicht nur im Potenzial selber, sondern auch darin, dass jemand, der aus eitlem Stolz handelt, gegen die Interessen anderer verstößt. Stellen Sie sich vor, jemand steht mitten in der Wüste und schreit: "Die ganze Welt liegt mir zu Füßen." Kein Problem - niemand wird sich daran stören, deshalb wird es auch den Nivellierungskräften egal sein. Wird jedoch eine unbegründete Überzeugung im Vergleich mit den Fähigkeiten anderer geäußert, so entsteht ein Abhängigkeitsverhältnis. Eine Überzeugung, die auf dem Vergleich mit anderen beruht, ist ein reines Überschusspotenzial, besonders dann, wenn die Überzeugung in Geringschätzung anderer geäußert wird. Eine solche falsche Selbstsicherheit wird früher oder später mit einem Nasenstüber bestraft werden oder - mit Verlaub - einem Tritt in den Hintern.

Dann gibt es noch jene verstiegene Selbstsicherheit, die gleich einer Euphorie eine scheue Person überkommt, die auf einmal den Geschmack der Selbstsicherheit erfährt. Auch dies ist eine falsche Selbstsicherheit, die auf einem zeitweiligen emotionalen Hoch beruht und schon bald wieder verpufft.

Wie nun können wir echte Selbstsicherheit finden? Wie Sie bereits wissen, ist es zwecklos, gegen die eigene Unsicherheit anzukämpfen. Es ist unmöglich, sie hinter einer Fassade falschen Übermuts zu verstecken. Am Ende fliegt so ein Versteckspiel immer auf, und die Energie, die zum Aufbau einer solchen Fassade nötig ist, wird sich gegen Sie wenden. Sie können sich auch nicht zwingen, von etwas überzeugt zu sein. Es hat keinen Sinn, sich zu zwingen, mutig und entschlossen zu sein, wenn man es in Wirklichkeit nicht ist. Auch ist es nicht möglich, sich selbst unter Kontrolle zu bringen. Wie gesagt: die Energie der Absicht lässt sich nicht unterdrücken, sie wird einfach für die Aufrechterhaltung der Kontrolle verbraucht und reicht deshalb für aktives Handeln nicht mehr aus.

Auch ist es vergebens, auf beliebige Art Selbstsicherheit entwickeln zu wollen. Es mag so erscheinen, als könne man sie durch entschlossenes Handeln entwickeln. In der Tat, wenn man aufhört zu kämpfen und beginnt zu handeln, lässt die Energie der Absicht los und schaltet von der Bildung von Überschusspotenzialen um auf die Realisierung der Handlung. Wie gesagt: "Die Augen fürchten sich, doch die Hände packen zu." So kann man vieles schaffen. Aber *Selbstsicherheit lässt sich nicht durch Handeln entwickeln - allerdings kann man so die Absichtsenergie freisetzen.* Selbstsicherheit kann man nicht entwickeln. Es ist so wie mit anderen Energien: Entweder man hat sie, oder man hat sie nicht.

Selbstsicherheit kann man - genauso wenig wie Glauben - auch nicht durch Autosuggestion erlangen. Sie können sich einreden, von etwas überzeugt zu sein, bis Sie schwarz werden. Leider ist das eine sehr naive Beschäftigung und letztlich vergebliche Liebesmüh. Es ist das Gleiche, wie die Symptome einer Krankheit zu bekämpfen statt ihre Ursache. Was Sie auch tun mit Ihrer Unsicherheit, sie wird sich nicht verflüchtigen. Wie sehr Sie auch nach Selbstsicherheit streben, Sie werden sie nicht bekommen. Sie können auch nicht die entsprechende Ausstrahlung Ihrer Gedanken aufrechterhalten, um sich ständig auf der Welle der Selbstsicherheit zu befinden. Eines Morgens sagen Sie sich vielleicht: "Mir reicht's, von jetzt ab bin ich selbstsicher. Nichts kann meine innere Überzeugung mehr erschüttern. Sie wird sein wie ein Fels in der Brandung." Probieren Sie es ruhig aus, und sehen Sie, was passiert. Eine Zeitlang werden Sie sich tatsächlich sicher fühlen, und das wird Ihren Freude machen und noch größere Überzeugung geben. Doch sehr bald wird irgendein Pendel eine gemeine Provokation veranstalten, und ehe Sie sich versehen, sind Sie von der Welle der Selbstsicherheit herabgeglitten. Und schon sind Sie wieder gereizt oder bedrückt, befinden sich in Unannehmlichkeiten, oder Furcht oder Hass machen sich in Ihnen breit. Zuerst sahen Sie einen Lichtschimmer, doch am Ende sind Sie wieder in einer Sackgasse gelandet.

Wie können Sie nun diesem Labyrinth entkommen? Das wird Ihnen nicht gelingen, denn dieses Labyrinth hat keinen Ausgang. *Das Geheimnis des Labyrinths besteht darin, dass seine Wände umstürzen werden, sobald Sie aufhören, den Ausgang zu suchen, und der Wichtignahme entsagen.* Unsicherheit beruht auf zwei Gruppen von Gründen. Die erste Gruppe sind innere Gründe. Dazu gehört die überflüssige Beunruhigung über persönliche Eigenschaften. Hieraus entstehen Gefühle wie Unzufriedenheit mit sich selbst wegen diverser Mängel und des Fehlens von Vorzügen, das Gefühl der Unvollkommenheit im Vergleich mit anderen, Schüchternheit, die Angst, Misserfolge zu erleiden oder sich zu blamieren, usw. Die zweite Gruppe sind äußere Gründe, die mit einer Überbewertung äußerlicher Faktoren zu tun haben. Hieraus entstehen die Beunruhigung wegen eines angeblichen Defizits innerer Qualitäten angesichts äußerer Anforderungen, übermäßiger Respekt vor Äußerlichkeiten, das Empfinden, ein kleiner Mann in einer großen Stadt zu sein, und schließlich die Angst vor der umgebenden Realität.

Das Paradox besteht in Folgendem: *Um Selbstsicherheit zu finden, muss man sich von ihr lossagen.* Die Wände des Labyrinths bestehen aus

Wichtignahme. Sie gehen durch das Labyrinth, in dem Bestreben, der Unsicherheit zu entkommen und Selbstsicherheit zu finden. Folglich ist Selbstsicherheit eine Chimäre. Sie ist eine weitere Erfindung der Pendel, ein Trugbild. Selbstsicherheit ist ein Spiel der Pendel, bei dem sie immer gewinnen werden. Wo es Glauben gibt, ist immer auch Platz für Zweifel. Genauso wird es dort, wo es Selbstsicherheit gibt, auch immer Platz für Wankelmut und Unentschlossenheit geben. Selbstsicherheit ist eine Art Glaube an den Erfolg. In jedem Drehbuch kann man eine negative Verbesserung vornehmen. Eine kleine Korrektur, und schon stürzt die Wand der Selbstsicherheit ein.

Der Begriff der Selbstsicherheit beruht auf einem Überschusspotenzial und einem Abhängigkeitsverhältnis. Diverse Variationen von Selbstsicherheit lassen sich wie folgt charakterisieren: "Ich bin voller Entschlossenheit. Ich bin so unerschütterlich wie ein Felsen. Ich bin erfolgreicher als andere. Nichts kann mich aufhalten. Ich überwinde alle Hindernisse. Ich bin stärker und tapferer als andere." Und so weiter.

Selbstsicherheit ist lediglich ein zeitweiliges Überschusspotenzial, weiter nichts. Ohne Verpackung bliebe nur ein nacktes Überschusspotenzial übrig. Auch Selbstbeherrschung ist nicht mehr als ein zeitweiliger, selbstauferlegter Druck. Letztlich ist Selbstsicherheit Unsicherheit mit negativem Vorzeichen. Beide Potenziale erfordern ein hohes Maß an Energie. Ersteres Potenzial wird unvermeidlich zerstört werden. Folglich ist das Streben nach Selbstsicherheit ebenso unfruchtbar wie die Suche nach illusorischem Glück, das irgendwo in der Zukunft glitzert.

Na bitte, schon hätten wir ein weiteres falsches Stereotyp zerstört. Doch wie sollen wir ohne Selbstsicherheit auskommen? Transsurfing bietet als Ersatz eine Alternative an - die *Koordination.* Was Sie sich unter Koordination vorstellen können, erfahren Sie im Folgenden.

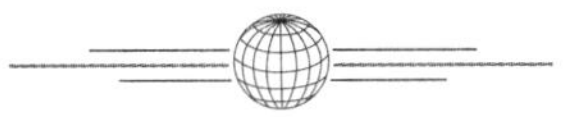

Die Koordination der Wichtignahme

Wozu brauchen wir eigentlich Selbstsicherheit? Damit wir mutig und entschlossen für unseren Platz an der Sonne kämpfen können. Die Pendel haben uns ein unerschütterliches Postulat aufgedrängt: Nichts wird dir einfach so gegeben. Wenn du etwas erreichen willst, musst du kämpfen, dich durchsetzen, deine Konkurrenten ausschalten und deine Ellenbogen gebrauchen. Um aber mutig und entschlossen zu sein, brauchst du Selbstsicherheit.

Wie Sie wissen, ist der Weg des Kampfes und der Konkurrenz nicht ohne Folgen. Wer sich hingegen vom Drehbuch der Pendel abwendet, kann sich ruhig und ohne Drängen einfach das Seine nehmen, und dafür braucht er ganz und gar nicht zu kämpfen; er muss einfach nur die Entschlossenheit zu haben aufbringen. Für die Pendel ist die Freiheit der Wahl katastrophal. Wenn jeder sich einfach ohne Kampf das Seine nimmt, ohne Energie zum Aufbau von Hindernissen und dann zu deren Überwindung zu verwenden, was bleibt ihnen dann noch? Obwohl es schwer ist, sich unsere Welt ohne Pendel und die von ihnen errichteten falschen Stereotype vorzustellen, sind sie nicht so unerschütterlich wie beispielsweise die Gesetze der Mechanik. *Bewusstheit und Absicht ermöglichen Ihnen, das Spiel der Pendel zu ignorieren und ohne Kampf nach dem Ihren zu streben. Und wenn es Freiheit ohne Kampf gibt, brauchen Sie keine Selbstsicherheit.*

Unsicherheit hat nur eine Entstehungsursache: Wichtignahme. Selbstsicherheit stellt das gleiche Potenzial der Unsicherheit dar, nur mit umgekehrtem Vorzeichen. Beide haben die gleichen Wurzeln: Abhängigkeit von äußeren Faktoren und Umständen. Es ergibt sich folgendes Bild: Die Pendel führen den Menschen auf seinem Weg, wobei sie ihn an Fäden festhalten wie eine Marionette. Der Mensch steht unter dem Eindruck, er könne weder den Weg selber wählen noch sich selbstständig bewegen.

Wenn die Fäden gleichmäßig gezogen werden, schreitet der Mensch sicher seines Weges, so wie ein kleines Kind an der Hand der Mutter. Werden die Fäden schwach oder ungleichmäßig gezogen, fühlt sich der Mensch unsicher und ist bestrebt, selber an den Fäden zu ziehen.

Nicht die Pendel ziehen - der Mensch selbst hält sich an den Fäden der Wichtignahme fest. *Er fürchtet sich davor, sie loszulassen, weil er sich in der Macht der Abhängigkeit befindet, die die Illusion von Halt und Sicherheit erzeugt.* Das kleine Kind wird die Hand der Mutter letztlich loslassen und wird selbstständig gehen; die Mutter selbst wird es dazu veranlassen. Die Pendel hingegen werden den Menschen auf jede nur mögliche Weise davon zu überzeugen suchen, dass er nicht selbst seinen Weg wählen und sich ohne die Hilfe des Fadens nicht bewegen kann. Wenn der Mensch die Illusion von sich abschüttelt und die Fäden der Wichtignahme loslässt, kann er sich frei bewegen und sein Ziel *wählen,* ohne dafür zu kämpfen.

Wer Freiheit erlangt hat, bedarf keiner Selbstsicherheit mehr, die einen illusorischen Halt bietet. Alles, was er braucht, ist Koordination, um nicht zu fallen. Unter dem Einfluss der Pendel hat sich der Mensch daran gewöhnt, Halt und Stabilität zu finden, indem er sich an den Fäden der Wichtignahme festhält. Aber dadurch verstößt er ständig gegen das Gleichgewicht und baumelt hilflos an jenen Pseudosicherheiten. So spendet er den Pendeln seine Energie. Lässt er die Fäden los, braucht er zur Aufrechterhaltung seines Gleichgewichts nur kein neues Überschusspotenzial auf der Grundlage der Wichtignahme zu erschaffen.

Die Selbstsicherheit ist dann nicht mehr als Stütze nötig, denn wenn ich frei bin von Wichtignahme, habe ich nichts mehr zu beschützen und nichts zu erobern. Ich habe auch nichts mehr zu befürchten und keinen Grund zur Beunruhigung. Wenn für mich nichts übermäßige Bedeutung hat, ist die Schicht meiner Welt nicht durch Überschusspotenziale verzerrt. Ich gebe das Kämpfen auf und bewege mich mit dem Strom. Ich bin leer, daher kann nichts und niemand mich anstoßen. Das bedeutet jedoch nicht, dass ich in einem Vakuum schwebe. Gerade jetzt bekomme ich, wenn ich mir etwas wünsche, die Freiheit der Wahl. Ich habe es nicht nötig zu kämpfen. Ich gehe einfach ruhig meinen Weg und nehme mir, was mir gebührt. Dies ist keine schwankende Selbstsicherheit mehr, sondern ruhige, bewusste *Koordination.*

Woher soll ich diese Ruhe nehmen? Wenn es in mir keinen Geltungsdrang mehr gibt, brauche ich niemandem etwas zu beweisen. Solange Sie sich als wichtige Persönlichkeit fühlen, werden Sie danach streben, Ihre Wichtigkeit allen zu beweisen, und so entsteht ein Überschusspotenzial. Dann werden die Nivellierungskräfte alles tun, um das Hirngespinst Ihrer Wichtigkeit zu zerschlagen. Es werden ständig Umstände aufkommen, in denen Ihre Selbstsicherheit auf die Probe gestellt wird.

Schon das geringste Gefühl von Beklemmung treibt den Menschen in den Kampf um die Vermehrung und Behauptung seiner Wichtigkeit. Sagen Sie sich von der Notwendigkeit los, allen und sich selbst etwas beweisen zu müssen, und schreiben Sie sich dies hinter die Ohren: Wenn Sie den Weg des Kampfes für die eigene Wichtigkeit wählen, werden Sie Ihr ganzes Leben damit verbringen. Sobald Sie diesen Kampf jedoch aufgeben, werden Sie *sofort* zu Bedeutsamkeit gelangen.

Innere Unsicherheit besteht vor allem in niedriger Selbsteinschätzung. Wie Sie Ihre Selbsteinschätzung erhöhen können? Sie denken vielleicht, dass ich Sie nun dazu aufrufen werde, daran zu glauben, dass Sie in Wirklichkeit viel besser sind, als Sie glauben. Viele Psychologen tun dies auch ohne Umschweife. In der Tat: So wie Sie sich selbst einschätzen, werden Sie auch von anderen eingeschätzt, es sei denn, Sie leiden an Einbildung. Sobald Sie Ihre eigene große Bedeutung erkennen, werden Ihnen die anderen sofort beipflichten. Das Problem ist nur, dass es gar nicht so einfach ist, sich selbst zu überzeugen. Sie können das leicht überprüfen: Wenn Sie selbst an niedriger Selbsteinschätzung leiden, wird es Ihnen nicht gelingen, sich vom Gegenteil zu überzeugen. Wie sehr Sie sich auch gut zureden, Sie werden niemals wirklich daran glauben, dass Sie einen echten Wert haben. Wo sind sie, Ihre Vorzüge? Mängel hingegen sind offenbar vorhanden.

Ich rufe Sie nun aber nicht dazu auf, an Ihre Vorzüge zu glauben und Ihre Selbsteinschätzung zu erhöhen. Als Ergebnis würde dadurch entweder Ihr Ego gestärkt, oder Sie würden in noch größere Verzagtheit stürzen. Mein Angebot lautet: *Lassen Sie ab vom Kampf um Bedeutsamkeit.* Weder müssen Sie dabei etwas glauben noch sich etwas einreden. Geben Sie den Kampf einfach auf, und warten Sie ab, was passiert. Und passieren wird dies: Ihre Mitmenschen werden beginnen, sich Ihnen gegenüber respektvoller zu verhalten, als sei Ihre Bedeutsamkeit in ihren Augen gewachsen. Sobald Sie diesem Fakt gegenüberstehen, wird die Notwendigkeit, sich selbst davon zu überzeugen, wegfallen. Sie werden einfach *wissen.*

Dieses Paradox funktioniert einwandfrei. Der Kampf um Bedeutsamkeit verbraucht die freie Energie und richtet sie auf den Kampf gegen den Variantenstrom und die Bildung von Überschusspotenzialen, wodurch der Wind der Nivellierungskräfte heraufbeschworen wird. All dies ballt sich zu einem Knäuel von Problemen mit allerlei schädlichen Folgen zusammen. Sie können dieses Knäuel nicht entwirren. Geben Sie einfach den Kampf um Ihre Bedeutsamkeit auf, dann werden Sie sich sehr bald wundern und können sich über die Ergebnisse freuen. Im gleichen Verhältnis wird Ihre Bedeutsamkeit auch in Ihren eigenen Augen wachsen. Ihre Selbsteinschätzung wird sich vermehren, und Ihre Mitmenschen werden mit Ihnen übereinstimmen.

So wie es vergebens ist, künstlich seine Selbsteinschätzung erhöhen zu wollen, ist auch der Versuch vergebens, sich von Schuldgefühlen zu befreien. Wenn Sie eine Neigung zu Schuldgefühlen haben, so können Sie diese Schuld niemals abwürgen oder verjagen. Wieso nicht? Es verhält sich genauso wie mit der niedrigen Selbsteinschätzung. Hören Sie auf, sich vor Ihren Mitmenschen zu rechtfertigen. Rechtfertigen Sie sich nur im äußersten Fall, wenn Sie nicht umhin können, Ihre Handlungsweise zu erklären. Erinnern Sie sich: Niemand hat das Recht, über Sie zu urteilen, solange Sie niemandem Schaden zugefügt haben. Vermeiden Sie es, sich selbst öffentlich zu beschuldigen oder zu verteidigen. Lassen Sie die Manipulatoren ruhig ins Leere rennen. Ohne die Tür zuzuknallen, verlassen

Sie schweigend den Gerichtssaal, wo sich alle versammelt haben, die es gewohnt sind, an einer fremden Schuld zu verdienen. Lassen Sie sich nicht mit ihnen ein. Wenn Sie einen genügend starken Schuldkomplex haben, kann es nicht schaden, zu Beginn sogar mal Ihr eigenes Gewissen zu unterdrücken. *Geben Sie vor einem fremden Gericht keine Einschätzung Ihrer selbst ab.* Nur durch diese Handlungsweise, nicht durch inneren Kampf, können Sie der Schuld entgehen. Sie werden selbst sehen, dass die Schuld wie von allein verfliegt.

Indem Sie auf diese Weise den Kampf um Ihre Bedeutsamkeit abblasen und damit aufhören, sich zu rechtfertigen, rechnen Sie mit einem bedeutenden Teil Ihrer internen Wichtignahme ab. Schuldgefühle und die Besorgtheit um Ihre eigene Bedeutsamkeit sind die Haupterscheinungsformen der internen Wichtignahme. Alle übrigen Überschusspotenziale sind von diesen beiden abgeleitet. Sie werden sich nicht mehr zu verteidigen brauchen, da es nichts mehr zu beschützen gibt. Andere zu attackieren, um ihrem Angriff zuvorzukommen, ist ebenfalls nicht mehr nötig. Wie sagt schon das Sprichwort: "Ängstige niemanden, dann hast du auch selber nichts zu fürchten."

Wenn Sie die Wichtigkeit äußerer Objekte vermindern, werden diese aufhören, Sie durch ihre Bedeutsamkeit zu dominieren. Es gibt zwei äußerst bedrückende Formen der externen Wichtignahme: die Komplexität der Probleme und Ungewissheit. Beide bewirken das bedrückende Potenzial der Besorgnis und der Unruhe. Jeder Mensch ist in jeder Minute durch irgendetwas beunruhigt. Menschen, die an innerer Unsicherheit leiden, bevorzugen es, sich unter der Last ihrer Probleme zu krümmen und sich mit Ach und Krach dahinzuschleppen. Starke Menschen sind bestrebt, Schwierigkeiten mit Entschlossenheit und Druck zu begegnen. Sie nehmen sozusagen diese Festung im Sturm, indem sie deren Wände kraft des Überschusspotenzials ihrer Selbstsicherheit durchbrechen.

Genauso wie Unsicherheit, erfordert auch Selbstsicherheit einen Aufwand an Energie. Im ersten Fall wird die Energie hauptsächlich für Besorgnis und Unruhe verbraucht, im zweiten für die Überwindung von Hindernissen. Beides sind sehr aufwändige Methoden des Umgangs mit der äußeren Welt. In Wirklichkeit ist alles viel einfacher. *Sie sollten bewusst die externe Wichtignahme vermindern und den Kampf mit dem Variantenstrom einstellen, dann werden die Hindernisse wie von selbst verschwinden.* Denn brauchen Sie in diesem Fall Selbstsicherheit? Nein, Sie müssen sich jetzt nur um die nötige Koordination zu bemühen, um sich im Variantenstrom zu bewegen, und anstatt des Drehbuchs bewusst Ihren Wichtigkeitspegel kontrollieren. Die Energie, die zuvor in die Aufrechterhaltung von Überschusspotenzialen floss, ist jetzt nur darauf gerichtet, das Gleichgewicht zu bewahren und der Strömung mit dem Ruder der gereinigten Absicht ein wenig nachzuhelfen.

Natürlich wird es Ihnen nicht ohne Weiteres gelingen, sich der Wichtignahme zu entziehen, wie sehr Sie sich auch bemühen. Sie brauchen sich nicht mit der Wichtignahme anzulegen. Lassen Sie einfach los, und transformieren Sie die Energie der Emotion in Handlungsenergie. *Beginnen Sie, irgendwie zu handeln, ohne sich besonders anzustrengen und ohne Nachdruck.* Die Energie des Überschusspotenzials wird sich auflösen, die Energie der Absicht wird freigesetzt werden, und komplizierte Probleme werden in einfache Lösungen münden.

Was die Angst vor Ungewissheit betrifft, so können Sie ihr weder durch Autosuggestion noch durch blinden Glauben noch durch falsche Überzeugung entkommen. Wie Sie sich erinnern werden, habe ich dringend empfohlen, nicht an die Mittel zum Erreichen des Ziels zu denken. Sie können sich niemals zwingen, an das Erreichen eines hochgesteckten Ziels und an hundertprozentigen Erfolg zu glauben. Lassen Sie dieses sinnlose Bestreben lieber bleiben; Sie werden so keinen Glauben bekommen, und Ihre zeitweilig gefundene Überzeugung wird schon bald verlöschen.

Was Sie brauchen, ist weder Glaube noch Überzeugung, sondern *Koordination.* Koordination bedeutet: *Freude zu haben beim Gedanken an das Ziel, als ob es schon erreicht wäre, die Kontrolle über das Drehbuch aufzugeben und sich mit dem Variantenstrom zu bewegen, unter Zuhilfenahme des Ruders der reinen Absicht.* Solches Verhalten hat überhaupt nichts mit blindem Erfolgsglauben gemein. Wo Glaube herrscht, blinder Glaube eingeschlossen, dort wird es immer auch Platz für Zweifel geben. Das Überschusspotenzial der Selbstsicherheit verblendet. *Wenn Sie sich bewusst mit dem Strom bewegen, wird alles ohne überflüssige Bemühung seinen richtigen Lauf nehmen.*

Wenn Sie gemäß der Koordination handeln, wird bald hinter einer Biegung des Variantenstroms das auftauchen, an das Sie früher vergeblich zu glauben versuchten und das Sie aus lauter Ungewissheit mit Angst erfüllte. Ihre Zweifel werden vergehen, sobald Ihr Verstand mit vollendeten Tatsachen konfrontiert wird. Dann wird sich Ihr Glaube in Wissen verwandeln, und Ihre Angst vor der Ungewissheit wird der Freude über die Empfindung der eigenen Kraft weichen. Die Hauptsache dabei ist, Sie lassen ab von der Wichtignahme und vom Bestreben, das Drehbuch zu kontrollieren. Es ist wichtig zu erkennen, dass es an Ihnen ist zu entscheiden, welche Schwierigkeitsstufe Sie einem Problem beimessen. Doch Veränderungen im Drehbuch werden zu Ihrem Nutzen sein, wenn Sie sie selbst ermöglichen.

Die volle Koordination werden Sie schließlich bei Übereinstimmung von Seele und Verstand erreichen. Wenn Sie auf der bewussten Ebene den Eindruck haben, Sie wollen und Sie sind überzeugt, im Unterbewusstsein jedoch der Wurm des Zweifels oder der Bedrückung sitzt, wird die Koordination verloren gehen. Zum Erreichen der Übereinstimmung von Seele und Verstand brauchen Sie nur der Stimme des Herzens zu lauschen und nach Ihrem Kredo zu leben. Wie Sie der Stimme des Herzens lauschen können und warum dies so wichtig ist, darüber wurde schon genug gesagt. Nach dem eigenen Kredo zu leben bedeutet, dass ich mich liebe und mich so akzeptiere, wie ich bin, dass ich mich nicht von Gewissensbissen oder Schuldgefühlen peinigen lasse, sondern mich ohne zu zögern nach der Stimme von Herz und Verstand richte.

Das Kredo zerfällt, wenn die Selbsteinschätzung zu gering ausfällt und zwischen Seele und Verstand Differenzen auftauchen. Nach dem eigenen Kredo zu leben ist einfach phantastisch, und das wissen Sie auch. Aber noch phantastischer ist es, dass man es weder erschaffen noch verändern noch mit ihm kämpfen muss. Viele allerdings versuchen, genau das zu tun: das eigene Kredo wie eine Statue aus Marmor zu meißeln. Doch das wird zu nichts führen als zu Selbstanalyse und seelischer Pein. Das Kredo wird nicht Form annehmen und wird nicht als Ergebnis von Kampf oder Willensbemühungen entstehen. Sie haben das Kredo bereits; es ist nur im Futteral der Wichtignahme eingesperrt, genau wie die Seele. Kaum legen Sie die externe und interne Wichtignahme ab, wird das Kredo befreit werden, und Sie werden es sogleich spüren. Wenn Ihre Wichtignahme auf Null steht, haben Sie nichts zu verteidigen und nichts zu erobern. Sie leben einfach nach Ihrem Kredo und nehmen sich in Ruhe und ohne Druck das Ihre.

Nachdem Sie auf diese Weise den Kampf um Ihre Bedeutsamkeit aufgegeben und aufgehört haben, sie einem fremden Gericht zu unterstellen, werden Sie das finden, was normalerweise als Selbstsicherheit erachtet wird. Es wird nicht jene schwankende Selbstsicherheit sein, die auf einem Überschusspotenzial beruht, sondern eine ruhige, innere Kraft: die Koordination.

Diese echte, ruhige Koordination beruht nicht auf Äußerlichkeiten, und daher erfordert sie weder Bestätigung noch Beweis. Sicher sind Sie schon mal Menschen begegnet - zumindest in einem Spielfilm –, deren Selbstsicherheit keinen Zweifel offen lässt. Echte, ruhige Selbstsicherheit stützt sich nur auf innere Zufriedenheit und Erfüllung. Das bedeutet, Sie vergleichen sich nicht mit jemand anders, sondern ruhen einfach in vollem seelischem Gleichgewicht. Dieses Gleichgewicht wird durch die Einheit von Seele und Verstand erreicht, unter Abwesenheit von Schuldgefühlen, Abhängigkeit, Überlegenheit, Pflicht, Angst und Unruhe. Mit anderen Worten, Sie stören weder das Gleichgewicht mit der Umwelt noch mit sich selbst. *Sie leben in Harmonie mit der Welt und sich selbst, gemäß Ihrem*

Kredo. Dies ist freilich das Ideal, aber Sie sollten es anstreben, denn darin liegt die einzige Möglichkeit, echte Selbstsicherheit - Koordination - zu finden. Jede Selbstsicherheit, die auf anderem Wege erreicht wird, ist falsch.

Solche Koordination wird Ihnen Freiheit von den Pendeln gewähren und Ihnen ermöglichen, sich zu bewegen, wohin Sie wollen, und zu bekommen, was Sie wollen. Wenn Sie jetzt beschwerliche Pflichten zu erfüllen haben, dann sollten Sie dies tun, ohne sich damit zu identifizieren. Stellen Sie sich vor, dass Sie in einem Film mitspielen. Tolerieren Sie es, die Rolle zu spielen, zumindest bis zum Ende der Serie, ehe Sie durch Ihre eigene Tür gehen können. Visualisieren Sie ein Zieldia, ohne an die Mittel zu denken, ans Ziel zu gelangen, und warten Sie, bis die äußere Absicht Ihnen Ihre Tür öffnet.

Die Schlacht mit dem Tongötzen

Endlich bin ich frei von der nutzlosen Last des Überschusspotenzials. Ich habe mich sowohl der internen als auch der externen Wichtignahme entledigt. Ich habe es nicht nötig, meine Überlegenheit zu zeigen oder meine Unvollkommenheit zu verbergen. Auch habe ich keine Angst vor der Gegenwart oder der Zukunft. Ich habe nichts zu verteidigen oder zu erobern. Endlich bin ich frei vom Einfluss der Pendel und kann mich mit mir beschäftigen. Wenn es doch nur so wäre ...

Die Macht der Pendel ist vor allem deshalb übermäßig groß, weil die Menschen so arglos sind. Es wäre falsch, über die Pendel zu sprechen wie über eine Geheimgesellschaft, die ein Netzwerk der Verschwörung gegen den Rest der Menschheit gesponnen hat. Die Pendel sind ein untrennbarer Bestandteil unserer Welt. Sie haben Macht über die Menschen und bewerkstelligen ihre Herrschaft mithilfe energoinformativer Einflussnahme.

Diese Einflussnahme findet auf drei Ebenen statt: mental, emotional und energetisch. Indem sich die Pendel die Fäden der Wichtignahme zunutze machen, saugen sie die freie Energie aus den Menschen. So ist es schon immer gewesen. Aber in jüngster Zeit beginnt sich ihre rein informative Einflussnahme mit atemberaubendem Tempo zu steigern.

Die Geschichte der Zivilisation ist viele Jahrtausende alt. Doch aufgrund der neuesten Errungenschaften auf dem Gebiet der Information hat sich das Bild in den vergangenen paar Jahrzehnten drastisch verändert. Die Menge der auf allen möglichen Medien gespeicherten Daten wächst in geometrischer Progression. Die Bedrohung liegt jedoch nicht im Umfang der Informationen, sondern in den Methoden und Mitteln der Verbreitung. Der Mensch ist von allen Seiten vom Spinngewebe der Telekommunikation umgeben, das mit jedem Tag gefährlicher wird. Diese Gefahr bleibt größtenteils unbemerkt, weil die Entwicklung der Informationsindustrie unter der amüsanten Narkose immer neuerer und bequemerer Formen der Unterhaltung und der Kommunikation stattfindet.

Es ist offensichtlich, dass die Pendel keineswegs beabsichtigen, ihre Anhänger zu unterhalten, sondern sie ihrer Macht unterzuordnen. Der Ausbau und die Vervollkommnung des informativen Spinngewebes führen dazu, dass ein Pendel die Aufmerksamkeit einer unglaublichen Menge von Anhängern auf einmal fesselt. Zum Beispiel: Je mehr Zuschauer eine Fernsehsendung hat, desto mehr Energien vermag das entsprechende Pendel zu sammeln. Und je stärker es ist, desto größer ist sein Einfluss und desto leichter unterwerfen sich seine Anhänger der Regel "Tu es wie ich".

Die Methode des Pendels funktioniert einwandfrei und lenkt die Menschen von ihren eigentlichen Zielen ab. Nun jedoch nähert sich dieser Prozess seinem Endstadium, wo dem Menschen endgültig die Freiheit der Wahl entzogen wird. Eines Tages wird sich der Mensch in einer Lage wiederfinden, wo er zu einem Element in einer ungeheuren energoinformativen *Matrix* reduziert worden ist. Der Mensch wird in ein Futteral der Abhängigkeit eingeschlossen sein und zu einem Getrieberädchen verkümmern. Die Matrixzelle wird bestimmen, auf welche Weise ihr Element zu handeln und was es zu wollen hat. Bekanntlich haben Phantastereien ja die Neigung, sich irgendwann einmal zu verwirklichen.

Dieser Prozess findet bereits statt, unentwegt und unmerklich. Und man kann nichts dagegen tun. Zum Zwecke der Unterwerfung ist es nicht unbedingt nötig, physische Gewalt anzuwenden. *Es reicht schon, die Weltanschauung der Menschen so zu gestalten, dass Freiheit in ihrer Vorstellung einfach nicht existiert.* Unter solchen Umständen ist es sehr schwer, seine Freiheit zu behaupten. Deshalb wollen wir nochmals auf bestimmte Aspekte des Schutzes vor den Pendeln eingehen.

Wie Sie wissen, ist der Ansatzpunkt der Pendel unsere eigene Wichtignahme. Letztlich können sie uns sogar damit zu packen bekommen, dass wir der Notwendigkeit, die Wichtignahme auf Null zu senken, große Bedeutung beimessen. Alles, was über die Pendel gesagt wurde, ist sehr ernst. Das Paradox jedoch besteht in Folgendem: Wenn Sie den Pendeln jetzt mit vollem Ernst den Krieg erklären, sind Sie von vornherein zur Niederlage verdammt. *Das Grundprinzip im Kampf mit den Pendeln besteht im Verzicht auf den Kampf mit ihnen.*

Sie sollten verstehen, dass Sie es nicht mit einem greifbaren Gegner zu tun haben; vielmehr ist dies eine Schlacht mit einem Tongötzen - ein Spiel. Genauer gesagt ist es an Ihnen zu entscheiden, was daraus wird. Wenn Sie das Ganze als eine Schlacht wahrnehmen, wird die Niederlage unvermeidlich sein. Sie können das Pendel nicht im Kampf besiegen. Angenommen, Sie fordern den Götzen heraus: "Ich weiß jetzt, dass es nur ein Tongötze ist; dem werde ich's zeigen!" Damit sind Sie so gut wie erledigt. Wenn Sie es aber als Spiel auffassen, droht Ihnen schlimmstenfalls der Verlust einer Partie, nicht der einer Schlacht.

Das Pendel ist ein Tongötze, solange Sie sich des Wesens seines Spiels bewusst sind und sich nicht dessen Regeln unterwerfen. Die Pendel werden Ihnen auflauern, sobald Sie sich selbstsicher fühlen. Machen Sie sich darauf gefasst, dass sie auf jede mögliche Weise versuchen werden, Sie aus dem Gleichgewicht zu bringen; das ist das Wesen ihres Spiels. Und Sie werden ihnen auf den Leim gehen, das Gleichgewicht verlieren, aus der Haut fahren und den Pendeln Energie geben.

Sie sind ruhig, gutgelaunt und ausgeglichen, doch das währt nicht lange. Das Pendel beschwört eine Provokation herauf. Zum Beispiel geraten Sie in eine unerwünschte Lage oder erhalten schlechte Neuigkeiten. Gemäß dem Drehbuch des Pendels sollen Sie nun unruhig werden, den Kopf hängen lassen, einen Schrecken bekommen oder unzufrieden und gereizt werden. Alles, was Sie nun tun müssen, ist rechtzeitig *aufzuwachen* und Ihre Wichtignahme zu reduzieren. Wenn Sie das getan haben, wird das Pendel an Ihnen vorbei ins Leere schwingen.

Sie können die Regeln nur übertreten, wenn Sie nicht mit offenen Augen träumen. Im unbewussten Traum wird der Mensch immer das Opfer der Umstände. Der Traum kommt, und Sie können nichts dagegen tun. Auch im Wachzustand sind wir es seit Langem gewohnt, auf negative Einwirkungen standardgemäß und automatisch zu reagieren. Was darauf folgt, brauche ich nicht weiter zu erklären. Aber Sie sind ja durchaus in der Lage, *unkonventionell* zu reagieren. Tun Sie dies absichtlich, und die Pläne des Pendels werden durcheinander geraten. Sie brauchen sich nur rechtzeitig darauf zu *besinnen,* die Regeln des Spieles zu übertreten.

Überzeugen Sie sich selbst, wie angenehm die Erkenntnis ist, dass das Pendel mit aller Kraft versucht, Sie zu provozieren, und Sie nicht nachgeben. Die angenehme Empfindung wird nicht nur auf Stolz beruhen, sondern auch auf wachsender Stärke. Das funktioniert so: Wenn Sie dem Pendel Energie geben, werden Sie geschwächt. Provoziert aber das Pendel Sie, und Sie geben nicht nach, *dann wird die Energie des Pendels, die in die Provokation geflossen ist, auf Sie übergehen und Sie stärker machen.* Diese zusätzliche Kraft wird sich Ihnen auch als angenehme Empfindung darstellen. Jetzt können Sie sich vorstellen, wie begeistert das Pendel ist, wenn es Ihre Energie bekommt. Geben Sie ihm dazu keine

Gelegenheit. Es wird Sie wieder und wieder belästigen - geben Sie nicht nach. Lassen Sie es sich an Ihnen ruhig die Zähne ausbeißen!

Während Sie dieses Spiel mit Verstoß gegen die Regeln spielen, sollten Sie nicht der Versuchung nachgeben, auf das Spiel zornig zu werden. Solange Sie bewusst, aber fröhlich und sorglos spielen, kämpfen Sie gegen einen Tongötzen mit Zuckersäbelchen. Er kann nichts gegen Sie tun. Wenn Sie gegen die Spielregeln verstoßen und das Gleichgewicht halten, wird der Tongötze in Scherben zerfallen. Aber kaum regen Sie sich auf, verwandelt sich das Zuckersäbelchen des Pendels in eine gefährliche Klinge. Solch ein Spiel kann schnell zu einem ernsten Kampf werden und für Sie mit einem induzierten Übergang enden.

Kämpfen Sie nicht gegen Ihre Reaktion auf die Provokation an. Ändern Sie Ihre Einstellung. Emotionen sind eine Folgeerscheinung des Verhaltens. Sie sollten bewusst Ihre Reaktion auf negative Faktoren ändern. Ein unkonventionelles Verhalten zu zeigen ist leicht, da Sie verstehen, dass es nur ein Spiel ist. Spielen Sie den Clown. Sie kämpfen mit einem unsichtbaren Gegner in einem Saal voller Spiegel. Es scheint, das Pendel sei ganz dicht bei Ihnen. Aber in Wirklichkeit sehen Sie es nicht, noch nicht einmal seine Reflexion. Was Sie im Spiegel reflektiert sehen, ist Ihre eigene Wichtignahme. Solange Sie einer Sache übermäßigen Wert beimessen, haben Sie einen Gegner, der ständig im Spiegel schimmert. Steht Ihre Wichtignahme auf Null, haben Sie nichts zu befürchten, denn es gibt für Sie weder etwas zu beschützen noch ein Ziel zum Angreifen. Der Spiegel der Bedeutsamkeit zerspringt in tausend Stücke, und Sie werden sehen, dass der Tongötze in Scherben liegt.

Sie brauchen in der Schlacht mit dem Pendel keine Standfestigkeit. Leere ist viel wirksamer. Ausdrücke wie "unverwundbar, stählerne Nerven, eiserner Wille, Standhaftigkeit, Ausdauer, Selbstbeherrschung" beziehen sich auf Gegenwehr, Gespanntheit und Bereitschaft zum Widerstand. Zur Aufrechterhaltung eines solchen Schutzschirms ist viel Energie erforderlich. Wie Sie wissen, dient diese Energie den Pendeln als Nahrung. Wenn ich jedoch leer bin, brauche ich keinen Schutzschirm aufrechtzuerhalten. Ich verbrauche keine Energie, der Tongötze stürzt ins Leere und zerspringt in Scherben. Alles, was Sie tun müssen, ist, sich ständig bewusst an die Spielregeln zu erinnern und die Wichtignahme auf Null zu halten.

Die Notwendigkeit, die Wichtignahme ständig auf Null zu halten, sollte nicht umschlagen in eine ständige Kampfbereitschaft zur Abwehr eines Angriffs. In diesem Fall geben Sie dem Spiel übermäßige Bedeutung. Erlauben Sie sich, von Zeit zu Zeit auch mal zu verlieren. Sie brauchen nicht um jeden Preis einen Sieg anzustreben. Solange Sie festhalten, kann das Pendel Sie an der Nase herumführen. Es wird Sie umhertreiben wie einen Hund hinter einem Stock, den dieser nicht loslassen will. Wenn Sie das Spiel nicht erheitert, sollten Sie ein Maximum an Desinteresse zeigen und gleichmütig verlieren.

Wenn Sie das Pendel einmal besiegt hat, sollten Sie nicht stur sein, sondern akzeptieren, dass Sie diese Partie verloren haben. Sie haben das Gleichgewicht verloren und sind ärgerlich geworden, und das ist überhaupt nicht verwunderlich. Sie brauchen sich aus diesem Grunde nicht zu peinigen, die nächste Partie gewinnen wieder Sie. *Sagen Sie sich nicht, dass dies das letzte Mal war, im Sinne eines Ultimatums.* Ein solches Ultimatum ist nichts anderes als der mächtige Wind der Verteidigung. Sobald Sie sich auf Verteidigung einstellen, wandeln Sie das Spiel in eine Schlacht um, und Ihre Niederlage ist unvermeidlich.

Seien Sie darauf gefasst, dass die Pendel Sie schmeichlerisch und mit lieblichen Worten provozieren können. Viele Menschen, die von schweren Problemen gebeutelt werden, suchen Halt in Zigaretten, Alkohol und Drogen. Wenn Sie diese schädliche Angewohnheit wieder einmal aufgeben und sich sagen: "Das war jetzt das letzte Mal", so sind nicht Sie es, der da spricht. Es ist das Pendel, das Ihre gedankliche Ausstrahlung gestohlen hat und Ihnen Gedanken aufdrängen kann. Jedes Mal, wenn Sie sich schwören: "Noch dieses eine Mal, und das war's", sollten Sie sich in den Arm kneifen und diese Illusion abschütteln. Es ist das Pendel, das da zu Ihnen spricht. Das Erkennen dieser Tatsache wird Ihnen dabei helfen, der schädlichen Angewohnheit gleichgültig den Rücken zuzukehren - nicht entschlossen, sondern gleichgültig.

Zur Gewinnung von Anhängern scheuen die Pendel keine Mittel. Sie haben allem, was heilig ist, die Kraft genommen, angefangen von moralischen Prinzipien bis hin zur Religion. Die Welt ist eine Erscheinungsform des Einen Geistes, eine Manifestation der Einheit in der Vielfalt. Das göttliche Wesen durchdringt alles Lebende und Nichtlebende. Gott ist in jedem von uns. Wir haben bereits darüber gesprochen, als die Seele des Menschen mit einem Tropfen im Meer verglichen wurde. Kaum hatte Gott den Menschen seine Existenz mitgeteilt, haben die Pendel sogleich die Religion vereinnahmt. Sie können sich selbst davon überzeugen, wenn Sie sich die ursprünglichen Zehn Gebote anschauen.

Das erste Gebot läuft gemäß verschiedenen Kommentaren auf Folgendes hinaus: "Ich bin dein einziger Gott, und du sollst keine Götter neben mir haben." Diese Aussage fordert den Menschen dazu auf, an die Existenz eines einzigen Gottes zu glauben, der das gesamte Weltall lenkt. Die Menschen haben sich sofort gegen dieses Gebot vergangen und haben sich viele Religionen erschaffen - die Pendel. Genauer gesagt, haben sie sich erlaubt, sich den Pendeln der Religion unterzuordnen. Als Aushängeschild haben die Pendel der Religion den Namen Gottes vorgeschoben. Eigentlich sind die geistigen Vertreter der Religionen aufrichtig bestrebt, das Wort und die Mission Gottes zu predigen. Aber als Anhänger befinden sie sich unter dem Einfluss der Pendel, und daher hängt nicht viel von ihnen ab. Sind etwa die Kriege und Fehden auf der Grundlage von Religionen gottgewollt?

Zweites Gebot: "Du sollst dir kein Gottesbild machen und keine Darstellung von irgendetwas am Himmel droben, auf der Erde unten oder im Wasser unter der Erde. Du sollst dich nicht vor anderen Göttern niederwerfen und dich nicht verpflichten, ihnen zu dienen." Das gilt auch für die Pendel. Die Pendel zwingen ihren Willen ihren Anhängern auf und drängen sie mit allen Mitteln dazu, in ihrem Interesse zu handeln, ganz gleich, welche vortrefflichen Absichten sie dabei als Vorwand nehmen.

Doch letztlich lassen sich alle Gebote auf zwei reduzieren. Als Jesus gefragt wurde: "Guter Lehrer, welches Gebot ist das wichtigste im Gesetz?", antwortete er: "Liebe Gott, deinen Herrn, aus ganzem Herzen, aus ganzer Seele, mit all deinem Verstand. Dieses Gebot ist groß, und es ist das wichtigste. Das zweitwichtigste Gebot ist dem ersten sehr ähnlich: Liebe deinen Nächsten wie dich selbst. An diesen beiden Gesetzen hängt das ganze Gesetz und die Propheten."* Lieben Sie Gott in sich selbst und in anderen, und beten Sie nicht die Pendel an. Das ist alles, wozu die Gebote uns auffordern.

Was die Frage der Beeinflussung der Psyche durch die Massenmedien betrifft, so ist vor allem *der bewusste Umgang* mit ihnen wichtig. Nehmen Sie keine negativen Informationen in sich auf. Von allen Seiten wird versucht, Ihr Interesse zu gewinnen, Sie für etwas zu begeistern, Ihnen etwas aufzuschwatzen. Hinter jeder Gruppe von Menschen steht ein Pendel. Die Anhänger, die dem Willen des Pendels hörig sind, sind sich dessen wahrer Ziele oft nicht bewusst. Stellen Sie sich immer die Frage: "Welchem Zweck und wem dient dies? Was habe ich davon?" Suchen Sie gleichzeitig aktiv nach Informationen, die Ihren eigenen Zielen dienen. "Schon gut", wird Ihr Verstand nun entgegnen, "das weiß ich doch auch selbst." Doch was macht er aus diesem Wissen? Er weiß alles, doch sobald das Pendel sein Spiel beginnt, schläft er arglos ein. Erlauben Sie den Pendeln nicht, Sie an der Hand zu nehmen und mit sich fortzureißen.

Im Allgemeinen besteht Ihre Aufgabe darin, bewusst die Spielregeln zu übertreten. Dies kann auf zwei Arten geschehen. Entweder indem Sie Ihren Geltungsanspruch reduzieren und das Pendel in die Leere Ihrer Gleich-

* Berger, Nord: *Das Neue Testament und frühchristliche Schriften,* 1999, Seite 624.

gültigkeit schwingen lassen, oder indem Sie seinen Schwung durch unkonventionelles Verhalten dämpfen. Wenn Sie Ihren Geltungstrieb nicht so gut im Griff haben, können Sie dem zweiten Weg den Vorrang geben. Jede außergewöhnliche, unerwartete Reaktion auf eine Provokation ist ein grober Verstoß gegen die Spielregeln.

Die Beendigung der Schlacht

Die Freiheit der Wahl beruht auf einer unglaublich einfachen Tatsache. *Sie brauchen nicht für das Erreichen Ihres Zieles zu kämpfen. Alles, was Sie aufbringen müssen, ist die Entschlossenheit zu haben.* Sobald Sie sich gestatten zu haben, können Sie ganz ruhig die Beine in Richtung Ziel bewegen. Die Pendel drängen Ihnen natürlich ein ganz anderes Drehbuch auf. Sie zwingen Sie, für das Erreichen Ihres Zieles *zu kämpfen.* Dafür sollen Sie sich selbst und der Welt den Krieg erklären. Die Pendel raten Ihnen, mit sich selbst zu beginnen. Sie reden Ihnen ein, dass Sie unvollkommen sind und daher das Ziel nicht erreichen können, ohne sich zu ändern. Wenn Sie sich geändert haben, sollen Sie am Kampf um einen Platz an der Sonne teilnehmen. Dieses Drehbuch verfolgt nur ein einziges Ziel: dem Opfer Energie wegzunehmen. Indem Sie mit sich selbst kämpfen, geben Sie den Pendeln Ihre Energie. Indem Sie sich an der Schlacht gegen die Welt beteiligen, tun Sie das Gleiche.

Schlacht bedeutet unentwegte Spannungen, Kampf, Disziplin und ständige Bereitschaft. So handeln auch die Krieger, die vage verstehen, dass es in dieser Welt *Freiheit* gibt. Ihr Fehler besteht jedoch in ihrer Überzeugung, man müsse sich die Freiheit *erkämpfen.* Ein Leben lang befinden sie sich im Kriegszustand, aber ihren eigentlichen Kampf verschieben sie immer auf später. Die Krieger denken: Es ist unmöglich, sich einfach die Freiheit zu nehmen. Sie überzeugen sich und andere davon, dass dies äußerst schwierig ist und Jahre der Mühen und des hartnäckigen Kampfes erfordert.

Wer auf dem Pfad des Transsurfing wandelt, beteiligt sich nicht an der Schlacht um die Freiheit, da er weiß, dass er sie bereits hat. Niemand kann Sie *zwingen* zu kämpfen. Doch solange Sie von interner und externer Wichtignahme erfüllt sind, gibt es für Sie keine andere Lösung. Alles, was im Transsurfing von der Schlacht übrig ist, ist die Absicht, tadellos zu handeln. Aber dafür ist weder Kampfbereitschaft noch Disziplin erforderlich, sondern Bewusstheit.

Wenn Sie die Entschlossenheit zu haben nicht auf die Reihe bekommen, können Sie dies auf später verschieben. Aber wie lange soll das dauern? Das ganze Leben? Das Verschieben auf die nächste Gelegenheit führt dazu, dass Sie das Leben in jedem Augenblick als eine Vorbereitung auf eine goldene Zukunft betrachten. Der Mensch ist nie mit der Gegenwart zufrieden und tröstet sich mit der Hoffnung auf eine baldige Verbesserung seiner Lage. Mit dieser Haltung bricht die Zukunft niemals an, sondern schimmert immer irgendwo am Horizont, wie sehr man sich auch bemüht, die vorbeiziehende Sonne einzuholen.

Die Überzeugung, dass uns noch viel Zeit bleibt, ist bloß eine Illusion. In der Erwartung einer besseren Zukunft fliegt unser ganzes Leben dahin. Daher auch das Sprichwort: "Nichts ist permanenter als die Vergänglichkeit." In Wirklichkeit gibt es keine Zeit zum Abwarten. Deshalb sollten Sie nicht auf die Zukunft warten, sondern sich Ihren Anteil jetzt nehmen. Gestatten Sie sich, hier und jetzt zu haben. Dies soll nicht heißen, dass Ihr Ziel auf der Stelle realisiert wird. *Es geht hier um die Entschlossenheit, die Absicht zu haben, im Gegensatz zum Prozess des permanenten Kampfes.* Die Entschlossenheit zu haben ist unvergleichlich mächtiger als die Entschlossenheit zu handeln.

Sie beteiligen sich ein Leben lang an dem Kampf um einen Platz an der Sonne. Wie viel haben Sie denn dabei erreicht? Sie müssen entweder malochen gehen oder sich an der Uni abplagen. Währenddessen erholen sich andere in einem Gebirgskurort oder lassen sich am Meer die Sonne auf den Bauch scheinen. Vielleicht haben sie ihren Kampf gewonnen und genießen daher jetzt das Leben?

Die meisten haben es im Eifer des Gefechts nicht einmal zu genügend Geld gebracht, um sich einmal im Leben einen Urlaub in einem Gebirgskurort zu gönnen. Wenn Sie sich jedes Jahr ein paar Tage Vergnügen leisten können, liegen Sie schon über dem Durchschnitt. Doch sobald Sie am Ferienort angelangt sind, gibt es dort schlechtes Wetter, der Aufzug ist kaputt oder es warten andere unangenehme Überraschungen auf Sie. Und selbst wenn alles in Ordnung ist, geht es Ihnen ständig durch den Kopf, was Sie sich alles nicht leisten können. Sie müssen sparen, vor allem, wenn Sie nur daran denken, wie viel Sie für die paar Urlaubstage hatten schuften müssen, die dann so schnell wieder vorbei sind. Insgesamt sind Sie ganz zufrieden, aber schon bald müssen Sie wieder zurück in die Tretmühle des grauen Alltags.

Sie haben eine Schlacht gewonnen und haben sich den Urlaub verdient, aber dennoch ist Ihr Bewusstsein hin und wieder von tristen Schatten überzogen. Und wissen Sie, warum? Sie sind überzeugt, dass Sie lange und hart gearbeitet haben, um ein kurzes Vergnügen zu bekommen. Sie sind überhaupt nicht bereit, *sich zu gestatten zu haben.*

Diejenigen, die es sich gönnen zu haben, nehmen an der Schlacht nicht teil. Sie haben es nicht nötig. Angenommen, ein glückliches Pärchen hat sich letzte Woche in einem Ferienhäuschen in den Schweizer Bergen erholt. Jetzt streiten sie sich, was ihr nächstes Ziel sein soll. Er will in die österreichischen Alpen, sie in die französischen. Das mag Sie an eine bizarre Seifenoper im Fernsehen erinnern, aber die beiden meinen es ernst. *Es gibt einfach verschiedene Ebenen der Bereitschaft zu haben.* Sie müssen noch ein Jahr lang ackern bis zum nächsten Urlaub, doch die beiden gönnen sich jede Woche Ferien.

Das rationale Denken empört sich: "Na und? Die zwei wurden mit einem goldenen Löffel im Mund geboren, doch unsereins muss eben schuften! Woher soll sonst das Geld kommen?" Ich wiederhole es nochmals: Denken Sie nicht an Geld. *Lassen Sie ab von der Schlacht, und gestatten Sie sich zu haben. Die äußere Absicht wird einen Weg finden, Ihnen das Ihre zu geben.* Ich kann das jetzt nicht einfach beweisen. Überprüfen Sie es selbst. Versuchen Sie es nicht, sondern tun Sie es einfach. Nicht erst morgen, sondern auf der Stelle. Gestatten Sie sich jetzt sofort - ohne Wenn und Aber - *zu haben.* Und nicht nur einmal, sondern ständig. Wenn Sie nicht augenblickliche Ergebnisse erwarten, sondern sich dauerhaft gestatten zu haben, wird der schöne Tag kommen, den andere ein Wunder nennen.

Diejenigen, die reich geboren wurden, hatten schon die Bereitschaft zu haben. Sie brauchen nicht daran zu denken. Sie aber sollten mit Dias arbeiten. Ihr Verstand wird besorgt sein wegen der Realität und der Mittel zum Erreichen des Ziels. Das aber ist der Pfad des Kampfes, der nirgendwohin führt. Auf diesem Pfad können Sie nicht genug Geld verdienen, und Sie werden immer zu wenig haben. *Streben Sie nicht nach Geld, sondern nach der Entschlossenheit zu haben.*

Wenn Sie sich auf Ihre Ziele so konzentrieren, als hätten Sie sie schon erreicht, werden sich Ihre Türen öffnen, und Sie werden die nötigen Mittel wie von selbst finden. Dies ist eine Freiheit, bei der einem buchstäblich schwindlig werden kann. Wenn Sie sich diese Freiheit aber nicht nehmen, treffen Sie damit Ihre Wahl. Nichts ist einfacher, als sich zu sagen, das alles sei Illusion, und sich weiter bis ans Lebensende abzurackern. Jeder trifft seine Wahl und bekommt nur das, was er bereit ist zu haben. *Ihre Wahl ist ein unumstößliches Gesetz. Sie selbst formen Ihre Realität.*

Die Wahl im Variantenraum kann man sich etwa wie folgt vorstellen: Die Menschen gehen in einen Supermarkt und werden dort gefragt: "Was wünschen Sie bitte?" Ein Käufer antwortet: "Ich will ein Bühnenstar werden." Der Verkäufer antwortet: "Kein Problem. Ich habe da ein sehr schönes Exemplar, gerade passend für Sie. Weltruhm, Reichtum und Glimmer. Nehmen Sie das?" Wundert sich der Kunde: "Was sagen Sie da ... So einfach geht es doch nicht. Nur einige wenige sind erfolgreich. Diese Auserwählten verfügen über hervorragende Fähigkeiten, doch ich bin ein ganz normaler Mensch." Der Verkäufer erwidert achselzuckend: "Wozu brauchen Sie Fähigkeiten? Hier, nehmen Sie die Ware, sie ist für Sie!" Kunde: "Es ist sehr schwer, sich im Showbusiness durchzusetzen. Das ist der reinste Dschungel. Da wimmelt es nur so von hohen Tieren." Verkäufer: "Gut, ein hohes Tier bekommen Sie mit dazu. Nehmen Sie, Sie werden es nicht bereuen." Kunde: "Diese Stars haben Prachtvillen, fahren Luxusschlitten, verkehren in der High Society ... Soll das wirklich alles für mich sein? Ich kann das nicht ..." Der Verkäufer antwortet achselzuckend: "Nun gut, schade. In diesem Fall können wir Ihnen nicht helfen." Damit verstaut er die Ware wieder unter dem Ladentisch.

Genauso könnte jemand furchtsam einen anderen fragen: "Können Sie in einem Passagierflugzeug fliegen?" "Kein Problem", meint der andere. "Ich nehme einfach Platz, schnalle mich an, und los geht's." Sie brauchen bloß zuzulassen, dass das Erreichen Ihres Ziels nur eine Frage Ihrer Wahl ist, und sofort werden Sie spüren, wie absurd die Befürchtungen des Kunden im Supermarkt des Variantenraums sind. Sie brauchen nur bereit zu sein zu haben, das ist alles.

Sie könnten nun der Versuchung erliegen, für die Entschlossenheit zu haben zu streiten. *Sie sollten sich auf keinen Fall zwingen, sich zu gestatten zu haben.* Versuchen Sie nicht, gewaltsam das Zieldia zu visualisieren. Sie brauchen sich nicht zu bemühen. Mit Druck und Willensstärke geht es nicht. Das ist nur wieder ein Kampf. Machen Sie sich einfach ein Vergnügen mit festlichen Gedanken. Lassen Sie los, und machen Sie dem Kämpfen ein Ende. Das bringt überhaupt nichts. Sie kämpfen weiter, weil ringsumher ein überhöhtes Geltungsbedürfnis herrscht. Sie können sich nicht gestatten zu haben und gleichzeitig verbissen um einen Platz an der Sonne kämpfen.

Angenommen, Sie sind entschlossen und völlig sicher, dass Sie das Ihre bekommen werden; Sie überzeugen sich energisch, dass Sie die Wahl haben. Wenn Sie mit solchem Druck handeln, erzeugen Sie ein Überschusspotenzial. *Was Sie brauchen, ist nicht Entschlossenheit, sondern lockere, sorglose Entschiedenheit.* Lassen Sie los, und erinnern Sie sich einfach, dass Sie sich das Ihre nehmen werden. Für den Gang zum Zeitungskiosk sind Entschlossenheit und Druck nicht nötig. Wenn Sie Ihre Zeitung nicht bekommen, geht die Welt nicht unter. Sie gehen einfach zu einem anderen Kiosk. Nehmen Sie die Sache locker.

Wenn Sie sich anstrengen loszulassen, packen Sie eigentlich noch fester zu. Bemühung und Anstrengung verstärken das Überschusspotenzial. Der Grund für Anstrengung und Verbissenheit ist die Wichtignahme. Sie können Ihre verkrampfte Umklammerung nicht loslassen, solange Sie gegen sie ankämpfen. Reduzieren Sie Ihre Wichtignahme, und Ihre Umklammerung wird sich von selbst lockern.

Die Senkung der Wichtignahme ändert den Richtungszeiger der Absicht von innen nach außen. Jede Art von Drängen beruht auf Wichtignahme. Wenn Sie mit Druck handeln, ist Ihre innere Absicht tätig. Willenskraft ist notwendig, wenn es darum geht, Hindernisse zu überwinden. Doch wie Sie wissen, entstehen Hindernisse auf der Grundlage von Wichtignahme. Kaum haben Sie Ihre Wichtignahme reduziert, verschwinden die Hindernisse wie von selbst, und die Willenskraft zu ihrer Überwindung ist nicht mehr erforderlich. Ist die Wichtignahme weg, dann geht die Entschlossenheit *zu streben* in die Entschlossenheit *zu haben* über, und Ihre äußere Absicht kommt in Gang.

Sie haben bereits das Recht zu wählen. Sie brauchen sich dieses Recht nicht erst zu erobern. Wenn Sie voller Entschlossenheit sind, sich das Recht der Wahl zu erobern, dann können Sie sich auf Enttäuschungen gefasst machen. Entschlossenheit bedeutet Druck und verkrampftes Festhalten. Die Nivellierungskräfte werden Ihren Eifer schnell abzukühlen wissen. Und die Pendel, die Ihre Wichtignahme spüren, werden sofort

Provokationen veranstalten. Sie können sich selbst überzeugen, dass es genauso kommen wird.

Verlieren Sie nicht den Mut wegen eventueller erfolgloser Versuche, die leidenschaftslose Entschlossenheit zu haben zu finden. Die Menschen sind es gewohnt, ihre Energie nicht so sehr auf ein Ziel als vielmehr darauf zu richten, den Pendeln Nahrung zu geben. Letzten Endes werden Sie lernen, die beiden Arten der Entschlossenheit zu unterscheiden. Die einfache Entschlossenheit zu haben ist eine leidenschaftslose, alltägliche Absicht, sich das zu nehmen, was einem zweifellos zusteht. Wenn Sie sich entschließen, die Post aus dem Kasten zu holen, sind Sie ganz ruhig. Sie brauchen nur von Ihrem Recht der Wahl Gebrauch zu machen.

Im Leben müssen sich die Menschen ständig Prüfungen unterziehen: Examen, Wettbewerbe und alle möglichen Eignungstests. Aber *die Entschlossenheit zu haben* hängt nur von Ihnen ab. Sie selbst nehmen die Rolle des Prüfers ein. Analysen zeigen immer wieder, dass der Mensch sich selbst für unfähig hält, dieses oder jenes zu tun. Dies geschieht fast automatisch, weil wir alle so sehr daran gewöhnt sind. Alles, was wir brauchen, ist trotz allem die Entschlossenheit, uns zu gestatten zu haben. Zugegeben, das ist ungewöhnlich. Haben Sie trotzdem den Mut, sich zu gestatten zu haben! Mögen die Äpfel Newtons und anderer auch auf die Erde fallen - erlauben Sie trotzdem Ihren Äpfeln, in den Himmel zu fallen.

Wünschen Sie sich verzweifelt, die Entschlossenheit zu haben zu entwickeln? Geben Sie diesen Wunsch auf. Normales Wünschen reicht schon, und Sie werden auch so alles Nötige bekommen. Nehmen Sie sich in aller Ruhe, was Sie möchten, ohne zu fordern und zu beharren. *Ich will dies - was ist das Problem? Ich werde es bekommen.*

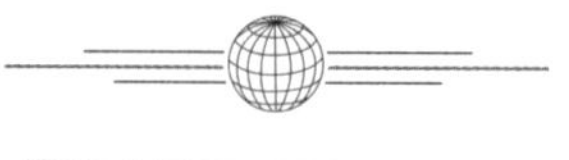

BEFREIUNG

Die Entschlossenheit zu haben entwickelt sich aus der freien Energie der Absicht. Zwei Dinge hindern Sie daran, sich zu gestatten zu haben. Das Erste sind Differenzen zwischen Seele und Verstand. Das Zweite sind Überschusspotenziale der internen und externen Wichtignahme, die die freie Energie in Anspruch nehmen. Es wäre ein Fehler anzunehmen, die Entschlossenheit zu haben erschöpfe sich in gewöhnlichen Gedanken wie "Ich will dies, und ich werde es bekommen". Solche Gedanken sollten von der Energie der Absicht erfüllt sein, sonst sind sie nicht mehr als das gewöhnliche Gebrabbel des Verstandes. Die Gedanken sollten von sich aus kommen, aus der Einheit von Seele und Verstand. Ansonsten wird die Modulation der Absichtsenergie nicht rein sein. *Wenn ein bedeutender Teil der freien Energie mit der Bildung oder Aufrechterhaltung von Überschusspotenzialen beschäftigt ist, wird die Absicht kraftlos sein.*

Die Schwierigkeiten beim Erwerb der Entschlossenheit zu haben sind ähnlich wie der Wankelmut von jemandem, der zum ersten Mal das Lenken eines Fahrrads ausprobiert. Er weiß, dass dies prinzipiell möglich ist, aber er weiß auch, dass es ihm nicht sogleich gelingen wird. Er zweifelt an seinen eigenen Fähigkeiten, ist aber gleichzeitig von dem Wunsch erfüllt, Radfahren zu lernen. Der Verstand ist bestrebt, das Erlernen in die eigene Hand zu nehmen, aber er kennt die Kunst des Handelns nicht. So entstehen drei Überschusspotenziale auf einmal - Zweifel, Wunsch und Kontrolle -, die die Energie der Absicht fortreißen.

Der Verstand versucht, auf diese und jene Weise das Gleichgewicht zu halten, aber es gelingt ihm nicht. So erreicht er weder die Einheit von Seele und Verstand noch freie Energie. Doch irgendwann lässt der Verstand die Zügel locker, und dann stimmen Seele und Verstand überein, dass es wichtig ist, das Gleichgewicht zu halten. Am Ende klappt auch alles, wenngleich der Verstand nicht begriffen hat, wie. Aber genau das ist der springende Punkt! Der Verstand denkt immer an Mittel und Wege, das heißt, wie zu handeln ist. Er etabliert seine Kontrolle und probiert verschiedene Varianten aus. Die Seele denkt nicht; sie ist einfach *absolut bereit zu haben.* Der Verstand ist ebenfalls bereit zu haben, aber nur unter einer Bedingung: alles muss logisch und rational sein. Die Differenzen zwischen Seele und Verstand bestehen allein darin, dass der Verstand an der Realität des Erreichens des Ziels zweifelt. Sobald seine Kontrolle nachlässt, verschwinden die einschränkenden Bedingungen des Verstandes, und die Einheit von Seele und Verstand kommt zustande.

Der Verstand sieht sich erstaunt mit der Tatsache konfrontiert, dass seine Kontrolle überflüssig ist. Alles klappt wie von selbst. Die Tatsache an sich ist für ihn übrigens völlig ausreichend, auch wenn er nicht versteht, was genau vor sich geht. Das Gleichgewicht ist einfach da, und damit hat sich's. Dem Verstand bleibt nichts anderes übrig, als sich dieser Realität zu fügen. Er wird sich mit seinem Hang zur Kontrolle zurückhalten, da er sieht, dass es auch so geht. Nach ein wenig Praxis gehen die übrigen Überschusspotenziale verloren, die Energie der Absicht wird freigesetzt, und das Radfahren ist nicht mehr ein Problem, sondern ein Vergnügen.

Mit anderen Worten: Um die Entschlossenheit zu haben aufzubringen, müssen Sie die Einheit von Seele und Verstand anstreben und die Absichtsenergie von den Überschusspotenzialen befreien. Die Einheit von Seele und Verstand erreichen Sie auf dem Weg zu Ihrem Ziel durch die erforderliche Tür. Dann müssen Sie nur noch Ihre echten Bestrebungen bestimmen und diesen Pfad beschreiten. Sobald Sie die Last der internen und externen Wichtignahme von Ihren Schultern nehmen, setzen Sie die Absichtsenergie frei, die Triebkraft der Bewegung im Variantenraum. Schleppen Sie hingegen die interne und externe Wichtignahme weiter mit sich herum, dann verbrauchen Sie neunzig Prozent Ihrer Energie für die Aufrechterhaltung von Überschusspotenzialen. Woher wollen Sie freie Energie nehmen, wenn fast alles für die Potenziale verbraucht wird?

Um sich der Wichtignahme zu entledigen, müssen Sie bewusst handeln und sich darüber im Klaren sein, wem oder was Sie übermäßige Bedeutung beimessen und was demzufolge zu tun ist. Leider gelingt es nicht immer, sich auf der mentalen Ebene bewusst von der Wichtignahme loszusagen. In diesem Fall bleibt nur eines: *zu handeln.* Die Energie des Überschusspotenzials wird durch Handeln zerstreut. *Sie betrachten in Gedanken Ihr Zieldia, visualisieren den Prozess und lenken Ihre Schritte ruhig in Richtung Ziel.*

Wie können Sie Furcht vermeiden? - Sie müssen eine Rückendeckung finden. Das am schwersten zu überwindende Überschusspotenzial ist Furcht. Sie können sich nicht zwingen, sich nicht zu fürchten. Wenn Sie einer Sache übermäßigen Wert beimessen, die Sie nicht einfach loslassen können - beispielsweise Ihr Leben, Ihre Karriere oder ein Eigenheim -, und wenn diese Werte in Gefahr sind, dann ist die einzige Art, das Potenzial zu vermindern, eine absichernde Ersatzvariante zu finden, einen Hilfsweg, im Sinne von: Wenn Plan A schief geht, tritt Plan B in Kraft.

Wie können Sie Kummer und Sorgen vermeiden? - Indem Sie handeln. Das Potenzial von Kummer und Sorgen wird durch Handeln zerstreut. Die Sorgen werden so lange bleiben, bis Sie aktiv zu handeln beginnen. Die Art der Tätigkeit braucht nicht einmal in Beziehung zur Ursache der Sorgen zu stehen. Es reicht schon, sich mit irgendetwas zu beschäftigen, und sogleich werden Sie spüren, wie die Sorgen abnehmen.

Wie können Sie wunschlos werden? - Indem Sie sich mit einem möglichen Misserfolg abfinden und handeln. Das entsprechende Potenzial loszuwerden ist auch recht schwierig, da es kaum möglich ist, den Wunsch ganz aufzugeben, sein Ziel zu erreichen. Doch wenn Sie sich von vornherein mit einem Misserfolg abfinden und alternative Wege finden, wird das Wunschpotenzial ins Gleichgewicht kommen. Auf jeden Fall lässt sich der Wunsch in eine Handlung umformen. Wie Sie ja wissen, ist der Wunsch das, was einer Handlung vorausgeht. Wenn der Wunsch in die Absicht zu handeln transformiert wird, wird die Energie des Potenzials sich auflösen. Die Energie des Wunsches wird auf die Bildung der Absicht übertragen.

Wie können Sie Erwartungen zügeln? - Indem Sie handeln. Dieses Potenzial wird definitionsgemäß ebenfalls durch Handeln aufgelöst. Lösen Sie Wunsch und Erwartung durch Handeln auf.

Wie können Sie sich Ihrer Bedeutung entledigen? Wenn Sie alles richtig verstanden haben, dann sollte diese Frage bei Ihnen Befremden hervorrufen. Natürlich, Transsurfing bietet Ihnen ja an, sich gerade nicht mit Ihrer Bedeutungslosigkeit abzufinden, sondern Ihre Bedeutung als Axiom zu akzeptieren. Die Schwierigkeit besteht nur darin, dass der Verstand die eigene Bedeutung nur dann spürt, wenn ihm die entsprechende Haltung von anderen entgegengebracht wird. So gesehen ist das Geheimnis der Erhöhung Ihrer Bedeutung ebenso einfach wie wirksam: *Sie brauchen nur von Handlungen Abstand zu nehmen, die auf die Erhöhung Ihrer Bedeutung gerichtet sind.*

Wie das funktioniert? Beobachten Sie sich einmal selbst: Was tun Sie, um Ihre Bedeutsamkeit zu beschützen? Sie beanspruchen Aufmerksamkeit und Achtung; Sie versuchen zu zeigen, dass Sie im Recht sind; Sie sind eingeschnappt oder beleidigt; Sie verteidigen sich; Sie rechtfertigen sich; Sie gehen einen Konflikt ein; Sie zeigen Hochmut oder Missachtung; Sie sind bestrebt, der Erste zu sein, der jemand anders herabwürdigt oder auf dessen Mängel hinweist, die eigenen Vorzüge herausstellt, usw. Wenn Sie von all diesen Versuchen, Ihre Bedeutsamkeit zu erhöhen, ablassen, wird man dies in Ihrer Umgebung unbewusst bemerken. Da Sie Ihre Bedeutsamkeit nicht verteidigen, ist diese offenbar auf recht hohem Niveau. Die Leute werden sich Ihnen gegenüber anders verhalten. Folglich wird Ihnen mehr Achtung entgegengebracht werden, und Ihr Verstand wird von selbst die eigene Bedeutsamkeit erkennen. Wenn Sie selbst Ihre hohe Bedeutsamkeit anerkennen, wird Ihre Umgebung sogleich mit Ihnen übereinstimmen, und zwar hundertprozentig. So bekommen Sie das, was Sie aufgegeben haben.

Wie können Sie es vermeiden, sich zu ärgern? - Indem Sie mit den Pendeln spielen und gegen deren Spielregeln verstoßen. Die Gewohnheit, auf schlechte Neuigkeiten negativ zu reagieren, lässt sich nur auf diese Weise überwinden. Wie das gemacht wird, wissen Sie bereits. Sie brauchen sich nur daran zu erinnern, dass es sich um ein Spiel handelt und dass es Spaß macht, gegen dessen Regeln zu verstoßen, das heißt unkonventionell zu reagieren. Auf eine angenehme Nachricht oder Neuigkeit sollten Sie nicht lasch reagieren, sondern mit heller Begeisterung. Dadurch senden Sie eine Ausstrahlung auf der Erfolgswelle. Die Pendel machen Ihnen Unannehmlichkeiten, um Sie aus dem Gleichgewicht zu bringen und negative Energie von Ihnen zu bekommen. Indem Sie unkonventionell reagieren, bringen Sie das Pendel aus dem Rhythmus, und es geht leer aus. Spielen Sie dieses Spiel; das ist sehr spannend.

Wie können Sie Schuldgefühlen entgehen? - Indem Sie aufhören, sich zu rechtfertigen. Wie ich schon sagte, im Gerichtssaal gilt es, einen kühlen Kopf zu bewahren. Sie selbst treten in die Rolle des Staatsanwalts, des Rechtsanwalts und des Angeklagten, und die Manipulatoren nutzen diesen Umstand aus. Verlassen Sie das Gerichtsgebäude; niemand kann Sie aufhalten. Diejenigen, die sich dort gewohnheitsmäßig versammelt haben, um den Prozess anzuhören, werden eine Zeitlang dort sitzen und sich dann wieder trennen, da es keinen Angeklagten gibt. So wird Ihr "Fall" allmählich geschlossen werden. Auf keine andere Weise können Sie Schuldgefühlen entrinnen.

Wie können Sie mit Kränkung und Empörung zurechtkommen? Nun, diese Gefühle werden Sie gar nicht erst erfahren, wenn Sie sich von Schuldgefühlen lossagen und Ihre eigene Bedeutsamkeit akzeptieren. Beenden Sie Ihren Kampf, und bewegen Sie sich mit dem Strom. Wenn Sie sich mit dem Strom bewegen, kann es jedoch vorkommen, dass jemand Sie packt und versucht, Sie in die andere Richtung zu ziehen. Wie sollten Sie in diesem Falle handeln?

Wenn Sie zum Beispiel auf einem Gebiet Experte sind, sind Sie in der Lage, Lösungen zu finden. Es gibt aber Leute, die nur Probleme finden können. Sie suchen nach Problemen und stellen ihren Fund dann triumphierend als große Errungenschaft dar. Solche Leute sind allen Ernstes davon überzeugt, andere seien einfach verpflichtet, Lösungen für die Probleme beizusteuern. Wenn Sie dann nach einer Lösung suchen, sammelt sich um Sie herum eine ganze Traube von Nichtstuern. Einige von ihnen kritisieren Sie, andere suchen nach neuen Problemen, wieder andere geben Ratschläge, während eine weitere Gruppe Befehle gibt und Forderungen stellt. Wie sehr Sie sich auch bemühen, sich mit dem Strom zu bewegen, Sie werden auf jede nur erdenkliche Art dabei gestört. Das führt natürlich leicht zu Kränkungen und Ärgernissen.

Was können Sie tun, wenn Sie mit Kränkungen und Ärgernissen nicht zurechtkommen? - Gestehen Sie sich diese Schwäche einfach zu. Es wird nur noch schlimmer, wenn Sie beginnen, der Notwendigkeit, den Wichtigkeitspegel auf Null zu halten, übermäßige Bedeutung beizumessen. Für wen arbeiten Sie? Für den Profit eines anderen? In diesem Fall müssen Sie ständig Kränkungen und Ärgernisse über sich ergehen lassen. Beschreiten Sie einen Pfad, der zu Ihrem eigenen Ziel führt. Wenn Sie dann arbeiten, tun Sie es nur für sich selbst. Bis es aber so weit ist, können Sie sich ruhig erlauben, hin und wieder abzugleiten und ein Überschusspotenzial zu erschaffen. *Zwingen Sie sich nicht, immer gewinnen zu müssen.*

Statt also gegen Ihr Überschusspotenzial anzukämpfen, *sollten Sie lieber im Rahmen der gereinigten Absicht handeln. Die Absicht aber wird im Laufe der Bewegung gereinigt werden.* Wie Sie sehen, können Sie die Entschlossenheit zu haben nicht einfach mit spekulativen Übungen erreichen, sondern durch konkretes Handeln. *Beginnen Sie einfach irgendwie, Ihre Beine in Richtung Ziel zu bewegen.* Ihre Handlungen werden im Laufe der Bewegung effektiver werden.

Die Entschlossenheit zu haben durchläuft drei Phasen. Die erste Phase ist Befangenheit, hervorgerufen durch die ungewohnte Situation: "Ist das wirklich alles für mich?" Während Sie innerlich Ihr Zieldia betrachten, wird es Ihnen nicht völlig gelingen, sich mit dem Gedanken anzufreunden, dass Ihr Ziel durchaus erreichbar ist. Das zweite Stadium ist eine Begeisterung, die der Empfindung der Schwerelosigkeit ähnlich ist. An irgendeinem Punkt werden Sie spüren, dass Ihre Befangenheit gewichen ist; Sie haben das Ziel in Ihre Komfortzone aufgenommen und empfinden Begeisterung dabei, dass Ihnen Ihr Ziel auf einmal völlig real erscheint. Die Empfindung der Schwerelosigkeit hat auch eine völlig reale Grundlage, und zwar die, dass die Absichtsenergie von Überschusspotenzialen befreit wird. Dies werden Sie ebenfalls spüren.

Schließlich wird die Entschlossenheit zu haben in die dritte Phase übergehen - die Alltäglichkeit. Sie betrachten in Gedanken ständig Ihr Zieldia. Sie beginnen, ihn ihm zu leben, und allmählich wird alles, was darin enthalten ist, für Sie etwas Gewöhnliches. Das Dia befindet sich auf dem Film der Wichtignahme. Solange Sie wünschen, zweifeln und an die Mittel der Zielerreichung denken, bleibt Ihre Entschlossenheit zu haben auf einer schwankenden Grundlage. Sobald sich die Wichtignahme auflöst, gewinnt die Entschlossenheit zu haben an Kraft. Die Hauptsache dabei ist, nicht die Entschlossenheit zu handeln zu verlieren, das heißt die Absicht, die Beine in Richtung Ziel zu bewegen. Wenn Sie alle drei Phasen durchlaufen haben, sind Sie auf dem richtigen Weg.

Wie können Sie es zu guter Letzt schaffen, unter der Last der Probleme nicht einzuknicken? Auf jeden Fall bedrückt uns auf dieser oder jener Stufe ständig etwas. Es ist sehr schwer, dies einfach hinzunehmen und von jeder Wichtignahme Abstand zu halten. Für diesen Fall gibt es im Transsurfing eine sehr interessante und wirksame Methode: *die Koordination der Absicht.*

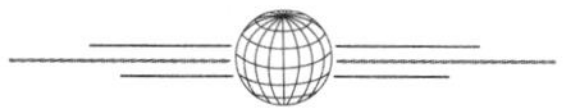

Die Koordination der Absicht

Der Mensch sieht sich als Produkt der Umstände und denkt, dass von ihm selbst nur wenig abhängt. Manchmal hat er das Glück, für einige Zeit auf einer Erfolgswelle zu reiten. Ein andermal denkt er, der Erfolg sei zum Greifen nahe und er müsse nur entschlossen handeln. So beginnt er, aktiv zu kämpfen. Doch trotz aller Bemühungen folgt oft direkt auf den Sieg die Niederlage.

Die Menschen wandeln gleichsam auf ihrem Pfad, dessen beide Seiten von steilen Hügeln und tiefen Gruben gesäumt werden. Die entschlossenen und von sich überzeugten Menschen biegen ständig vom ebenen Weg ab und erklimmen aus irgendeinem Grunde die Hügel. Dort winken verführerische Preise, die von den Pendeln dort platziert wurden. Manchmal gelingt es jemandem als Ergebnis unglaublicher Bemühungen, einen der Preise zu ergattern, doch Misserfolge sind die Regel. Oben angekommen, raubt der Wind der Nivellierungskräfte dem Betreffenden jedoch unweigerlich den Halt, und kopfüber purzelt er den Hügel hinab. Und wieder fühlt sich der Betreffende hilflos und denkt, nur wenig hinge von ihm ab.

Die Negativisten hingegen sind der Auffassung, von ihnen hinge gar nichts ab, und ziehen es vor, in die Gruben der schlimmsten Erwartungen herabzusteigen. Die schlimmsten Erwartungen verwirklichen sich unverzüglich. Die Negativisten leiden nicht nur unter ihrer Hilflosigkeit. Sie geben ihr Schicksal auf infantile Weise in fremde Hände. Hinter alledem sehen sie den Willen Gottes. Sie bewegen sich nicht mit dem Strom, aber sie kämpfen auch nicht gegen ihn an, sondern treiben willenlos umher, wobei sie ihre Unzufriedenheit äußern und die energetische Atmosphäre um sich herum vergiften. Das Einzige, was bei ihnen wirklich gut klappt, ist die Realisierung der schlimmsten Erwartungen. Hieran ergötzen sich die Negativisten: zumindest in einem haben sie Recht. Das

Einzige, was sie in Perfektion beherrschen, ist, Bestätigung für ihre negative Einstellung zu finden.

Solche Menschen finden am Negativen eine Art sadomasochistisches Vergnügen. Sie sind in der Lage, aus jeder Kleinigkeit eine Tragödie zu machen. Ihr Kredo lautet: "Das Leben ist ein Elend, und mit jedem Tag wird alles schlimmer." Dies ist ihre Wahl, und die Negativisten suchen und finden hierfür überall Bestätigung. Von allen gequält und bestraft zu werden ist das schwere Los dieser Märtyrer. Sie baden buchstäblich im Negativen und finden darin Befriedigung. Und wissen Sie, warum? Weil das Negative das Einzige ist, mit dem ihre Umwelt übereinstimmt. Sie finden Halt in der Überzeugung, dass ihre schlimmsten Erwartungen sich bestätigen.

Manchmal gerät der Negativist zufällig auf eine Erfolgswelle. Eine Zeitlang ist er zufrieden und freut sich. Aber das währt nur kurz, denn schon bald beginnt er wieder, wie gewohnt nach schwarzen Streifen Ausschau zu halten. Wie schnell doch alles Gute endet! Nun ja, Erfolg ist ja schließlich etwas Unnormales. Der Negativist macht sich verstärkt auf die Suche; er stößt sich praktisch mit der Nase auf die schwarzen Streifen, um wieder in seinen heimeligen Graben zu gelangen, wo zwar alles schlecht, aber dafür vorhersehbar ist. Er überlegt sich, wem er die Schuld für seine Unzufriedenheit geben könnte; er beginnt, sich negative Nachrichten anzuhören, Ansprüche zu erheben und Forderungen zu stellen. Kann er aber keine Forderungen stellen, dann verkriecht er sich in die Rolle des Opfers, das alle besänftigen und trösten sollen.

Es fällt dem Negativisten äußerst schwer, sich abzugewöhnen, sich an seinem eigenen Leid zu ergötzen. Das Problem dabei aber ist, dass er nicht nur sich selbst das Leben schwer macht. Der Negativist zieht seine Bekannten und Verwandten in seine bedauernswerte Lage mit hinein. Und hier kommt das seltsame Paradox: So hilflos der Negativist auch erscheinen mag, er verfügt über eine große Kraft und setzt diese auch mit Macht ein. Seine Kraft besteht in der festen Überzeugung, das Leben sei abscheulich und mit jedem Tag werde alles schlimmer. Feste Überzeugung ist nichts anderes als *die Entschlossenheit zu haben,* und daher wird die Wahl des Negativisten erfolgreich realisiert. Der Negativist trifft tatsächlich seine Wahl, und die Welt kommt ihm tatsächlich entgegen.

Wie wir sehen, ist der Mensch trotz allem nicht hilflos, und vieles hängt von ihm ab. Des Negativisten Realisierung der schlimmsten Erwartungen bestätigt, dass *jeder in der Lage ist, den Lauf der Ereignisse zu beeinflussen.* Jeder kann sein Drehbuch nicht nur im Traum, sondern auch im Wachzustand bestimmen. Vielleicht sollten wir einfach nur unsere negative Ausrichtung mit einer positiven vertauschen? - "Das Leben ist schön, und mit jedem Tag wird alles besser." Mit einer solchen Losung auf den Lippen tritt der Mensch jedoch eine riskante Reise in die Wolken an. Sobald er einen Moment lang zweifelt und furchtsam nach unten schaut, wird er in die Tiefe stürzen.

Die negative Einstellung hält sich auch deshalb so hartnäckig, weil sich der Mensch von klein auf an die Überzeugung gewöhnt hat, die Welt sei ihm übel gesinnt. Gleich nach der Geburt beginnt auf den neuen Menschen eine riesige Kraft der Aggression einzuwirken. Zuvor befand er sich wohlbehütet im Mutterleib und hatte es dort warm und gemütlich. Auf einmal jedoch wird er aus dieser heilen Welt mit Gewalt herausgestoßen und -gezogen. Er hört die Schreie seiner Mutter und ist sich vielleicht bewusst, dass er selbst die Ursache ihrer Leiden ist. Damit ist das Fundament seines Schuldkomplexes gelegt. Grelles Licht fällt ihm in die Augen. Er möchte die Augen schließen und am liebsten gar nichts sehen. Er kommt von der feuchten Wärme in eine Atmosphäre trockener Kälte. Vor lauter Schreck würde er sich am liebsten wie ein Knäuel zusammenringeln. Doch unverzüglich durchtrennt man seine Nabelschnur, womit seine einzige Verbindung zur Quelle seines Lebens gewaltsam durchtrennt wird. Der junge Mensch erleidet eine Art Todesschock. Er bekommt keine Luft, weiß aber noch nicht, dass er atmen muss. Jemand schlägt ihm auf den Rücken und fügt ihm dadurch ein lebenslanges Trauma zu. In seine Lungen dringt Luft, scharf wie ein Rasiermesser. Das Atmen tut weh, aber es gibt keine Alternative. Die Bedingungen sind hart: Kämpfe um dein Leben oder stirb. Der unschuldige, reine Verstand erhält seine erste Lektion: Der Existenzkampf ist ein untrennbarer Bestandteil dieser Welt. Es ist sehr schmerzhaft und schrecklich, und zu allem Überfluss entreißt man ihn seiner Mutter und steckt ihn in ein raues Futteral. Völlig entkräftet versucht er, im Schlaf Zuflucht vor dieser Welt zu finden.

So verläuft die erste Begegnung mit dieser Welt: Angst, Einsamkeit, Hoffnungslosigkeit, Kränkung, Wut und völlige Hilflosigkeit. Dies sind die ersten Stunden, die sich grausam und unerbittlich dem noch unbeschriebenen Verstand einprägen. So nimmt die von den Pendeln gewünschte Bewusstseinsgestaltung ihren Lauf. Nicht ohne Grund ist diese schockierende Praxis der Entbindung bis heute gang und gäbe und gilt als völlig zivilisiert. Nur selten kommt jemand auf die Idee, dass eine solche Geburt einen fürchterlichen Schock darstellt, der im Unterbewusstsein des Menschen eine tiefe Wunde hinterlässt. Kein Wesen in der Tierwelt erfährt bei der Geburt etwas Vergleichbares. Nur in sehr seltenen, teuren Krankenhäusern kann man "menschlich" zur Welt kommen.

Die ersten grausamen Lektionen in der Welt der Pendel prägen sich tief in das Gedächtnis ein und werden im Laufe des Lebens immer mehr gefestigt. Eines Tages dann lässt der Kleine die Hand der Mutter los und rennt mit kühnem Vertrauen der Begegnung mit dem Leben entgegen. Doch die Welt der Pendel zeigt ihm, dass er überhaupt nicht sicher ist, und pardauz! - sitzt der Kleine auf dem Hintern. Die Mutter bekommt einen Schrecken, als wäre ihr Söhnchen unter die Räder geraten. Ich erzähle das alles, um zu demonstrieren, wie tief sich die *Neigung zum Negativismus* in den Menschen eingeschlichen hat. Die guten Absichten des Positivismus hingegen verkehren sich oft ins Gegenteil, wenn der Mensch Luftschlösser baut oder alle Kraft für die Erstürmung irdischer Festungen einsetzt.

Was nun kann man tun, um die Koordination zu wahren und einfach den ebenen Weg zu beschreiten, ohne in die Gruben zu fallen bzw. die Hügel zu erklimmen? Vielleicht die Wichtignahme zurückschrauben und sich bewusst mit dem Strom bewegen? Ja, genau das ist erforderlich. Dies zu tun ist aber recht schwer, denn es ist unmöglich, sich völlig von der Wichtignahme zu befreien, und die Bewegung mit dem Strom stört den rastlosen Verstand, der darauf aus ist, die Kontrolle über den Strom zu übernehmen, gleichzeitig aber mit offenen Augen träumt.

Aber dennoch gibt es einen Ausweg aus dieser Situation, der noch dazu ganz einfach ist - wie alles Geniale. Sie können sich die Gewohnheit des Verstandes zunutze machen, alles unter Kontrolle zu halten, und ihm ein neues Spiel anbieten. Das Wesen dieses Spiels besteht darin, dass Sie unter beliebigen unangenehmen Umständen bewusst aufwachen, Ihre Wichtignahme prüfen und Ihre Einstellung ändern. Sie werden es selbst sehen - dieses Spiel wird Ihrem Verstand gefallen. Einige Prinzipien des Spiels haben wir bereits untersucht, und zwar im Zusammenhang mit dem spielerischen Kampf gegen den Tongötzen. Doch das ist noch nicht alles. Jetzt lernen Sie das Hauptprinzip der Koordination kennen. Wenn Sie sich nach diesem Prinzip richten, können Sie nach dem gleichen Erfolg streben, wie ihn die Negativisten durch ihre schlimmsten Erwartungen erreichen, nur mit umgekehrtem Vorzeichen, im positiven Sinne. Das geht so: *Wenn Sie sich vornehmen, scheinbar negative Veränderungen im Drehbuch als positiv zu betrachten, werden sie sich tatsächlich positiv auswirken.*

Also, wenn das nicht absurd klingt, so zumindest nicht gerade überzeugend, nicht wahr? Was könnte es Positives an einem Misserfolg geben oder Gutes an einer Notlage? Aber dennoch funktioniert dieses Prinzip einwandfrei. Wieder möchte ich Sie nicht dazu auffordern, mir blind zu glauben. Überprüfen Sie es selbst. Allerdings gibt es dafür auch eine für den Verstand akzeptable Erklärung.

Wie Sie wissen, beruht die ganze Welt auf dem Prinzip des Dualismus: Alles hat sein Gegenteil. Es gibt Licht und Finsternis, schwarz und weiß, positiv und negativ, voll und leer, und so weiter. Jedes Gleichgewicht in der Natur kann entweder zur einen oder zur anderen Seite kippen. Wenn Sie auf einem Schwebebalken balancieren, heben Sie jeweils einen Arm, um eine Schwankung zur anderen Seite zu kompensieren. Genauso hat jedes Ereignis auf den Lebenslinien auch zwei mögliche Verzweigungen: zur günstigen oder zur ungünstigen Seite. Jedes Mal, wenn Sie mit diesem oder jenem Ereignis konfrontiert werden, treffen Sie eine Wahl, wie Sie sich ihm gegenüber verhalten. Wenn Sie das Ereignis positiv betrachten, geraten Sie auf eine günstige Abzweigung der Lebenslinie. Doch die Neigung zum Negativismus zwingt den Menschen, seine Unzufriedenheit zu äußern und die ungünstige Abzweigung zu wählen.

Vom Morgen an ärgert sich der Mensch aus dem geringsten Anlass, und so verwandelt sich sein Tag in eine ununterbrochene Reihe von Unannehmlichkeiten. Sie wissen aus eigener Erfahrung, dass es schon reicht, bei Kleinigkeiten die Balance zu verlieren, und schon folgt eine dramatische Entwicklung des negativen Drehbuchs. Kaum ärgern Sie sich über etwas, folgt eine neue Unannehmlichkeit auf dem Fuße. Daher auch das Sprichwort: "Ein Unglück kommt selten allein." *Doch ein Unglück folgt nicht wirklich auf ein anderes Unglück, sondern auf Ihre Reaktion darauf.* Die Gesetzmäßigkeit beruht auf der Wahl, die Sie jeweils an einer Weggabelung treffen. Sie ärgern sich über irgendein Kinkerlitzchen, und schon strahlen Sie Energie auf der Frequenz einer ungünstigen Abzweigung aus. Außerdem erschafft Ihre negative Einstellung ein Potenzial der Spannung, das Ihnen einen Teil Ihrer Absichtsenergie entzieht; schon handeln Sie uneffektiv und stoßen auf neue, größere Unannehmlichkeiten. Sie können sich bestimmt ausmalen, auf welche Abwege Sie geraten, wenn Sie Ihr Leben lang solche negativen Seitenwege wählen!

Und nun stellen Sie sich einmal ein anderes Drehbuch vor: Sie werden mit einem bedauerlichen Umstand konfrontiert. Gedulden Sie sich damit, Ihre negative Haltung einzunehmen und primitiv wie eine Auster zu reagieren. Sagen Sie sich: "Stopp mal! Das ist bloß ein Spiel mit dem Tongötzen! Also los, Dummerchen, dann lass uns spielen!" Trotz des unangenehmen Ereignisses stellen Sie sich auf ein positives Ergebnis ein und tun so, als freue Sie das Ereignis. Nicht umsonst gibt es Sprichwörter wie: "Rosen ohne Dornen gibt es nicht" oder "Ohne Unglück wüssten wir das Glück nicht richtig zu schätzen".

Versuchen Sie, auch in bedauerlichen Ereignissen einen positiven Kern zu sehen. Wenn Ihnen das nicht gelingt, sollten Sie sich trotzdem freuen. *Nehmen Sie die "idiotische" Gewohnheit an, sich über Misserfolge zu freuen.* Das ist viel lustiger, als sich bei jedem Anlass zu ärgern und Trübsal zu blasen. Überzeugen Sie sich selbst davon, dass Ihnen in den meisten Fällen Ihr Ärgernis in die Hand spielt. Und selbst wenn dem nicht so ist, so können Sie sich darauf verlassen: Dank Ihrer positiven Haltung geraten Sie plötzlich auf eine günstige Abzweigung und vermeiden so weitere Unannehmlichkeiten.

Im Allgemeinen sind Unannehmlichkeiten Abweichungen von der Norm. Sie empfinden Sie nur deshalb als unangenehm, weil sie eine starke Gleichgewichtsschwankung mit sich bringen und einen zusätzlichen Energieaufwand erfordern. Diese Energie wird von Ihnen aufgewendet, wenn Sie selbst ein Hindernis erschaffen und es dann überwinden. Erfolg hingegen und Ihre Zufriedenheit mit dem Erfolg stellt die Norm dar. Gewöhnlich sind Sie dann unzufrieden, wenn Sie es mit einer Abweichung von Ihrem Drehbuch zu tun bekommen. Sobald der Verstand eine Abweichung von dem Drehbuch bemerkt, das von ihm akzeptiert wurde, betrachtet er die Veränderung im negativen Licht; er bringt eine entsprechende Haltung zum Ausdruck und ist bestrebt, die Situation in seinem Sinne unter Kontrolle zu bekommen.

Erklären Sie also Ihrem Verstand die Regeln des neuen Spiels. Sagen Sie zu ihm, er könne wie zuvor die Kontrolle behalten, nur bestehe die Funktion seiner Kontrolle jetzt darin, ein beliebiges Ereignis im positiven Licht zu sehen. Aktivieren Sie Ihren Aufseher gleich zu Beginn des Stückes, zum Beispiel bei Tagesbeginn. Gewöhnlich stellen Sie sich schematisch vor, wie die Ereignisse sich entwickeln sollen. In dem Moment, wo sich das Drehbuch vor Ihren Augen ändert, *sollten Sie die Veränderungen akzeptieren, ihnen zustimmen.* Sie nehmen ja ein Ereignis nur deshalb als negativ wahr, weil es gegen den Ablauf Ihres Drehbuchs verstößt. Tun Sie so, als ob die Änderung Ihnen genau in den Kram passt.

Auf diese Weise erhalten Sie eine gleitende und dynamische Kontrolle, um das Drehbuch zu ändern. Sie sind nicht geneigt, Ihre Unzufriedenheit zu äußern und gegen die Situation anzukämpfen, weil Sie die Veränderung im Laufe des Stücks akzeptiert haben. *Indem Sie die Kontrolle über das Drehbuch aufgeben, bekommen Sie sie. Die Kontrolle wird nicht auf den Kampf gegen den Variantenstrom gerichtet sein, sondern darauf, ihm zu folgen.*

Das Geheimnis der Koordination besteht darin, die Situation gleichzeitig loszulassen und in die Hand zu nehmen. Wenn der Verstand sich an seine Kontrolle klammert, verhindert er es, dass die Situation sich im Einklang mit dem Variantenstrom entwickelt. Indem Sie beliebige Veränderungen im Drehbuch einfach akzeptieren, befreien Sie sich vom Zwang der Herrschaft des Verstandes. Mit anderen Worten, Sie lassen los, während Sie gleichzeitig Ihre innere Einstellung - und damit auch die Situation - unter Kontrolle halten.

Letztlich wollen Sie nur Probleme vermeiden und so leben, dass alles zu einem erfolgreichen Ende geführt wird. Und genau das geschieht, wenn Sie das Prinzip der Koordination anwenden. Diese Methode ist sogar wirksamer als der Versuch, die Ereignisse durch die äußere Absicht zu beeinflussen. Die Sache ist die, dass der Verstand, wie bereits gesagt, nicht alle Entwicklungen im Voraus berechnen kann. Sie leben ja schließlich nicht allein in dieser Welt. Die Schicht Ihrer Welt ist von zahlreichen Schichten anderer Menschen überlagert, die auch ständig voller Bestrebungen sind. Aber der Verstand braucht auch gar nicht in der Lage zu sein, die Ereignisse im Voraus zu berechnen. Alles, was er tun muss, ist, das Zieldia zu visualisieren und dem Prinzip der Koordination zu folgen. Dann wird die äußere Absicht Sie erfolgreich zum Ziel bringen.

Ich möchte es nicht unerwähnt lassen, dass Koordination eine Sache der Praxis ist. Es reicht nicht aus, wenn Sie das Prinzip der Koordination rein spekulativ verstanden haben. Sie müssen ständig daran arbeiten und

Ihre Fähigkeiten in dieser Hinsicht vervollkommnen. Verpassen Sie nicht den Augenblick, wenn Sie unmerklich in ein negatives Spiel hineingezogen werden.

Koordination ist die wirksamste Methode der Bewegung im Variantenraum. Sie begegnen jedem Ereignis positiv und landen dadurch letztlich immer auf einer günstigen Abzweigung; immer öfter begegnen Sie einer Erfolgswelle. Aber Sie heben nicht ab, weil Sie absichtlich und bewusst handeln. *So reiten Sie auf der Erfolgswelle.* Hierin besteht das eigentliche Wesen des Transsurfings.

Äpfel fallen in den Himmel

In der Heiligen Schrift steht geschrieben: "Es geschieht jedem nach seinem Glauben." Und so ist es tatsächlich. Sie bekommen immer nur das, was Sie zu haben bereit sind. Die äußere Absicht erfüllt Ihre Bestellung einwandfrei. Sie haben das, was Sie haben, aufgrund Ihrer Weltanschauung und Ihrer Vorstellung über Ihre Stellung in dieser Welt bekommen. Nunmehr sind Ihnen alle Grundprinzipien des Transsurfings bekannt, sodass Sie Ihr Schicksal gemäß Ihrer eigenen Wahl in die Hand nehmen können. Ihr Schicksal wird sich nach Ihrer persönlichen Wahl und Ihrem Glauben formieren.

Wie Sie Ihre Wahl treffen können, wissen Sie bereits. Nun brauchen Sie nur noch die Frage zu beantworten: Wie kann ich all das glauben? Wie ich bereits sagte, können Sie den Verstand erst dann überzeugen, wenn Sie ihn mit Fakten konfrontieren. Der Verstand kann sich verstellen. Er kann auch blind und fanatisch glauben, aber das ist falscher Glaube, der auf einem außerordentlich starken Überschusspotenzial basiert. Dies geschieht, wenn Sie der Überzeugung einen übermäßigen Wert beimessen.

Der Verstand ist durch seinen Fanatismus so benommen, dass er nichts mehr hört oder sieht. Er hat nicht nur die Seele, sondern auch sich selbst ins Futteral gepackt. Daher ist ein solcher Glaube blind.

Das Segel des falschen Glaubens wird niemals vom Wind der äußeren Absicht gefüllt werden. Falscher Glaube ist eine Falle des Pendels im Labyrinth der Unsicherheit. Sie mögen glauben, dem Labyrinth entkommen zu sein, doch in Wahrheit ist das nur Illusion. In der Tiefe Ihrer Seele werden Sie zweifeln, ohne jedoch Verdacht zu schöpfen, da Sie sich von den Zweifeln durch die Schutzwand des Glaubens abgekapselt haben.

Wie können Sie nun echten Glauben von falschem unterscheiden? Echter Glaube ist schon kein Glaube mehr, sondern Wissen. *Wenn Sie sich selbst gut zureden oder Überzeugungsarbeit leisten müssen - egal wie, ob mit Enthusiasmus oder zwanghaft -, dann handelt es sich um falschen Glauben.* Wissen entwickelt sich nicht aus inszenierter Überzeugung, sondern auf der Grundlage von Tatsachen. Wenn Ihr Verstand einer Tatsache gegenübersteht, wissen Sie dies einfach. Falscher Glaube wird mithilfe des Verstands aufrechterhalten. Der Verstand, der sich im Labyrinth der Illusion aufhält, achtet sehr wachsam darauf, dass dort nicht der leiseste Zweifel hineinkommt. Wenn der Verstand *hoffen will,* wünscht er, auf rein gar nichts zu hören.

Reden Sie sich niemals etwas ein und, strengen Sie sich nicht an, etwas zu glauben, ansonsten riskieren Sie, sich einen falschen Glauben einzuhandeln, der nur wahr zu sein scheint. Die Illusion offenbart sich, wenn Sie beginnen, das Rauschen der Morgensterne zu hören. Nehmen Sie Ihrem Verstand die Zügel ab, und schalten Sie um auf das Erkennen der geringsten Merkmale seelischen Unbehagens. Falls Sie solches Unbehagen entdecken, sollten Sie aufhören, sich etwas vorzumachen. *Wenn Sie die Einheit von Seele und Verstand erreicht haben, brauchen Sie sich nichts mehr einzureden.*

Sich mithilfe von Affirmationen gut zuzureden ist zwecklos. Dadurch, dass Sie sich einbläuen: “Ich werde es schaffen”, werden Sie nicht einmal den Schatten eines Zweifels beseitigen können, ganz im Gegenteil: Sie schaffen dadurch für Ihre Zweifel einen fruchtbaren Nährboden. Die Seele glaubt Ihnen nicht, wenn Sie sie zu überzeugen versuchen. Die Seele versteht weder Logik noch die Sprache des Verstandes. Sie kennt auch keine Halbtöne. Wenn Sie die Seele fragen: "Werde ich mein Ziel erreichen?", wird sie entweder mit "ja" oder mit "nein" antworten, aber niemals mit "vielleicht" oder "wahrscheinlich". Wenn der geringste Zweifel besteht, wird die Antwort "nein" lauten.

Wenn also die Seele Zweifel hat, ist es unmöglich, sie durch Überredungskunst zu überzeugen. Was tun? Die Antwort steckt in der obigen Aussage: Die Seele kennt keine Halbtöne. Zweifel kommen dann auf, wenn Sie von etwas zu einem gewissen Grade, aber nicht völlig überzeugt sind. Die Seele wird das halbe Nein in ein ganzes Nein verwandeln. Sie glaubt nicht, und sie zweifelt nicht; sie weiß einfach, was sein wird: ja oder nein.

Daher sollten Sie einen grundlegenden Schritt tun: Werfen Sie das Wort "glauben" aus Ihrem Wortschatz, und ersetzen Sie es mit "wissen". Wenn der Verstand einfach weiß, dass dies oder jenes geschehen wird, wird ihm die Seele ohne jede Widerrede beipflichten. Glauben Sie daran, dass Sie dieses Buch in den Händen halten? Nein, davon kann keine Rede sein – *Sie wissen es,* und damit hat sich's. Wo aber Glaube herrscht, wird es immer auch Platz für Zweifel geben.

Jetzt, da Sie den Begriff "Glaube" entsorgt haben, sollten Sie sich gestatten zu wissen, dass Ihr Wunsch in Erfüllung gehen wird. Sie wissen es, weil Sie folgendes Gesetz kennen: Das Ziel werden Sie dann erreichen, wenn Sie die Entschlossenheit zu haben und die Entschlossenheit zu handeln aufbringen und durch Ihre Tür gehen. Die Wahl liegt bei Ihnen. Sie sind der Herr im Hause, und daher fallen Überlegungen von der Art "Aber wenn es nun doch nicht klappt ..." von vornherein unter den Tisch.

Wir wollen einmal annehmen, es gibt zwei mögliche Varianten der Entwicklung einer Situation: Ihr Vorhaben klappt, oder es klappt nicht. Sich selber gut zuzureden oder sich mit Argumenten zu überzeugen ist nutzlos. Aber es gibt jetzt das Wissen: Sie wählen die Variante selbst. Wissen ist die Grundlage, auf die Sie Zuversicht bauen können.

Jetzt fehlt nur noch ein kleiner Schritt: sich dieses *Wissen* anzueignen. Dafür brauchen Sie sich nur an es zu gewöhnen und es zu akzeptieren. Die Menschen gewöhnen sich mit der Zeit an die unglaublichsten Dinge: Telefon, Fernseher, Flugzeuge ... War das noch nicht unglaublich genug? Wenden Sie die Technik der Dias an. Dazu müssen Sie das Wissen in Ihren Kopf einlassen und gut für es sorgen, bis die äußere Absicht es zu einem Fakt macht. Ihre Aufgabe besteht allerdings nicht darin, sich etwas einzureden, sondern sich hin und wieder daran zu erinnern, dass Sie *wissen:* "Ich werde mein Ziel erreichen."

Wenn Sie an Ihr Ziel denken, werden Sie sich dabei ertappen, dass Sie unwillkürlich und gewohnheitsmäßig zu zweifeln beginnen und wieder an die Mittel denken. Natürlich werden Zweifel auftauchen, aber die sollten Sie erhaschen und ihnen sogleich einen Verweis erteilen: "Ich weiß, dass der Erfolg von meiner Wahl abhängt. Ich habe meine Wahl getroffen. Wozu also dieser Wankelmut?" Allmählich werden die Zweifel weichen. Wo es keinen Glauben gibt, sondern Wissen, können Zweifel nicht existieren. Sie brauchen sich nicht zu bemühen, ihnen zu entgehen oder gegen sie anzukämpfen. Letztlich können Sie sich damit beruhigen, dass Zweifel noch keine Garantie für einen Misserfolg sind. Es wird auf Ihrem Weg einfach hin und wieder noch ein paar Holpersteine geben.

Ich möchte noch einmal die Hauptsache betonen: Erinnern Sie sich, dass Sie selbst entscheiden, ob Sie Ihr Ziel erreichen oder nicht. Daher brauchen Sie sich keine Sorgen zu machen. Sobald Ihnen Zweifel kommen, sollten Sie sich wieder erinnern. Erneut möchte ich Ihre Aufmerksamkeit auf eine schlechte Angewohnheit richten: zu vergessen und halbbewusst zu leben. Das neue Wissen wird leicht in Vergessenheit geraten, und die alten Gewohnheiten werden sich hartnäckig halten. Erinnern Sie sich immer, dass Sie der Herr Ihres Schicksals sind.

Ich kann mir nicht vorstellen, dass Christus vor Ekstase verging, wenn er auf dem Wasser ging. Für ihn war das ebenso natürlich wie für uns, auf dem Lande zu gehen. Die Menschen könnten auch auf dem Wasser gehen, wenn sie es schaffen würden, in dieser Hinsicht alle Zweifel, alle Unrast und Emotionen über Bord zu werfen. Unglaublich? Ist denn nicht die gesamte Menschheitsgeschichte eine ununterbrochene Kette des Erstaunens angesichts absolut unglaublicher Dinge? Zum Beispiel: Eiserne Vehikel durchkreuzen nicht nur die Meere, sondern fliegen auch durch die Luft. Kaum hatten sich die Menschen davon überzeugt, dass man mit solchen eisernen Gefährten auf dem Wasser schwimmen und durch die Luft fliegen kann, gibt es keinerlei Diskussionen mehr über die Möglichkeit der Realisierung solcher Geschehnisse.

Indem Sie Zweifel mit sich herumschleppen, verringern Sie Ihre Erfolgschancen enorm. Im Variantenraum gibt es zwei Arten von Lebenslinien: auf der einen erreichen Sie Ihr Ziel, auf der anderen erleiden Sie einen Misserfolg. Wenn Sie mit Ihren Zweifeln im Clinch liegen, strahlen Sie Energie auf der Frequenz des Misserfolgs aus. In diesem Fall können Sie kaum auf Erfolg hoffen. Der Misserfolg wird als Folge der Ausstrahlung Ihrer Gedanken eintreten.

Sie sollten die Frage anders stellen. Fragen Sie nicht: "Wird es klappen oder nicht?", sondern: "Was wähle ich - Erfolg oder Misserfolg?" Es ist nicht leicht, sich an diese Fragestellung zu gewöhnen. Ein Leben lang haben Sie sich davon überzeugt, dass Äpfel auf den Boden fallen und nicht in den Himmel. Doch wenn Sie sich beim Zweifeln ertappen und sich sofort daran erinnern, dass der Erfolg nur eine Frage Ihrer Wahl ist, werden Sie sich daran gewöhnen. Stellen Sie sich vor, dass von heute an die Äpfel auf einmal in den Himmel fallen. Zuerst werden Sie sehr erstaunt sein, aber schließlich werden Sie es akzeptieren und sich daran gewöhnen. Was kannst du tun? - So sind Äpfel nun einmal. Sind etwa Luftballons, die in den Himmel fliegen, nicht auch erstaunlich?

Wachen Sie jetzt auf, und versuchen Sie sich bewusst zu machen: Wovon habe ich Sie gerade zu überzeugen versucht? Haben Sie nicht den Eindruck, dass ich Sie durch das Labyrinth der Glaubenssuche führe? Wenn Sie "gläubig" waren, sind Sie in die Falle gegangen. Nehmen Sie es mir bitte nicht übel, liebe Leser; ich wollte Ihnen nur demonstrieren, auf welche Weise der Verstand in einem hoffnungslosen Labyrinth umherirrt. Unser Umherirren begann mit den Worten: "Daher sollten Sie einen grundlegenden Schritt tun ..." Darauf folgten Versuche, den Glauben gegen noch nicht verwirklichtes Wissen umzutauschen. Doch dadurch ändert sich das Wesen des Glaubens nicht. Die Pendel handeln genauso, wenn sie danach streben, Ihren Glauben zu erobern.

Keine Sorge - Transsurfing ist keine Falle für den Verstand, und alles, was ich in diesem Buch geschrieben habe, ist nicht die Frucht spekulativer Gehirnakrobatik. Und sogar dieses unser Umherirren hört auf, eine Falle zu sein, wenn Sie das Gelesene nicht als einen Aufruf zum Glauben auffassen, sondern *im Sinne der Hoffnung, Freiheit zu finden.* Ein aufgesetzter Glaube ist nur für die Pendel nützlich, aber im Transsurfing ist kein Platz dafür.

Ich versuche gar nicht, Sie zu überzeugen, sondern ich verfolge ein ganz anderes Ziel - *die Stereotype der gewohnten Weltauffassung zu zerstören, um dem Futteral der Bedingtheit zu entkommen und im Traum zu erwachen.* Sobald Sie aufgewacht sind, wird Ihnen bewusst, dass Sie Ihren Traum lenken können. Dafür brauchen Sie keinen Glauben. Sie handeln, und später werden Sie sehen, was geschieht. Glauben Sie nicht, sondern prüfen Sie. Wenn Sie sich mit eigenen Augen überzeugt haben, dass Transsurfing funktioniert, werden Sie tatsächlich *wissen.*

Sicher mussten Sie sich schon mehrmals die Behauptung anhören, dass jemand, der unerschütterlich an seine Kraft und seinen Erfolg glaubt, alles erreichen kann. Es sagt sich so leicht: "Jedem geschieht nach seinem Glauben." Doch woher nehmen Sie diesen Glauben? Wie entgehen Sie den Zweifeln? Sie werden den Zweifeln mitnichten entgehen. Das Bestreben, Glauben zu finden, ist vergebliche Liebesmüh. Wenn in Ihrer Seele der Schatten eines Zweifels gewohnt hat, können Sie ihn mit keiner Überzeugungsarbeit hinauswerfen. Sie können nur Ihren Verstand betrügen. Er wird dann so tun, als würde er sich nicht an die Zweifel erinnern, aber in der Seele werden sie weiterleben wie zuvor.

Lassen Sie ab von den fruchtlosen Bemühungen, einen bedingungslosen Glauben zu finden. Es gibt einen anderen, realeren Pfad. *Denken Sie nicht an die Mittel, Ihr Ziel zu erreichen, visualisieren Sie das Zieldia, und bewegen Sie die Beine in Richtung Ziel.* Das ist kein leeres Träumen, sondern konkrete Arbeit zur Abstimmung Ihrer Ausstrahlung. *Passen Sie bewusst und zielgerichtet Ihre Ausstrahlung an die Realisierung Ihrer besten Erwartungen an.*

Wenn Sie ein Ziel haben, aber auch daran zweifeln, ob Sie es erreichen werden oder nicht, so werden diese Zweifel Sie stören. Aber Sie können sie nicht einfach aufgeben. Das ist allerdings auch gar nicht nötig. Glaube ist für den Verstand wichtig, um eine Grundlage für das Erreichen des Ziels zu haben. Lassen Sie den Glauben beiseite, und denken Sie nicht an die Mittel, um Ihr Ziel zu erreichen, sondern *leben Sie sich in das Dia ein, auf dem das Ziel schon erreicht ist.* Auch das ist konkretes Handeln ohne Überzeugungsarbeit. Gönnen Sie sich das Vergnügen. Dann wird die äußere Absicht das Ihre tun, und die Äpfel werden von selbst in den Himmel fallen.

Die Äpfel fallen in den Himmel, wenn dem Verstand eine Tatsache vorgestellt wird. Dann lässt er los und gestattet der Tatsache einfach, sich zu ereignen. Es ist belanglos, dass man den Vorgang nicht verstehen mag, Hauptsache, das Ergebnis ist real. Wir leben in einer Welt, wo die Menschen Rad fahren. Würden wir in einer Welt leben, wo alle fliegen, dann würden auch wir fliegen.

Wie gesagt: Indem wir unsere Ausstrahlung an die angestrebte Lebenslinie anpassen, setzen wir den Mechanismus der äußeren Absicht in Gang. Sie betrachten in Gedanken Ihr Zieldia und beschäftigen sich mit der Visualisierung des Prozesses. Zu dieser Zeit setzt der Wind der äußeren Absicht allmählich die Fregatte der materiellen Realisierung Ihrer Welt in

Bewegung. Ihnen eröffnen sich Möglichkeiten, von denen Sie zuvor nicht einmal träumen konnten. Außerdem beginnt die äußere Absicht, die Ereignisse so zu lenken, dass Sie sich Ihrem Ziel nähern.

Bitte beachten Sie: *Es wird Ihnen manchmal erscheinen, als würden sich die Umstände auf seltsame Weise entwickeln.* Aber woher wollen Sie wissen, welcher Weg zu Ihrem Ziel führt? Wollten Sie den Chefkoch eines Restaurants darin unterweisen, wie er das Menü anzurichten hat? Vergessen Sie nicht, dass der Verstand nicht imstande ist, im Voraus alle Wendungen in Betracht zu ziehen, und er weiß auch nicht, wie das Ziel realisiert werden kann. Mit einer "normalen" Methode kommt man ja nicht weit. Warum versuchen Sie wieder, sich in das Prokrustesbett der herkömmlichen Stereotype zu verkriechen? Überlassen Sie die Sorge der Mittel und Wege zum Erreichen des Ziels der äußeren Absicht. Vertrauen Sie sich dem Variantenstrom an. Dann werden Sie sogar gegen Ihren Willen so handeln, dass Sie ans Ziel gelangen.

So wirkt die äußere Absicht. Sie mögen jetzt durch Schmutz, Regen und Kälte zu Ihrer verhassten Arbeit gehen, aber wenn Sie in Ihrer Seele ein Fest veranstalten, werden die Unannehmlichkeiten schnell verschwinden. Sie werden es selbst erleben. Sie brauchen einfach nur aufzuhören, Ihren unliebsamen Umständen mit Ihren Parametern Genüge zu tun.

Auch jetzt versuche ich nicht, Sie zu überzeugen, sondern Ihnen *Hoffnung* zu machen. Aus dem Labyrinth des Glaubens gibt es keinen Ausweg. Aber Sie können sich Hoffnung machen, dass die Wände des Labyrinths einstürzen, wenn Ihnen die äußere Absicht demonstriert, wie die Äpfel in den Himmel fallen. Ohne diese Hoffnung ist es nicht möglich, sich mit Transsurfing zu beschäftigen, und Sie würden es auch nicht tun. Mit dieser Hoffnung aber wird der Verstand festen Grund unter den Füßen finden, und die Seele wird aufleben.

Wer mit unglücklichen Umständen oder komplizierten Problemen konfrontiert wird, gibt den Pendeln Energie und leidet unter Unruhe, Kräfteschwund und Situationsdruck. Der Mensch befindet sich entweder im Zustand der Kampfbereitschaft, oder er lässt den Mut sinken. Beides ist unnormal und führt zu Stress bzw. Depression. So gehen Ruhe und innerer Halt verloren, und der Kern der Zuversicht zerbricht. Um wieder Halt zu finden, suchen die Menschen Zuflucht in Zigaretten, Alkohol, Drogen und anderen künstlichen Dingen. Dadurch geraten sie aber in die Knechtschaft der Pendel.

Halt können wir immer in uns selbst finden, indem wir aufwachen und uns bewusst werden, wie die problematische Situation zustande gekommen ist. Das Problem wurde von einem Pendel geschaffen. Daran ist durchaus nichts Schreckliches. Die Gefahr liegt nicht in dem Problem selbst, sondern in Ihrer Einstellung zu ihm. Wenn Sie das Problem als bedeutend akzeptieren, so geben Sie damit bewusst Energie an die Pendel. Sie sollten gewahr sein, dass in jeder problematischen Situation die Pendel Sie entweder auffordern, Ihre Kräfte aufzuwenden und zu kämpfen oder den Mut sinken zu lassen und ängstlich nachzugeben. Tun Sie weder das eine noch das andere. Wie aber sollen Sie sich verhalten, wenn Sie keinen Halt haben und der Kern Ihrer Zuversicht kaputt ist? Sie können Halt finden in der bewussten Wahrnehmung, wie die Pendel versuchen, Sie unter ihre Fuchtel zu bekommen, um ihre Energie zu vermehren.

Vielleicht könnte ja schlicht und ergreifend Wissen helfen? Sehr sogar! Hoffnung ist auch das Wissen, dass nicht alles verloren ist und dass es einen Ausweg gibt. Das Verstehen des Mechanismus problematischer Situationen hat ein ebenso großes Gewicht wie die Hoffnung; denn mit einem solchen Verständnis sind Sie schon keine Marionette und kein Papierschiffchen mehr. Sie können selbst begreifen, was vor sich geht, und können bewusst über sich selbst lächeln, indem Sie sagen: "Nein, mein Pendel, ich werde dir keine Energie geben. Ich sehe sehr wohl, was du vorhast und wie du versuchst, mich anzustoßen. Daraus wird aber nichts! Es wird dir nicht gelingen, mir die Wichtignahme des Problems aufzudrängen. Ich habe das Recht zu wählen, und ich wähle die Freiheit von dir."

Jeder begeht im Leben eine Menge Fehler, die er später bereut. Denken Sie nicht, dass alles sinnlos ist, weil Sie schon zu weit von Ihrem Ziel abgekommen sind. Transsurfing wird Ihnen helfen, die Situation zu korrigieren. Selbst wenn Ihr einstiges Ziel objektiv nicht mehr erreichbar ist, so können Sie ja ein neues finden. Es gibt für Sie mehr als ein Ziel, und daher haben Sie in jedem Alter eine Chance, die Sie nur zu nutzen brauchen.

Die Fehler, die Ihnen unterlaufen sind, sind Ihr Kapital. Wenn Sie diese Sichtweise annehmen, erwartet Sie glänzender Erfolg. Alle berühmten, erfolgreichen Persönlichkeiten haben einen harten Weg hinter sich, gepflastert mit Niederlagen und Enttäuschungen. Sie tragen diese Seite ihres Lebens einfach nicht so offen zur Schau. Wenn Sie also einen großen Fehler gemacht haben und demzufolge einen Misserfolg hinnehmen mussten - freuen Sie sich: Sie sind auf dem Weg zum Erfolg. Wenn Sie sich in Selbstbeschuldigungen ergehen, jammern und das Leben beklagen, werden Sie immer wieder Misserfolge erleiden.

Apathie verfliegt, wenn neue Hoffnung erblüht. Tiere oder Menschen, die sich völlig entkräftet durch die Wüste schleppen, vergessen alle Müdigkeit, wenn sie am Horizont eine Oase erblicken. Stellen Sie sich die Fliege vor, die gegen die Fensterscheibe fliegt, während sich gleich nebenan ein geöffnetes Klappfenster befindet. Ein Leben lang trichterte man der Fliege ein: "Wenn du ein Ziel siehst, flieg geradewegs drauf los." Sie tut genau dies, doch ohne Erfolg. Das Gleiche passiert Ihnen, wenn Sie nicht wissen, wie Ihr Ziel zu erreichen ist: Sie haben keine Wahl und sind gezwungen, sich mit dem zu begnügen, was Sie haben. Jetzt aber, da Sie wissen, dass das Klappfenster existiert - gleich nebenan, selbst wenn Sie es nicht sehen -, schöpfen Sie Hoffnung. Und wo Hoffnung ist, wird die Energie der Absicht frei.

Hoffnung ist nötig, um zu beginnen zu handeln. Beginnen Sie zu handeln, und Sie werden sehen, wie die Äpfel in den Himmel fallen. Wenn die Hoffnung das Ihre bewirkt, werden Sie Ihre Freiheit der Wahl erkennen. Dann werden Sie sich sagen: *Ich will nicht, ich hoffe nicht - ich beabsichtige.*

Zusammenfassung

- *Selbstsicherheit ist das Gleiche wie Verzagtheit, nur von innen nach außen gestülpt.*
- *Die Wände des Labyrinths der Unsicherheit werden einstürzen, sobald Sie der Wichtignahme entsagen.*
- *Wenn es Freiheit ohne Kampf gibt, brauchen wir keine Selbstsicherheit.*
- *Wenn ich frei bin von Wichtignahme, habe ich nichts mehr zu beschützen und nichts zu erobern.*
- *Kämpfen Sie nicht gegen Ihre Reaktion auf die Provokation an. Ändern Sie Ihre Einstellung.*
- *Verlieren Sie mit Gleichmut, und stellen Sie sich kein Ultimatum.*
- *Treten Sie jeder Information bewusst gegenüber.*
- *Sie haben die Freiheit der Wahl. Alles, was Sie brauchen, ist die Entschlossenheit zu haben.*
- *Verdienen Sie kein Geld. Verdienen Sie sich die Entschlossenheit zu haben.*
- *Konzentrieren Sie sich auf Ihre Ziele, als hätten Sie sie schon erreicht.*
- *Ihre Wahl ist ein unumstößliches Gesetz. Sie selbst formen Ihre Realität.*
- *Wie können Sie Furchtsamkeit vermeiden? - Indem Sie eine absichernde Alternative finden, einen Hilfsweg.*
- *Wie können Sie Kummer und Sorgen vermeiden? - Indem Sie handeln.*
- *Wie können Sie wunschlos werden? - Indem Sie sich mit einem möglichen Misserfolg abfinden und handeln.*
- *Wie können Sie frei von Erwartungen werden? - Indem Sie handeln.*
- *Wie können Sie Ihre Bedeutsamkeit erhöhen? - Indem Sie aufhören, für sie zu kämpfen.*
- *Wie können Sie es vermeiden, sich zu ärgern? - Indem Sie mit den Pendeln spielen und gegen ihre Spielregeln verstoßen.*

- *Wie können Sie Schuldgefühlen entgehen? - Indem Sie aufhören, sich zu rechtfertigen.*
- *Wie können Sie mit Empörung zurechtkommen? - Indem Sie sich von Ihrem Kampf lossagen und sich mit dem Strom bewegen.*
- *Wenn Sie es nicht schaffen, Ihre Empörung zu bewältigen, dann gestehen Sie sich diese Schwäche einfach zu.*
- *Lebenslinien können zweierlei Abzweigungen haben: positive und negative.*
- *Indem Sie Ihre Haltung zu einem Ereignis an einer Weggabelung äußern, treffen Sie Ihre Wahl.*
- *Wenn Sie sich vornehmen, scheinbar negative Veränderungen im Drehbuch positiv zu betrachten, werden Sie auf eine günstige Abzweigung geraten.*
- *Nehmen Sie die "idiotische" Gewohnheit an, sich über Misserfolge zu freuen.*
- *Stellen Sie Ihre Kontrolle um: Statt gegen den Variantenstrom anzukämpfen, sollten Sie ihm folgen.*
- *Denken Sie nicht an die Mittel, Ihr Ziel zu erreichen, sondern betrachten Sie Ihr Zieldia, und bewegen Sie Ihre Beine in Richtung Ziel. Leben Sie sich in das Dia ein, auf dem das Ziel schon erreicht ist.*
- *Dann wird die äußere Absicht das Ihre tun, und die Äpfel werden von selbst vom Himmel fallen.*

KAPITEL 4

VORWÄRTS IN DIE VERGANGENHEIT

Manchmal ist Magie so geheimnisvoll, dass sie im wahrsten Sinne des Wortes bezaubern kann. Dieses Gefühl kann man aber nicht mit der Verwunderung und Begeisterung vergleichen, die Sie erleben werden, wenn Sie sich Ihre bisher unerfüllbaren Träume erfüllen. Das braucht allerdings eine bestimmte Zeit. Aber vielleicht würden Sie lieber gleich eine Bestätigung für das Gelesene bekommen? Das sollen Sie! Sie können selbst einen Zauber bewirken und den Effekt mit eigenen Augen sehen. Wenn das Unglaubliche vor Ihren Augen Wirklichkeit wird, sieht es erschütternd aus. Da ist nichts Phantastisches mehr, sondern blanke Realität, die viel wundervoller ist als jede Mystik.

Die Vergangenheit liegt vor uns.

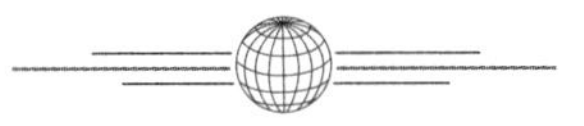

Die Transaktion

Erinnern Sie sich: In Ihrem Leben gab es Phasen, in denen Sie glücklich waren. Manchmal können Melodien solche Zeiten in Ihr Gedächtnis zurückrufen. Dann durchläuft Sie ein flüchtiger Schauer jener Empfindung: Sie waren voller Hoffnung, und das ganze Leben erschien Ihnen wie ein Freudenfest - oder zumindest wie die Vorbereitung darauf. In solchen Momenten erwacht in Ihnen die Nostalgie nach dem Verlorenen. Schade, dass das alles in der Vergangenheit liegt, die nie mehr zurückkehren wird. Aber kann uns wirklich nichts diese Zeiten zurückbringen?

Im Vorwort habe ich versprochen, dass Sie den Sinn der Worte "vorwärts in die Vergangenheit" am Ende des Buches verstehen würden. Nun ist es an der Zeit, mein Versprechen zu erfüllen. Durch Transsurfing haben sich Ihnen auch so schon eine Menge seltsamer Dinge enthüllt. Wahrscheinlich sind Sie jetzt neugierig, was nun schon wieder kommt. Keine Angst, leere Wortklaubereien und den Griff in die Trickkiste überlasse ich gern anderen. Doch ungeachtet der Tatsache, dass sogar die theoretische Physik die Möglichkeit einer Zeitreise nicht ausschließt, ruft die Vorstellung ihrer realistischen Umsetzung große Zweifel hervor.

In der Tat, eine Wanderung durch die Zeit scheint eine sehr zweifelhafte Sache zu sein, aber das hängt ganz davon ab, an welchem Punkt sich der Beobachter befindet. Erinnern wir uns an das Modell der zweidimensionalen Männchen auf einer Ebene. Sie können nicht verstehen, wo sich die dritte Dimension befindet. Aus dem Blickwinkel des vierdimensionalen Raumes sieht unsere Dreidimensionalität auch wie eine Ebene aus. Unser rationaler Verstand wird einwenden: "All solche theoretischen Modelle sind nur Abstraktionen. Ich sehe, was ich sehe."

Transsurfing bietet viel schier Unglaubliches, aber ich fordere Sie nicht dazu auf, all dies zu glauben, sondern es zu prüfen. Freilich brauchen Sie dazu Entschlusskraft sowie einige Bemühung und Geduld, da die Ergebnisse sich nicht sogleich einstellen werden. Die äußere Absicht wirkt meistens langsam und unmerklich. Es mag Ihnen schwerfallen, an die Existenz dieser unsichtbaren Kraft zu glauben, besonders wenn Sie Transsurfing bisher nur aus der Theorie kennen, ohne es praktisch erprobt zu haben.

Aber jetzt ist die Zeit gekommen, wo Sie mit eigenen Augen Ihre Bewegung im Variantenraum sehen können. Überzeugen Sie sich selbst, dass Sie in der Zeit sowohl vorwärts als auch rückwärts reisen können. Es ist keine Zeitreise nach Art der Phantasten. Wir wollen ganz fest auf dem Boden der Tatsachen bleiben. Diesmal brauchen Sie auf das Resultat der äußeren Absicht nicht zu warten - Sie werden es sofort mit eigenen Augen sehen. Und es handelt sich weder um einen Trick noch um einen Trip in den Astralraum oder ins Reich der Träume. Für einige Augenblicke werden Sie die Bewegung durch Zeit und Raum tatsächlich spüren. In der Praxis beruht dieser Prozess auf einer einfachen Handlungsweise: der *Transaktion,* welche aus drei Elementen besteht.

Zur Ausübung des ersten Elements müssen Sie sich an Ihre zentralen Energieströme erinnern. Wenn Sie sich schon mit der energetischen Gymnastik beschäftigt haben, dürften Sie mit der Empfindung dieser Ströme vertraut sein. Zuerst durchlaufen Sie mit Ihrem inneren Auge Ihren Körper und lösen Verspannungen in den Muskeln, um einen Zustand ausgeglichener Ruhe zu erreichen. Dann stellen Sie sich vor, wie die Energie in auf- und absteigenden Strömen entlang Ihrer Wirbelsäule fließt.

Zum schnellen In-Gang-Setzen der Energiefontänen können Sie einen wirksamen Vorgang befolgen. Stellen Sie sich vor, dass aus dem Zentrum Ihres Körpers zwei horizontale Zeiger weisen: einer vorwärts und einer rückwärts. Die Zeiger kommen aus dem Körper und sind zwanzig bis dreißig Zentimeter lang oder etwas größer. Jetzt drehen Sie geistig beide Zeiger gleichzeitig: den vorderen nach oben und den hinteren nach unten, sodass sie entlang der Wirbelsäule verlaufen. Sie werden sofort spüren, wie die Energieströme deutlich in Fluss kommen.

Diese Übung können Sie entweder im Stehen oder im Gehen durchführen. Es ist, als drehten Sie einen *Schlüssel* um, der die zentralen Ströme einschaltet. Es ist nicht unbedingt notwendig, sie in Fontänen zu verwandeln und zu einer Kugel zu formen. Hauptsache, Sie stellen sich vor, wie Sie von den Energieströmen durchdrungen werden. Es macht nichts, wenn Sie sie einstweilen nicht spüren. Mit der Zeit werden Sie eine reale Empfindung entwickeln. Sie können diese Übung durchführen, während Sie spazieren gehen. Dabei werden Sie sich locker und entspannt fühlen. *Das Umdrehen des Schlüssels ist das erste Element der Transaktion.*

Sie können dieses Element immer dann anwenden, wenn Sie sich schnell entspannen wollen. Versuchen Sie, den Schlüssel mehrmals am Tag umzudrehen, wenn Sie etwas bedrückt. Sie werden sofort bemerken, dass der Schlüssel bei Verspannungen Abhilfe schafft. Uns machen ständig große oder kleine Probleme zu schaffen. Die daraus resultierende Schwermut färbt automatisch auf die Muskeln ab. Sie gehen also durchs Leben und grübeln über unangenehme, bedrohliche Dinge. In diesem Augenblick *erinnern Sie sich* an den Schlüssel und drehen ihn um. Sehen Sie selbst: Irgendwelche Muskeln, die verspannt waren, werden sich auf einmal lockern, und Sie werden sich erleichtert fühlen.

Es wäre nützlich, wenn Sie den Schlüssel so oft wie möglich am Tag umdrehen. Gleichzeitig können Sie Ihre Absichtsenergie von Überschusspotenzialen befreien, die Sie bedrücken. Bedenken Sie, dass dies der Schlüssel für das Futteral der Bedingtheit ist, in das Sie ständig durch bedrückende Umstände eingesperrt werden. Er wird Sie nicht von der Wichtignahme befreien, aber er wird den Prozess der Befreiung auf dem physischen wie auch auf dem energetischen Level wesentlich erleichtern.

Das zweite Element der Transaktion ist die Visualisierung des Zieldias. Nachdem Sie den Schlüssel umgedreht haben, kreieren Sie in Gedanken Ihr Zieldia. Vergessen Sie nicht, dass Sie sich auch sich selbst innerhalb des Dias vorstellen und es nicht wie einen Film betrachten sollen. Stellen Sie sich selbst in Situationen vor, wo Sie das Ziel erreicht haben. Um sich stärker an das Dia zu binden, sollten Sie sich Empfindungen vorstellen, die Sie in ihm erfahren. Berühren Sie mit Ihren Händen die Umgebung, und stellen Sie sich Klänge, Gerüche oder andere Wahrnehmungen vor, die Ihnen leichter fallen. Betrachten Sie das Dia in Gedanken eine oder mehrere Minuten lang. Befassen Sie sich mit der Transaktion zu einer Zeit, wenn Sie ruhig durch eine Ihnen vertraute Gegend gehen. Sie können sich auch umsehen, aber besser ist es, wenn Sie auf den Boden vor sich blicken, um Ihre Aufmerksamkeit besser auf das Dia gerichtet zu halten.

Wenn es Ihnen mehr oder weniger deutlich gelungen ist, sich sich selbst im Dia vorzustellen, sollten Sie *mit bewusstem Blick* vorwärts schauen. Denken Sie an nichts, und analysieren Sie nicht, sondern schauen Sie einfach mit klarem Blick vorwärts in die Ferne auf das, was Sie sehen. *Der klare Blick ist das dritte und letzte Element der Transaktion.*

Im Laufe einiger Sekunden wird vor Ihren Augen eine Veränderung der Tönung der umgebenden Bühnenbilder stattfinden. Sie werden bemerken, dass das Bild zwar das Gleiche ist, dass sich aber irgendetwas verändert hat. Es ist eine kaum fassbare und unerklärliche Nuancierung hinzugekommen - wie etwas, was Sie schon einmal gesehen hätten. Oder etwas Neues, Ungewöhnliches. Keine konkreten Details des Bildes, sondern ein gewisser Beigeschmack, eine Empfindung, eine Stimmung - eben *die Tönung.*

Angenommen, Sie haben sich ein Haus angeschaut, das Sie schon oft gesehen haben; jetzt aber ist Ihnen seine Farbe oder Beleuchtung aufgefallen, und Sie erinnern sich, dass Sie unter anderen Umständen schon einmal etwas Ähnliches erlebt haben. In bestimmten Fällen kann die klare

Empfindung von etwas Bekanntem entstehen, das sich früher einmal ereignet hat. Sie haben diesen seltsamen Effekt sicher selbst schon einmal erfahren, wenn *Empfindungen aus der Vergangenheit plötzlich in Ihrem Gedächtnis auftauchten.* Nicht eine Erinnerung aus der Vergangenheit, sondern die Empfindung der Vergangenheit - ein Déjà-vu.

Dieses Phänomen ist Ihnen mit Sicherheit schon ziemlich oft begegnet, nur haben Sie es meist gar nicht bemerkt, weil Sie die Situation einfach so akzeptiert haben, wie sie war; mit anderen Worten, Sie träumten mit offenen Augen. Die Transaktion bietet Ihnen also die Möglichkeit *zu bemerken,* wie die Welt sich vor Ihren Augen verändert. Sie haben das dumpfe Gefühl von etwas Bekanntem, oder aber Sie bemerken das Erscheinen einer neuen, ungewöhnlichen Nuance.

Was geht hier vor sich? Die materielle Realisierung der Schicht Ihrer Welt bewegt sich im Variantenraum. Was sehen Sie? *Sie sehen den Wechsel der Tönung der Bühnenbilder.*

Wie Sie wissen, haben verschiedene Sektoren im Variantenraum verschiedene Drehbücher und Bühnenbilder. Je nach der Entlegenheit der Sektoren werden sie mehr oder weniger Unterschiede aufweisen. In der Regel läuft die Bewegung der materiellen Realisierung gleichförmig und daher unmerklich ab. Sie werden diese Bewegung nicht ausmachen können, genauso wenig wie die Bewegung des Stundenzeigers einer Uhr. Auffallende Veränderungen in der Tönung werden Sie nur bei einem genügend kontrastreichen Übergang von einer Lebenslinie zu einer anderen empfinden. In solchen Fällen begegnen Ihnen *Wegzeichen,* die Ihre Aufmerksamkeit auf sich ziehen werden.

Im Laufe der Transaktion verstärkt die Visualisierung des Zieldias den Windstoß der äußeren Absicht. Die Parameter Ihrer gedanklichen Ausstrahlung unterscheiden sich stark von der laufenden Lebenslinie. Das Umdrehen des Schlüssels verstärkt die Energie der von Ihren Gedanken modulierten Ausstrahlung. Daraufhin wird die Bewegung der

Realisierung zu den Sektoren beschleunigt. Der klare Blick hilft Ihnen dabei, aufzuwachen und Veränderungen zu bemerken. Deshalb gelingt es Ihnen in wenigen Augenblicken - in der Zeitspanne eines Windstoßes -, die Veränderungen in der Tönung der Bühnenbilder zu bemerken.

Führen Sie die Transaktion gleichmütig durch, als würden Sie sich die Zähne putzen oder die Haare kämmen. Es wird nicht sogleich klappen, ähnlich wie das Radfahren. Vergessen Sie nicht, dass Sie während der Transaktion die äußere Absicht streifen, die nicht wahrnehmbar und unkontrollierbar ist. Nehmen Sie es locker, wenn es bei Ihnen nicht gleich auf Anhieb klappt. Haben Sie Geduld. Machen Sie spontane Versuche, ohne sich anzustrengen und ohne der Technik der Transaktion große Bedeutung zu geben. Es kann durchaus sein, dass Sie für sich eine ganz andere Technik herausfinden. Handeln Sie gleichsam beiläufig und wie es Ihnen passt. *Je unwichtiger Sie die Transaktion nehmen, desto besser wird das Ergebnis sein.* Wenn Sie sich keine Mühe geben, werden Sie spielend alles erreichen.

Sie mögen jetzt denken, wenn Sie die Transaktion sehr oft wiederholen, dann werde sich die Bewegung zum Ziel in einen ungestümen Prozess verwandeln. Das ist auch so, aber Sie können die Transaktion nicht immer tadellos ausüben, das heißt ohne Leidenschaft. Eine alte Angewohnheit, das Wünschen, wird Ihnen einen Strich durch die Rechnung machen. Wenn Sie beabsichtigen, sich mit Transaktionen zu schinden, so bedeutet dies, dass Sie über ein starkes Wunschpotenzial verfügen und schnelle Ergebnisse erwarten. Ein Potenzial wird auch dann entstehen, wenn Sie sich, von Tatendrang erfüllt, zwingen, sich mit der Transaktion zu befassen. Ein solcher Drang ist ebenfalls ein Überschusspotenzial. Deswegen habe ich Ihnen immer geraten, sich mit der Visualisierung des Zieldias ein Vergnügen zu machen und sich keinen Zwang aufzuerlegen.

Die Potenziale des Wunsches und des Zwangs lassen die Absichtsenergie versiegen, sodass kein Windstoß aufkommen und folglich die Transaktion nicht funktionieren wird. Besonders groß ist der Wunsch, gleich zu

Beginn Ergebnisse zu sehen. Ich empfehle Ihnen daher, ständig den Pegel Ihres Wünschens zu beachten. Ertappen Sie sich beim Wunsch nach Ergebnissen, so machen Sie lieber eine Pause, und beginnen Sie mit der Transaktion zu einem späteren Zeitpunkt erneut. Wenn Sie merken, dass Sie sich mit aller Kraft bemühen, die Transaktion qualitativ gut durchzuführen, so sollten Sie ebenfalls Ihre Versuche verschieben.

Beschäftigen Sie sich nur hin und wieder mit der Transaktion, zum Vergnügen und aus Neugier. Es ist nicht nötig, sich auf die Technik der Transaktion zu versteifen. Sie dient nur dem Zweck, dass Sie die Bewegung im Variantenraum mit eigenen Augen sehen. Ihr Hauptaugenmerk sollten Sie beim Transsurfing auf das Betrachten des Zieldias und auf die Visualisierung des Prozesses der Realisierung des gegenwärtigen Gliedes der Transferkette richten. Die äußere Absicht wirkt auch unabhängig davon, ob Sie dies sehen oder nicht. Aber Sie bekommen jetzt die Möglichkeit, durch eine Art Bullauge in den Variantenraum zu blicken und die Bewegung darin zu sehen. Sehr beeindruckend. Sie werden nicht enttäuscht sein.

Die Tönung der Bühnenbilder

Wir wollen uns jetzt ausführlicher damit befassen, was Sie als Ergebnis der Transaktion eigentlich sehen. Das alles ist so unglaublich, dass Zweifel nicht ganz unberechtigt erscheinen. Handelt es sich vielleicht um eine durch die menschliche Wahrnehmung bedingte Illusion? Wo ist die Garantie, dass beim Übergang von einem Sektor zu einem anderen die Veränderung der Tönung der Bühnenbilder zu beobachten ist?

Wie ich schon sagte, wissen Sie ja auch selbst, dass in Träumen das äußere Erscheinungsbild der Menschen nicht ganz gewöhnlich ist. Wenn

Sie im Traum Ihr Spiegelbild betrachten, sehen Sie sich selbst, aber gleichzeitig eine fremde Person. Unsere vertraute Umgebung hat irgendwie einen anderen Touch. Es sind die gleichen Straßen und Häuser, aber doch sehen sie anders aus. Auch die reale Welt verändert sich im Laufe der Zeit. Häuser erhalten einen neuen Anstrich, die Bäume wachsen, die Menschen werden älter. Diese Veränderungen sind natürlich. Und gleichzeitig verläuft die Bewegung der materiellen Realisierung nicht geradlinig. Wie kann man nun die Bühnenbilder einer Linie von denen einer anderen unterscheiden?

Man könnte sagen, das sei unmöglich, gäbe es da nicht Erfindungen wie die Fotografie. Schauen Sie mal in ein Fotoalbum aus älteren Zeiten. Wenn Sie die Landschaften vergleichen, können Sie den Unterschied in der Tönung der Bühnenbilder nicht eindeutig festmachen, weil sich die äußere Erscheinung des Geländes infolge natürlicher Ursachen schnell verändert. Es gibt aber einen anschaulicheren und deutlicheren Sichtwinkel. Vergleichen Sie die Gesichter der Personen auf Aufnahmen verschiedener Zeiten. Man sollte meinen, das Äußere eines Menschen würde sich linear ändern. Doch ein genaues Hinsehen ergibt ein anderes Bild.

Das Äußere des Menschen auf verschiedenen Fotos weist wesentliche Unterschiede auf – wobei diese Unterschiede nicht linearer Natur sind. Selbst wenn Sie unterschiedliche Frisuren mal außer Acht lassen und Aufnahmen aus dem mittleren Teil des Lebens vergleichen, wo das Gesicht nicht besonders altert, sind dennoch deutliche Unterschiede zu erkennen. Es ist das Gesicht des gleichen Menschen, aber es ist *anders.* Das liegt aber eben nicht an einem anderen Haarschnitt, an dem Altersunterschied oder an unterschiedlichen Emotionen. Das Gesicht hat irgendwie eine andere Zeichnung erhalten, und darin besteht der Unterschied in der Tönung der Bühnenbilder. Sie haben ja bereits zuvor gewusst, dass der Mensch sich verändert; doch möglicherweise haben Sie nicht auf den charakteristischen Unterschied in der Tönung geachtet. Schlagen Sie mal alte Fotoalben auf, und überzeugen Sie sich selbst.

Bei einigen Menschen kann dieser Unterschied so deutlich ausfallen, dass man ihn bei einem Wiedersehen nach einigen Jahren fast nicht mehr erkennen kann. Wenn Sie Ihre Fotos aus verschiedenen Lebensabschnitten vergleichen, werden Sie bedeutende Unterschiede in der Tönung erkennen. Sie können sich also eine Vorstellung davon machen, wie Ihre Realisierung in verschiedenen Sektoren des Variantenraums aussieht.

Wie ist es jetzt aber mit den Fotos selbst, die im Album stecken, während Sie die Sektoren wechseln: Sollten sie nicht auch ihre Tönung ändern? Natürlich, aber die Tönung bloßer Gegenstände ist so unbedeutend, dass man sie nicht erkennen kann. Wenn Sie sich mit der Transaktion beschäftigen und Ihren klaren Blick auf ein Bett oder einen Schrank fixieren, werden Sie keine Veränderungen ausmachen können. Deshalb empfehle ich, die Transaktion auf der Straße auszuüben und nicht in einer begrenzten Umgebung; dann werden die Veränderungen erkennbar sein.

Eine Lebenslinie ist eine Kette von Sektoren, die einander qualitativ ähnlich sind. Auch die Bühnenbilder einer Linie gleichen einander. Wenn die Schicht Ihrer Welt auf eine andere Linie übergeht, findet ein Wechsel des Bühnenbilds statt. Je nach der Stärke und Beschaffenheit der Unterschiede zwischen den Linien werden die Veränderungen im Bühnenbild entweder in Form von leichten Nuancen oder bedeutenden Verwandlungen ausfallen. Auf jeden Fall werden Sie einen subtilen Unterschied wahrnehmen.

Wo aber findet hier die Zeitverschiebung statt, von der ich sprach? Wenn wir uns auf natürliche Weise entlang den Lebenslinien bewegen, schwimmen wir synchron mit der Zeit, wie mit der Strömung eines Flusses. Die materielle Realisierung im Variantenraum fließt dahin wie der Film in einem Kinoprojektor. Wir nehmen diese Bewegung in Form des Zeitenflusses wahr. Um eine relative Verschiebung dieser Bewegung zu erfahren, muss man sich entweder vorwärts bewegen, schneller als der Strom, oder rückwärts, gegen den Strom. Das ist etwa so, als würde sich plötzlich ein einzelnes Bild auf der Filmrolle verschieben. In diesem Sinne ist eine Zeitreise tatsächlich unmöglich.

Mit anderen Worten: *Sie können im Zeitenfluss nicht vorwärts oder rückwärts springen, solange Sie sich auf ein und derselben Lebenslinie befinden.* Andernfalls läge ein Verstoß gegen die Kausalzusammenhänge vor. Ein Zeitsprung zwischen verschiedenen Lebenslinien hingegen ist theoretisch möglich. Im Transsurfing gibt es keine Antwort auf die Frage, wie dies zu erreichen ist. Wir wollen uns aber hier mit dem Zeitsprung aus etwas anderer Perspektive befassen, der durchaus möglich ist. Warum tauchen während der Transaktion manchmal Empfindungen aus der Vergangenheit auf? Dieses Phänomen lässt sich ungefähr wie folgt erklären.

Seit Ihrer frühesten Kindheit ist Ihre Seele intuitiv durch die erforderlichen Türen gegangen, um ihre Ziele zu erreichen. Damals befanden Sie sich noch auf Lebenslinien, die zum Ziel führten. Vielleicht hatten Sie einen Traum. Oder vielleicht waren Sie sich nicht im Klaren, was Sie wollten, aber die Seele wusste trotzdem, was Sie brauchten. Doch im Verlauf unseres Lebens haben wir alle uns immer mehr dem Einfluss destruktiver Pendel ergeben anstatt den Weisungen unseres Herzens - ganz zu schweigen von der langen Reihe negativer Abzweigungen, die wir wegen unserer Neigung zum Negativismus immer wieder beschreiten. Auf diese Weise haben wir uns allmählich von jenen anfänglichen Linien, die zum Ziel führten, immer weiter entfernt.

Wenn Sie die Methode der Transaktion anwenden, bewegen Sie sich in entgegengesetzter Richtung und geraten auf Linien, wo Sie schon einmal waren, nur ist jetzt Ihre Position in der Zeit eine andere. Jener Abschnitt der Lebenslinie, den Sie hätten beschreiten können, ist schon vorbei. Aber auf die gleiche Linie sind Sie dennoch zurückgekehrt. Jede Linie hat ihre eigenen Nuancen und Tönungen. Und genau diese Tönungen empfinden Sie mithilfe des klaren Blickes am Ende der Transaktion. Doch bringen Sie nicht solche Dinge ins Spiel wie zum Beispiel den Anblick eines Hauses am Morgen bzw. am Abend. Der Unterschied der Tönung verschiedener Linien ist ein ganz anderer. Es geht nicht einfach um Farben. Sie werden verstehen, was ich meine, wenn Sie diese Empfindungen selber erfahren.

Genau dies ist die Rückkehr in die Vergangenheit, von der ich sprach: gleichsam eine Reise zu einer früheren Lebenslinie, nur ein Stück weiter vorwärts. Vielleicht ist das nicht ganz das, was Sie erwartet haben, aber dennoch ist es real. Können Sie sich vorstellen, was für Haken Sie geschlagen haben, wenn Sie vom Wege abgekommen und lange Zeit im Wald herumgeirrt sind? Aber anstatt jetzt die verlorene Vergangenheit zu beklagen, sollten Sie sich freuen, dass Sie allmählich wieder auf *Ihren Weg* zurückkehren. Sie wissen ja, dass der Großteil der Menschen es nicht vermag, auf diese Weise zurückzukehren.

Es ist aber durchaus nicht notwendig, dass Sie die Tönung der Linie empfinden, auf der Sie früher einmal waren, denn der Pfad zum Ziel kann ja für Sie auf ganz neuen Linien liegen, wo Sie noch nie waren. In einem solchen Fall findet eine Rückversetzung auf eine frühere Linie entweder gar nicht oder nur manchmal statt. Im Variantenraum sind die Lebenslinien stark miteinander verschlungen, und Sie brauchen nicht bis ins Detail zu verstehen, wie Transsurfing funktioniert. In einem Fall mag es so sein, dass Sie der Tönung schon einmal begegnet sind, in einem anderen ist sie Ihnen neu. Sie haben auf besagte Weise geblickt, und es schien Ihnen irgendetwas Neues aufzufallen, eine seltsame Tönung. Ich möchte hier nochmals betonen, dass es nicht um neue Details geht, die Sie auch ohne jede Transaktion entdecken können, sondern um eine Stimmung, ein Thema, eine flüchtige Empfindung.

Übrigens werden Sie auch so alles verstehen, wenn Sie es einfach ausprobieren. Das wird auf jeden Fall klappen. Sie sollten sich dabei nur nicht anstrengen. Der Verstand mit seiner Neigung zu kontrollieren verdirbt immer alles. Falls Sie sich bei dem eifrigen Bestreben ertappen, die Tönungen besser sehen zu können, sollten Sie diese Beschäftigung am besten aufgeben und erst einmal warten, bis sich der heiße Wunsch nach Resultaten abgekühlt hat. Erinnern Sie sich an die Regeln bei der Ausübung der Transaktion: Sie funktioniert nicht, solange Sie sich Mühe geben. Sie können mir glauben: Sie werden auf ganz leichte und natürliche Weise die Ergebnisse bekommen, wenn Sie nur "mit dem kleinen

Finger die äußere Absicht antippen". Andererseits wird sich alles in vergebliche Mühe der inneren Absicht verwandeln, solange Sie auf Ergebnisse schielen.

Wenn Sie während der Transaktion keinen Wechsel der Tönung beobachten, sind die Parameter Ihrer laufenden Linie ohnehin schon an die von Ihnen ausgeführte Visualisierung angepasst. Das bedeutet, dass Sie eine Ausstrahlung auf der gegenwärtigen Lebenslinie aussenden und dass sich Ihr Ziel ein Stück weiter vorwärts auf der gleichen Linie befindet. Doch wie dem auch sei, wenn Sie die Transaktion ausüben, werden Sie von Zeit zu Zeit eine Transformation der Tönung bemerken.

Die Wahrnehmung der Tönungen findet nicht nur bei vertrauten Aussichten oder Landschaften statt. Sogar wenn Ihr klarer Blick auf Bilder fällt, die Sie das erste Mal sehen, wird in Ihnen die flüchtige Empfindung von etwas längst Vergessenem oder etwas Frischem, Neuem auftauchen - von etwas Neuem, aber nicht Unbekanntem. Wenn Sie etwas gänzlich Unbekanntes betrachten, stellen Sie einfach fest, dass Sie es zum ersten Mal sehen, ohne etwas Eigenartiges zu bemerken. Im Laufe der Transaktion bekommen Sie eine deutliche Empfindung: In meinem Blickfeld ist etwas erschienen, was ein paar Sekunden zuvor noch nicht da war. Sie werden es spüren.

Wenn Sie die Tönungen sehen, werden Sie betroffen sein, wie real sie sind. Geben Sie es zu: Sie lesen zwar dieses Buch, haben aber nicht wirklich an die Realität des Variantenraums und der Lebenslinien geglaubt. Wenn Sie diese Dinge mit eigenen Augen sehen, dann erschrecken Sie bitte nicht. Das ist keine Magie. Es handelt sich auch nicht um Eigenarten menschlicher Wahrnehmung, wie Sie vielleicht denken werden. Sie werden schon bald andere Merkmale des Übergangs auf eine neue Lebenslinie entdecken, die mit Sinneswahrnehmung nichts zu tun haben. Sie werden merken, dass sich die Beziehung zu Ihren Mitmenschen ohne äußeren Grund zum Besseren gewendet hat. Einige Probleme, die Sie Tag für Tag begleitet haben, werden auf einmal verschwunden sein. Sie werden selbst sehen, welche Aspekte des täglichen Lebens sich ohne ersichtlichen Grund ändern. Zum Beispiel werden Uhren, die vor vielen Jahren stehengeblieben sind, wieder anfangen zu gehen.

Unter gewöhnlichen Bedingungen bleibt eine Uhr infolge natürlicher Verunreinigung der beweglichen Teilchen stehen. Diese braucht man nur zu reinigen, und die Uhr wird wieder gehen. Sehr oft aber geben Uhren oder komplizierte Haushaltsgeräte ihren Geist auf, wenn ihre Besitzer aus dem Gleichgewicht geraten. So etwas geschieht in Stress- oder Konfliktsituationen. Der Stillstand der Geräte wird nicht durch die Energie eines Überschusspotenzials hervorgerufen. Solche Energie ist zu gering und auch nicht genügend zielgerichtet, um mechanische Veränderungen zu bewirken.

Die Energie negativer Emotionen induziert einen Übergang auf Lebenslinien, wo das Gleichgewicht aus dem Ruder gerät, wo das Leben den ruhigen Fluss verlässt und wo Abweichungen die Norm sind. Auf solchen Linien bleibt alles wie früher, aber es ist nicht mehr so ruhig und regelmäßig. Es ist, als seien auf der Bühne die Dekorationen unverändert, aber die Beleuchtung ist anders, oder die klare Luft ist auf einmal von einem feinen Schleier durchzogen oder das Wasser ist trübe geworden. Und diese schwachen Veränderungen beeinflussen die Funktion komplizierter Geräte und feiner Mechanismen, für die ein leichter Schleier nichts Geringes ist.

Es gibt sogar eine Kategorie von Menschen, denen buchstäblich alles aus den Händen fällt. Solche Leute befinden sich im Zustand des gestörten Gleichgewichts; entweder sind sie ständig zerstreut, überreizt, abgespannt oder sonst wie unruhig. Empfindliche Geräte, die sich auf den trüben Linien solch unglücklicher Menschen befinden, fallen aus. Wenn nun Ihre Uhren wieder zu ticken beginnen, dann ist es Ihnen gelungen, auf eine reine Lebenslinie überzuwechseln. Aber seien Sie nicht besorgt, wenn Ihre Uhren sich weigern, wieder zu laufen; vielleicht müssen Sie sie einfach in die Werkstatt bringen.

Jetzt wissen Sie, dass Sie nicht nur durch den Variantenraum, sondern in gewissem Sinne auch durch die Zeit reisen können. Die Vergangenheit können wir nicht wieder zurückholen. Aber wir können jene frische Empfindung des Neuen, der Hoffnung und des Glücks zurückgewinnen, die als Folge einer Reihe von uns gewählter negativer Abzweigungen verloren war. Bereits zu Beginn dieses Buches wurde darüber gesprochen, warum uns die Empfindung der Frische des Lebens mit der Zeit abhanden kommt. Die Bewegung zum Ziel ist eine Rückkehr in die Vergangenheit, als das Eis noch gut schmeckte, die Hoffnungen noch in bunten Farben schillerten und das Leben noch froh und vielversprechend erschien. Nur nicht verzagen - voran in die Vergangenheit!

Gleiten

Endlich ist der Augenblick gekommen, wo Sie bereit sind, die Lösung für das Rätsel des Aufsehers zu hören. Die Behauptung, dass jeder Mensch die tatsächliche Freiheit der Wahl seines Schicksals hat, bleibt ein Rätsel, solange die Herkunft der Abhängigkeit, das heißt *der Unfreiheit,* nicht geklärt ist. Aufbauend auf all das in diesem Buch Gesagte, kann ich jetzt die Antwort geben.

Sie finden Freiheit, sobald Sie aufhören zu kämpfen.

Wie Sie sehen, ist die Antwort sehr einfach und kurz, so wie das Geheimnis der Alchemisten auf der Smaragdenen Tafel. Hätte ich aber die Antwort am Anfang des Buches gegeben, dann hätten Sie nichts verstanden, nicht wahr? Die Abhängigkeit besteht darin, dass Sie an dem Ihnen aufgedrängten Kampf teilgenommen haben. Sobald Sie aus Ihrem Wachtraum erwachen, den Kampf mit sich und der Welt beenden und das Schlachtfeld verlassen, hält Sie nichts mehr. Die Schlacht geht auch ohne Ihre Teilnahme weiter, doch Sie gewinnen die Freiheit zu gehen, wohin Sie wollen und alles zu wählen, was Sie wünschen.

Die Welt ist wie ein Spiegel, der Ihre Beziehung zu ihr reflektiert. Wenn Sie mit der Welt unzufrieden sind, wendet sie sich von Ihnen ab. Wenn Sie mit der Welt kämpfen, kämpft die Welt mit Ihnen. Wenn Sie mit Ihrer Schlacht aufhören, kommt die Welt Ihnen entgegen.

Von Geburt an wurde Ihnen von den Pendeln Ihr Platz in dieser Welt zugewiesen. Sie haben Ihnen eine schablonenhafte Weltanschauung aufgedrängt, die Spielregeln erklärt, Ihre Rolle festgelegt und Sie ins Futteral der Bedingtheit eingezwängt. Gleichzeitig haben sie Ihnen eine falsche Unabhängigkeitserklärung vorgegaukelt. Gemäß dieser Erklärung haben Sie die Wahl. Sie hängen an einem Faden wie eine Marionette und werden in die Welt entlassen: Angeblich können Sie sich wünschen, was Sie wollen, und erstreben, was Sie wollen. Sie beginnen an dem Faden zu zappeln und streben ein Ziel an, aber ohne Erfolg. Dann gibt man Ihnen zu verstehen, dass Sie noch hartnäckiger kämpfen müssen, um sich einen Platz an der Sonne zu erobern. Dies sind die Spielregeln der Pendel: "Kämpfe und handle wie ich."

Sie haben lediglich die Freiheit der Teilnahme an der Schlacht wahrgenommen. Na ja, das ist auch eine Wahl. Sie bekommen immer das, was Sie wählen; das ist ein unumstößliches Gesetz. In der Schlacht der Pendel kann der Mensch nicht gewinnen; er kann höchstens einen Preis bekommen, und das versuchen nur wenige. Die Pendel machen es sich zur Aufgabe, unsere wahre Freiheit zu verbergen. In Wirklichkeit kann Sie niemand *zwingen,* an der Schlacht teilzunehmen. Die Pendel können Ihnen nur suggerieren, dass Sie keine andere Wahl haben. Und es ist tatsächlich so: *Solange Sie am Faden der Wichtignahme hängen, gibt es für Sie kein Entkommen.*

Um Freiheit zu finden, müssen Sie sich von der Wichtignahme lossagen und dürfen nichts mehr - ob in Ihnen oder außerhalb von Ihnen -

übermäßige Bedeutung beimessen. Um die Wichtignahme zu reduzieren, reicht es meistens aus, aufzuwachen und bewusst seine Haltung zu ändern. Wir träumen mit offenen Augen und spielen mechanisch eine Rolle. Die Tiefe unseres Traumes ist proportional zum Wert, den wir den Attributen des Spiels geben; deshalb sind wir Gefangene unserer eigenen Wichtignahme.

Ist aber der Versuch, seine Einstellung zu ändern, nicht auch der gleiche Kampf? Nein. Sie kämpfen mit sich selbst, wenn Sie versuchen, Ihre *Emotionen* zu unterdrücken. Jetzt, wo Sie wissen, worin das Spiel der Pendel besteht, können Sie bewusst Ihre *Einstellung* zu ihnen ändern, ohne sich unter Druck zu setzen. Gleichzeitig entscheiden Sie sich für die Freiheit von der Schlacht. Sie selber bestimmen die Spielregeln. Nun besteht Ihr Spiel mit dem Pendel darin, dessen Regeln zu verletzen. Ein solches Spiel verwandelt die Schlacht in eine lustige Schlacht mit einem Tongötzen. Sie sind sich gleichsam bewusst: Alles, was geschieht, ist nur ein Wachtraum. Indem Sie sich von der Bühne hinab in den Zuschauerraum begeben, erkennen Sie, dass es plötzlich an Ihnen ist, sich zu entscheiden: entweder weiter an der Schlacht teilzunehmen oder sich einfach ruhig das Ihre zu nehmen.

Natürlich wird es Ihnen nicht gelingen, die Fäden der Wichtignahme sofort zu durchtrennen. Es ist unmöglich, auf einen Schlag alle Überbewertungen und Komplexe abzulegen. Und das sollte man auch nicht tun, denn dies wäre wieder ein Kampf. Die Sache ist die, dass die Fäden der Wichtignahme von allein abreißen werden, sobald Sie mit Ihrer Schlacht aufhören. Jede Art der Wichtignahme, die Sie bewusst ablegen können, sollten Sie ablegen. Was übrig bleibt, können Sie zu Aktivität transformieren. Betrachten Sie in Gedanken Ihr Zieldia, visualisieren Sie den Prozess und bewegen Sie ruhig die Beine in Richtung Ziel - so sollte Ihr Handeln aussehen. Erlauben Sie sich selbst (und der Welt), so zu sein, wie Sie sind. Es ist nicht nötig, sich zu ändern und mit der Welt zu kämpfen. Sobald Sie der Schlacht den Rücken kehren, werden Sie mit jedem Tag deutlich mehr Freiheit verspüren.

Es ist auch unmöglich, den ganzen Sack mit Problemen, die Sie in Ihrem Leben angesammelt haben, auf einmal loszuwerden. Wenn Sie sich aber an das Prinzip der Koordination halten, werden Sie allmählich dem dichten Gestrüpp entkommen und auf einen ebenen Weg gelangen. Es gibt keine Garantie, dass alles sofort glatt geht. Machen Sie sich auf Provokationen der Pendel sowie auf Hindernisse und Enttäuschungen gefasst. Wichtig ist, dass Sie dabei nicht verzweifeln oder verzagen. Im Laufe der Zeit wird sich alles richten, denn Sie können auf die mächtige Technik der Steuerung Ihres Schicksals zurückgreifen.

Wenn es Ihnen gelungen ist, vom Bewusstsein erfüllt zu werden, dass Sie die Ereignisse Ihres Lebens steuern können, wenn Sie Zuversicht gefunden haben und Begeisterung verspüren, dann machen Sie sich auf unangenehme Überraschungen gefasst. Wahrscheinlich werden Sie einen Nasenstüber bekommen, und zwar je nach der Intensität Ihrer Zuversicht und Ihrer Begeisterung. Das sind die Nivellierungskräfte, die auf Ihr Überschusspotenzial reagieren. Widerstehen Sie der Versuchung, in Ihrer Vorstellung der Marionettenspieler oder der Regisseur des Stückes "Mein Leben" zu sein.

Natürlich sind Sie tatsächlich der Regisseur, aber ausschließlich für Ihr eigenes Schicksal. Im Stück "Mein Leben" spielen aber nicht nur Sie mit, sondern auch Ihre Mitmenschen. Deshalb erschafft schon ein geringes Maß an Eigendünkel und Selbstherrlichkeit ein Überschusspotenzial. Vielleicht mag es Ihnen so erscheinen, als würden Sie sich überhaupt nichts auf sich einbilden, doch niemand kann makellos sein. Sie haben den Schlüssel zu einer sehr mächtigen Kraft bekommen, und daher hat schon die geringste Abweichung vom Ideal spürbare Folgen.

Idealerweise sollte das Verständnis, dass jeder Mensch Herr seines eigenen Schicksals ist, ganz alltäglich sein. Stellen Sie sich vor, Sie bekommen eine Bescheinigung, die Ihnen gestattet, an jedem Kiosk in der Stadt Zeitungen zu kaufen. Würden Sie sich darüber freuen? Wohl kaum, denn dieses Recht haben Sie auch so schon. Wird es Ihnen die

Laune verderben, wenn Sie an einem bestimmten Kiosk eine Zeitung nicht bekommen? Kaufen Sie sie einfach an einem anderen Kiosk, oder verzichten Sie schlicht auf die Zeitung. Genauso sollten Sie Ihrer neuen Fähigkeit, die Ereignisse Ihres Lebens zu steuern, gegenüberstehen.

Eines muss ich Ihnen noch mitteilen. Versuchen Sie nicht, mithilfe von Transsurfing jemandem zu schaden. Indem Sie durch Visualisierung eine feindliche Absicht aussenden, können Sie sich an einer Person oder einer Personengruppe, über die Sie sich geärgert haben, rächen, und diese Meditation wird tatsächlich Früchte tragen. Doch später erwarten Sie dann selbst Probleme. Ich rate ganz davon ab, sich mit schwarzer Magie zu beschäftigen. Tun Sie dies auch dann nicht, wenn Sie glauben, Ihre Vergeltung sei völlig gerechtfertigt. Wenn Sie trotzdem der Versuchung nicht widerstehen können, einem Feind Unannehmlichkeiten zu bereiten, dann werden Sie bald eine erste Warnmeldung bekommen. Sie werden das Zeichen selbst sehen. Wenn Sie dann nicht aufhören, wird eine Strafe folgen. Vergessen Sie nicht, dass wir alle Gäste in dieser Welt sind. Die Bedingungen der Freiheit sind: Sie können wählen, aber Sie haben nicht das Recht, Ihre Umwelt zu ändern.

Wie Sie wissen, sind die Zivilisationen der Antike allesamt untergegangen. Was von ihnen geblieben ist, sind nur Trümmer in Form von Bauten wie den Ägyptischen Pyramiden und ein fernes Echo von magischem Geheimwissen. Menschen, die sich die Kraft der äußeren Absicht zu eigen machten, haben ihre Macht missbraucht und wurden dafür von den Nivellierungskräften nicht bloß bestraft, sondern vernichtet. Es gab viele solche Zivilisationen, wie zum Beispiel auch die Atlanter. Jedes Mal, wenn die Menschen sich die Kraft der äußeren Absicht aneigneten, vergaßen sie, dass sie nur Gäste sind. Und Gäste, die über die Stränge schlagen, landen bekanntlich vor der Tür.

Meiden Sie besonders Prahlerei vor Verwandten und Bekannten. Wenn Sie lauthals verkünden, dass Sie Ihr Ziel erreichen werden, werden sich Ihre Erfolgsaussichten stark verringern. So etwas geschieht dann, wenn

Zuversicht in Eigendünkel übergeht. Wenn Sie im Stillen wissen, dass Sie Ihr Ziel erreichen, verstoßen Sie damit nicht gegen das Gleichgewicht. Dieses Wissen befindet sich in Ihnen und ist eine in sich geschlossene Sache. Wenn Sie jedoch anderen gegenüber erklären, dass Sie etwas bekommen werden, was Sie jetzt noch nicht haben, so erschaffen Sie damit ein Überschusspotenzial. Dann treten die Nivellierungskräfte auf den Plan, um das Potenzial zu beseitigen. Die Schlussfolgerung lautet: Besser bescheiden sein und die Zunge im Zaum halten. Wenn Sie freilich Ihr Ziel bereits erreicht haben, können Sie ruhig ausgelassen sein, aber ohne kindischen Überschwang, sonst werden Ihnen die Nivellierungskräfte Ihr Spielzeug wieder wegnehmen.

Transformieren Sie Ihre Begeisterung in die Absicht des Freudenfests. Wenden Sie Ihr Recht der Wahl an, und gönnen Sie sich den Luxus, das Leben, das Sie jetzt nicht befriedigt, als Freudenfest aufzufassen. Sie haben jetzt nicht einen illusorischen, sondern einen ganz realen Grund für ein Freudenfest - die Hoffnung, Freiheit zu finden. Sie werden eine stille Freude empfinden durch die Gewissheit, dass Sie sich Ihrem Ziel nähern; daher ist das Freudenfest immer in greifbarer Nähe. Diese stille Freude können nicht einmal die Nivellierungskräfte trüben. *Wenn Sie Ihr Leben nach dem Prinzip der Koordination wie ein Freudenfest sehen, dann wird es auch eines sein, geschehe, was da wolle.*

Es ist jetzt nicht mehr nötig, die Schlacht fortzusetzen. Sie bekommen auch so das Ihre. Wenn Sie Ihr Kriegsbeil begraben haben und Ihre Fäden abgetrennt sind, bekommen Sie Freiheit, ohne den Halt zu verlieren. Ihr Halt ist jetzt der Variantenstrom. Erinnern Sie sich daran, dass Ihre Wahl auf jeden Fall realisiert wird. Passen Sie die Ausstrahlung Ihrer Gedanken an die von Ihnen anvisierte Lebenslinie an, dann wird die Strömung geradewegs auf Ihr Ziel gerichtet sein. Es gibt keine Kräfte, die Sie auf dem Weg zum Ziel stören können, solange Sie sich mit dem Strom bewegen, das Gleichgewicht halten und das Prinzip der Koordination beachten. Sie sind nicht länger ein Papierboot auf den Wellen der Umstände oder eine Marionette in den Händen der Pendel. Sie haben ein Segel - die Einheit von Seele und Verstand. Sie halten das Steuer in Ihren Händen - Ihre Wahl. Sie gleiten durch den Variantenraum, indem Sie sich den Wind der äußeren Absicht zunutze machen.

Zusammenfassung

- *Das Umdrehen des Schlüssels löst Verspannungen und setzt die Energie der Absicht frei.*
- *Transaktion ist das Umdrehen des Schlüssels, die Visualisierung und das Fixieren des klaren Blicks.*
- *Als Ergebnis der Transaktion sehen Sie eine Veränderung der Tönung des Bühnenbilds.*
- *Vermeiden Sie eine Überbewertung der Technik der Transaktion.*
- *Üben Sie die Transaktion ungezwungen aus, ohne sich Mühe zu geben.*
- *Zwingen Sie sich nicht dazu, sich oft mit der Transaktion zu befassen.*
- *Völlig ausreichend sind das Zieldia und die Visualisierung des Prozesses.*
- *Die Transaktion dient allein zur Beobachtung der Bewegung im Variantenraum.*
- *Die Bewegung auf Ihr Ziel hin ist eine Belebung der Schicht Ihrer Welt.*
- *Die Welt ist wie ein Spiegel, der Ihre Beziehung zu ihr reflektiert.*
- *Wenn Sie Ihre Schlacht beenden, finden Sie Freiheit.*

Kapitel 5

Einige Leserbriefe

Schon vor der Herausgabe dieses Buches wurden einige Fragmente per E-Mail im Internet veröffentlicht. Dieses Kapitel verdankt seine Entstehung den Briefen von Pionieren des Variantenraumes. Hier werden die Methoden der praktischen Anwendung des Transsurfings beispielhaft aufgezeigt. Ich möchte die Gelegenheit nutzen und Ihnen, liebe Leserinnen und Leser, für Ihre herzlichen Briefe, Ihre begeisterten Rezensionen und jenen Enthusiasmus danken, mit dem Sie die Ideen des Transsurfings aufgenommen haben. Vielen Dank!

"Du selbst aber darfst Sieg und Niederlage nicht unterscheiden."

Boris Pasternak

Schwarze Streifen

Bei mir sind Fragen aufgetaucht, auf die ich selber keine Antwort finde. Nach Ihrer Theorie gerate ich gleichsam auf eine Welle positiver Ereignisse, wenn ich in allem das Gute sehe. Das hat bei mir aber nicht funktioniert, und zwar wiederholt; ansonsten hätte ich es gar nicht beachtet.

Ich werde ein Beispiel anführen. Noch vor einem halben Jahr hatte ich einen tollen Job, der mir ein gutes Auskommen sicherte und mir viel Freude machte. Ich habe davon gelebt. Ich war umgeben von guten Freunden und Bekannten, einem treuen Lebensgefährten, einem Haus und Eltern. Ich hatte ein beschauliches, ruhiges Leben. Doch ich machte mir Sorgen, dass dieser Zustand nicht von Dauer sein würde. Jetzt habe ich kein Haus mehr, weniger Freunde und eine Arbeit, die meinen Plänen und meiner Bildung nicht angemessen ist ...

Ein zweites Beispiel. Ich bereitete mich auf mein Abschlussexamen an der Hochschule vor. Die letzten zwei Jahre hatte ich viel Zeit am Institut verbracht und stand mit den meisten Dozenten und Studenten auf gutem Fuß. Ich empfand das letzte Semester als eine bedeutende Zeit, wie sie wohl kaum je wiederkehren würde. So versuchte ich jeden Tag in meinem Gedächtnis zu bewahren. Eines Tages bekam ich das Angebot, am Institut zu bleiben und dort zu arbeiten. Wie froh ich war! Doch dann fing der Stellenabbau an, und es wurde doch nichts mit meinem Job. Daraufhin saß ich ein halbes

Jahr arbeitslos zu Hause. Das waren für mich einfach schwarze Tage.

Mit anderen Worten: In meinem Leben gab es mehrere Phasen, wo ich mit dem Leben echt zufrieden war und Gott dafür dankte; doch dann kam dieser schwarze Streifen! Die Methode hat in meinem Fall also nicht funktioniert, denn ich wurde von einer Welle negativer Ereignisse fortgetragen. Und noch etwas: Wenn es mir ganz schlecht geht und ich zu klagen beginne, kommt es mir so vor, als würde ich einen Tipp, eine Hilfe bekommen, obwohl mich dann ja nach Ihrer Theorie eine Welle weit forttragen sollte ...

Da sind doch irgendwo Diskrepanzen. Ich wäre froh, wenn Sie mir in meinem Verständnis weiterhelfen könnten.

In Wirklichkeit gibt es in Ihrem Fall keine Diskrepanzen. Im Gegenteil, alles geschieht genauso, wie es sein soll. Sie können nicht verstehen, wieso die weißen Streifen in Ihrem Leben plötzlich von schwarzen ersetzt werden. Aber im Brief haben Sie selber den Grund dafür genannt.

Der Grund war immer ein und derselbe: *Die Welt ist wie ein Spiegel, der Ihre Beziehung zu ihr reflektiert.* Der Unterschied zu einem gewöhnlichen Spiegel ist nur der, dass dieser Veränderungen sofort anzeigt, während die Welt mit einer gewissen Verzögerung reagiert; mal kann es ein paar Tage dauern, mal auch Monate.

Sie selbst schreiben ja: "*Ich hatte ein beschauliches, ruhiges Leben. Doch ich machte mir Sorgen, dass dieser Zustand nicht von Dauer sein würde. ... Ich empfand das letzte Semester als eine bedeutende Zeit, wie sie wohl kaum je wiederkehren würde.*"

Wo sehen Sie da Diskrepanzen? Durch Ihre eigene Haltung haben Sie ein Programm gestartet, das die Welt dann einwandfrei ausgeführt hat. Die Welt setzt immer Ihre Wahl um. Dies ist ihre einzige Beschäftigung.

Sie haben Ihre Forderung an den Spiegel folgendermaßen zum Ausdruck gebracht: "... gab es mehrere Phasen, wo ich mit dem Leben *echt zufrieden* war und Gott dafür dankte; doch dann kam dieser schwarze Streifen!" Was hat den schwarzen Streifen wohl verursacht?

Sie werden es nicht glauben, wenn ich Ihnen jetzt sage, woher die schwarzen Streifen kommen. Sogar bei Abwesenheit der Schlüsselsätze in Ihrem Brief, die ich zitiert habe, wäre es ganz leicht, die Quelle der schwarzen Streifen zu benennen, denn wir machen immer wieder die gleichen Fehler.

Die Sache ist nämlich die: Der so genannte schwarze Streifen, der dem weißen folgte, war gar keiner. Sie haben ihn selbst schwarz angemalt. Schlechtes kann niemals aus Gutem entstehen. In Wahrheit *folgte auf das Gute etwas noch Besseres.* Sie jedoch dachten, dass dem nicht so war. Sie haben die nahenden Veränderungen nicht akzeptiert und haben folglich eine negative Haltung in die Welt ausgestrahlt. Die Welt musste dann Ihre Haltung spiegelartig reflektieren und so Ihre Wahl realisieren.

Es ist eine Eigenart des menschlichen Verstandes, immer stur an seinem Drehbuch festzuhalten. Alles, was nicht im Drehbuch steht, wird als Misserfolg gewertet. Umgekehrt wird auch das nur als Erfolg gewertet, was beabsichtigt war. Solcher Eigensinn des Verstandes hat seinen Anfang in Selbstgefälligkeit und altbewährten Stereotypen.

Woher kann Ihr Verstand wissen, was wirklich für ihn gut ist und was schlecht? Kann er etwa vorausahnen, wie eine Sache sich entwickeln wird? Ein großer Erfolg klopft niemals vorher an die Tür, er fällt buchstäblich mit der Tür ins Haus. Haben Sie schon mal darüber nachgedacht, warum das so ist? Weil dann der wirre Verstand nicht dazu kommt, die Realisierung des Erfolgs zu stören.

Erst wenn der Verstand seine Kontrolle über das Drehbuch fahren lässt, kann der Erfolg diesen dicken Schutzpanzer durchbrechen. Erfolg kann man nicht planen, nicht wahr? Plane und erfülle dir deinen Wunsch! Nein, so ist es nur selten.

Der Verstand ist nicht imstande, einen Algorithmus des Erfolgs zu entwickeln. Manchmal fragen mich die Leser, wie sie in diesem oder jenem konkreten Fall handeln sollen. Doch woher soll ich das wissen? Glauben Sie niemandem, der behauptet, er habe ein Erfolgsrezept für jeden konkreten Fall. *Niemandem ist es gegeben, das zu wissen.*

Wer weiß es dann, und wo ist die Antwort zu finden? Ihre Welt, die Ihr Spiegelbild ist, weiß die Antwort! Im Transsurfing ist die seltsamste Offenbarung enthalten, die man sich nur vorstellen kann. Sie besteht darin, dass Sie nur Ihre Wahl zu treffen und dann die Welt nicht bei ihrer Realisierung dieser Wahl zu stören brauchen.

Das ganze Paradox besteht hierin: Der Mensch braucht nicht genau zu wissen, auf welche Weise er Erfolg erreichen kann. Genauer gesagt ist es sogar besser, wenn er es gar nicht weiß. Haben Sie etwa gedacht, Transsurfing würde Ihnen ein weiteres Erfolgsrezept geben? Der Verstand kann ein solches Rezept nicht finden. *Das Tolle aber ist, dass Sie es wie von selbst finden werden!*

Die Aufgabe des Verstands ist es, mit seinem Drang zur Kontrolle den Variantenstrom, das heißt den Lauf der Dinge, nicht zu stören. Der Variantenstrom richtet sich in seinem Fluss immer nach Ihrer Wahl. Genau aus diesem Grunde können Sie sich, wenn Sie Ihre Wahl getroffen haben, getrost auf das Prinzip der Koordination der Absicht verlassen: *Meine Absicht wird realisiert; alles läuft darauf hinaus; und alles läuft, wie es soll.*

Wir wollen wieder auf den schwarzen Streifen zurückkommen. Offenbar haben Sie jedes Mal, wenn der schwarze Streifen begann, gerade eine Chance verpasst. Sie hatten die Gelegenheit, den weißen Streifen noch weißer zu machen. Aber der Verstand übernahm den Lauf der Dinge - genauer gesagt, er bewertete ihn negativ - und als Folge davon manifestierte sich das Negative in voller Blüte.

Das sollte aber kein Grund sein, Trübsal zu blasen. Wenn Sie Ihr Ziel festlegen und am Prinzip der Koordination festhalten, erwartet Sie eine bemerkenswerte Erkenntnis. Sie werden sich selbst davon überzeugen können, dass alle Fehler genau diesem Ziel dienten. Sie hätten dieses Ihr Ziel nicht erreicht, ohne all die Fehltritte begangen zu haben. Wenn Sie andererseits Ihre Fehler nicht begangen hätten, so hätten Sie Ihr Ziel gleichwohl erreichen können; aber es wäre ein anderes gewesen. Denn Ihr Ziel ist kein Unikum. So unbegreiflich, wundersam und opulent ist unsere Welt!

Sie brauchen aber nicht zu verzweifeln. Die Vergangenheit liegt vor Ihnen, wenn Sie sich auf Ihr Ziel zubewegen. Haben Sie sich bisher vielleicht nur für fremde Ziele begeistern können?

Partnerspiele

Sie schreiben, dass in Ehepaaren oft miteinander unvereinbare Menschen eine Verbindung eingehen, gleichsam als Strafe füreinander. Das passt auf mich. Vielleicht haben Sie ja ein paar praktische Ratschläge, wie ich meiner Lage entkommen kann: was ich tun und wie ich denken soll.

Oft schon habe ich versucht, meine Beziehung wieder in Schuss zu bringen. Das zeigte auch Wirkung, die aber nie von Dauer war. Dann erkannte ich, dass wir beiden nicht zueinander passen und dass ich versuchen muss, eine andere Frau zu finden. Also entschied ich mich für die Scheidung. Ich habe den starken Wunsch, unsere Beziehung zu beenden, aber wir haben gemeinsame Immobilien, und die Umstände erlauben es mir nicht, meinen Plan ohne größere unliebsame Nebenwirkungen zu verwirklichen.

Wenn ich sauer bin und mich bereit fühle, das Ganze unter jeglichen Bedingungen zu beenden, dann verbessert sich unsere Beziehung ohne erkennbaren Grund für eine gewisse Zeit. Doch schon bald fängt das Malheur wieder von vorne an. Was kann ich aus der Sicht des Transsurfings tun, um meine Lage zu verändern?

Ich glaube, mich nicht zu irren, wenn ich sage, dass die meisten Scheidungen aus einem einfachen Grunde zustande kommen: Die Partner gestatten einander nicht, sie selber zu sein. Wahrscheinlich denken Sie jetzt, das sei ein Fehler und ich wollte Ihnen zeigen, worin dieser Fehler besteht. Falsch geraten!

Es geht ganz und gar nicht darum, wer im Recht ist und wer im Unrecht. Aus Kleinigkeiten entstehende Konflikte haben einen gravierenden Aspekt, nämlich *die Bewusstheit, oder genauer gesagt den Mangel an Bewusstheit.*

Zorn ist eine unbewusste Reaktion. Im unbewussten Traum findet der Traum deshalb statt, weil der Betreffende ganz in dieses Spiel absorbiert ist und nicht erkennt, dass alles nur ein Traum ist.

Genauso schläft der Mensch im Wachzustand, indem er, wie eine Auster, negativ auf äußere Reize reagiert. Alle verstehen eigentlich sehr wohl, dass jeder das Recht auf seine Eigenheiten hat. Und wenn jemand nicht so ist wie Sie, ist er ganz und gar nicht verpflichtet, so zu sein.

Doch all dies verstehen wir nur, wenn man uns danach fragt. Ansonsten versetzt uns der Auslöser des Zorns in einem unbewussten Zustand.

Wer mit offenen Augen träumt, gestattet sich nicht, er selbst zu sein, sondern spielt für andere die Rolle eines anderen. Es entsteht ein Abhängigkeitsverhältnis, das eine Polarisierung bewirkt, welche wiederum den Wind der Nivellierungskräfte in Gang setzt. Die Nivellierungskräfte sind bestrebt, die Gegensätze der Charaktere aufeinanderprallen zu lassen, um die Unterschiede zu tilgen.

Obendrein induzieren die Pendel, die die Polarisierung spüren, in den Partnern Handlungen, die einen noch größeren Zorn hervorrufen. Haben Sie nicht auch schon bemerkt, dass sich ein Partner manchmal so verhält, als wolle er den anderen absichtlich in Rage bringen?

Meistens tut er das unbewusst, unter dem Einfluss von Pendeln, die sich von seiner Energie ernähren und bestrebt sind, die Handlungen des Partners so zu lenken, dass er Sie damit noch mehr ärgert.

Sie illustrieren mit Ihrem Brief, wie die Polarisierung funktioniert. Schauen Sie selbst: "*Wenn ich sauer bin und mich bereit fühle, das Ganze unter allen Umständen zu beenden, dann verbessert sich unsere Beziehung ohne erkennbaren Grund für eine gewisse Zeit.*"

Wenn Sie sagen: "unter allen Umständen", so lassen Sie damit los, als würden Sie sagen: "Ach, soll's der Teufel holen!" In diesem Augenblick wird die Polarisierung schwächer, der Wind der Nivellierungskräfte lässt nach, das Pendel lässt Sie in Ruhe, und folglich verbessert sich auch Ihre Beziehung.

Im Allgemeinen ist es so, dass eher einander sehr ähnliche Partner miteinander nicht vereinbar sind als verschiedene. Wenn sie sagen: "Wir passen nicht zueinander", so kann man dies in realiter so übersetzen: "Wir haben einander nicht erlaubt, wir selbst zu sein."

Partner mit entgegengesetzten Charakteren hingegen können und sollten in Glück und Übereinstimmung leben. Nicht umsonst bringen die Nivellierungskräfte Gegensätze zusammen, während sie gleichzeitig den Status quo erhalten.

Mir - und vielleicht ja auch Ihnen - sind Paare bekannt, die sich im Laufe einer langen Beziehung mehrmals scheiden ließen, und zwar allen Ernstes: inklusive Heraustragen der Koffer, Zerschlagen des Geschirrs, Verbrennen der Familienfotos, Zerreißen der Heiratsurkunden und all den übrigen unschönen Ritualen. Diese verrückten Dramen wurden von schrecklichen Schwüren begleitet, dass diesmal endgültig alles aus sei. Doch der Sturm beruhigte sich, die beiden Krieger kühlten ab und lebten schon bald wieder zusammen.

Diesen mit Rollholz und Tellern ausgetragenen Konflikt kann man vermeiden, wenn man es versteht, von der Bühne in den Zuschauerraum hinabzusteigen und sich das Spiel - das Zusammenleben - mit etwas Distanz anzuschauen. Das muss zumindest einer der Partner tun.

Warum das Zusammenleben ein Spiel ist? Weil jeder eine Rolle eingenommen hat: Ich bin so und so, ich handle so und so, aber jenes ärgert mich. Aber die Leute steigen voll in dieses Spiel ein, und daher handeln sie unbewusst, als schliefen sie mit offenen Augen. Ihr Leben "widerfährt" ihnen, und sie sind nicht in der Lage, das Drehbuch zu beeinflussen, obwohl sie sich mit aller Kraft darum bemühen.

Erinnern Sie sich mal, wie Sie in der Kindheit Erwachsene spielten. Im Gegensatz zu Erwachsenen sind Kinder sich bewusst, dass sie alles "zum Spaß" tun. Sie erinnern daran sich in jedem Augenblick: Es ist ein Spiel, und deshalb handeln sie bewusst, wie mitspielende Zuschauer. Kinder sind in der Lage, ihr Drehbuch zu ändern, da sie wissen, dass es nicht Realität ist. Genauso kann jemand, der bewusst träumt, die laufenden Ereignisse lenken.

Wenn die Kinder ins Erwachsenenalter kommen, verlieren sie die Fähigkeit, mit Distanz zu spielen, und sie steigen voll in ihre Spiele ein, wie in einen tiefen Traum. Schließlich verlieren sie ihre Bewusstheit. So kommt es, dass die Menschen mit offenen Augen schlafen und sich in willenlose, den Pendeln hörige Marionetten verwandeln. Das Leben "widerfährt" ihnen dann, ähnlich wie ein Traum.

Versuchen Sie dennoch, im Zusammenleben wie Kinder zu spielen. Nehmen Sie Ihre Rolle ein und spielen Sie sie mit Distanz, "aus Spaß". Falls zum Beispiel Ihre Partnerin beginnt, etwas zu tun, was Ihnen nicht gefällt, dann reagieren Sie ruhig gereizt wie zuvor, aber spielen Sie jetzt Ihre Rolle eindrucksvoll, mit Groteske und Humor.

Daraufhin wird Ihnen der Mechanismus der Konflikte, die Sie in Gang setzten, als Sie mit offenen Augen träumten, sofort klar werden. Sie werden tatsächlich erkennen, dass jeder Streit "aus den Fingern gesogen" ist, wie in den TV-Seifenopern. Mit dieser Erkenntnis aber können Sie endlich Sie selbst bleiben und Ihre Partnerin sie selbst sein lassen.

WOHLTÄTIGKEIT

Ich bin über die letzten zwei Jahre in den Börsenhandel (FOREX) eingestiegen. Es wollte mir aber partout nicht gelingen, stabile Gewinne zu erzielen. Im Gegenteil, zwei Jahre lang erlitt ich eine Pleite nach der anderen. Vielleicht stimmt es ja, was einer meiner Kollegen schrieb: Die Börse ist eine Erfindung des Teufels. "Gebt Gott, was Gottes ist, und dem Kaiser, was des Kaisers ist." Wenn wir auf dem Aktienmarkt spielen, verlieren wir die Seele. Unsere Seele. Leider ist das so, es ist einfach die Wahrheit. Die einzige Lösung für mich sehe ich darin, Spenden an die Kirche zu geben. Dadurch kann ich mich aber nicht meiner karmischen Reaktionen entledigen ...

Wie aber ist das nun mit der Variationsmöglichkeit des Schicksals? Ist es wirklich falsch, mit dem Handel an der Börse seinen Lebensunterhalt bestreiten zu wollen? Sind all die Geschichten über Milliardäre etwa Hirngespinste? Oder sollte ich die Idee des Reichwerdens aus meinem Unterbewusstsein verdrängen und dort stattdessen die Idee einspeisen, dem Nächsten zu helfen? Ich bin weder ein Theoretiker noch ein Anfänger. Alles, was ich hier schreibe, habe ich am eigenen Leibe erfahren, und zwar Hunderte von Malen. Worin nun soll Ihrer Meinung nach meine Wahl bestehen?

Sie fragen mich, worin *meiner Meinung nach Ihre* Wahl bestehen soll. Bin wirklich ich oder ist jemand anders in der Lage, Ihnen den wahren Weg zu zeigen? Er ist nur Ihrer Seele bekannt. Ich kann nur auf Fehler hinweisen, was allerdings auch meine subjektive Sicht ist.

Sie schreiben: *"Die einzige Lösung sehe ich für mich darin, Spenden an die Kirche zu geben."* Ich verstehe natürlich, dass Sie selber das nicht als einzige Lösung erachten. Aber woher nehmen Sie die Ansicht, dass Spendengeben als einzige Lösung betrachtet werden kann?

Nicht die Verehrer Gottes, sondern die des Pendels der Religion haben Ihnen eingeflößt, dass Sie durch Spenden an die Kirche Ihre Seele retten oder Karmaproblemen entgehen können. Jeder *wahre* Gottesdiener wird Ihnen sagen, dass man für Geld keinen Ablass bekommen kann.

Wollen wir doch die Dinge beim Namen nennen: Das Pendel der Religion ist nicht Gott. Es ist nicht Gott, der die Kirche nötig hat, sondern das Pendel. Gott braucht Ihre Spenden nicht. Wenn Sie eine Spende als Lösung Ihrer Probleme betrachten, so bedeutet dies, dass Sie mit Gott Geschäfte machen wollen.

Durch Wohltätigkeit können Sie ein Überschusspotenzial von angesammeltem Geld beseitigen ... falls Sie Geld wie Heu haben. Da Sie sich aber mit dem Handel an der Börse beschäftigen und knapp bei Kasse sind, kann das nicht der Fall sein.

Wohltätigkeit ist eigentlich nur dann eine gute Sache, wenn Sie von Herzen kommt. Ein Reicher mag zum Beispiel einem Kinderheim helfen, besucht das Heim aber nie. Das ist keine gute Sache, sondern ein Geschäft. Seine Hilfe ist durch eine gewisse Gleichgültigkeit gekennzeichnet; sie dient eher einer schönen Idee, eingerahmt in den gottesfürchtigen Satz: "Ich helfe den Kindern!"

Das Motiv dieses Wohltäters ist aber unaufrichtig. Er vermeidet den Umgang mit den Kindern, denen er hilft, also liebt er sie auch nicht. *Er liebt sich selbst, weil er so großartig den Kindern hilft.* Sollen wir nun etwa sagen, es sei schlecht, dass dieser Mensch ohne Liebe und ohne Aufrichtigkeit hilft? Nein, es ist nicht schlecht, es ist prima! Nur braucht er sich nicht die falsche Hoffnung zu machen, dass ihm dies auf irgendeine Weise "vergolten" wird.

Er kann so vielleicht sein Ansehen erhöhen, aber seine Seele wird keine entsprechende Kompensation bekommen. Es ist besser, aufrichtig sich selbst zu lieben, als unaufrichtig andere. Ich würde sogar sagen, sich selbst sollte man auf jeden Fall lieben.

Sie schreiben weiter: *"Oder sollte ich die Idee des Reichwerdens aus meinem Unterbewusstsein verdrängen und dort stattdessen die Idee einspeisen, dem Nächsten zu helfen?"* Sie brauchen sich nicht mit der Idee, dem Nächsten zu helfen, unter Druck zu setzen, ohne dazu eine aufrichtige Veranlassung zu spüren. Aber Sie sind ja mit Ihrer eigenen Bereicherung beschäftigt. Tun Sie dies aufrichtig, dann haben Sie keinen Grund, sich zu schämen. Schenken Sie dem Wehklagen der Pendelanhänger keine Beachtung, die Ihnen ihre "geistigen" Werte aufdrängen wollen. Erinnern Sie sich: *Wahrhaft geistige Menschen werden Ihnen niemals etwas aufdrängen.*

Der allererste geistige Wert für Sie ist Ihre Seele. Kehren Sie den Pendeln den Rücken zu, wenden Sie sich Ihrer Seele zu und beschäftigen Sie sich mit sich selbst, zum Beispiel damit, wie Sie reich werden können. Nur sollten Sie Ihre Herangehensweise an das Reichwerden ändern, sonst wird daraus nichts.

Die Seele will nicht Geld, sondern das, was man sich damit kaufen kann. Wissen Sie genau, was Sie wollen? Höchstwahrscheinlich nicht. Sie sollten sich mal fragen, was Sie wirklich vom Leben wollen. *Was kann Ihr Leben in ein Freudenfest verwandeln?* Bestimmen Sie Ihr Ziel.

Ihr Verstand löst diese Aufgabe auf direktem Wege: Für Geld kann man sich praktisch alles kaufen, also muss ich mich geradewegs dorthin wenden, wo Geld zu haben ist. Das ganze Problem ist nur, dass die Seele ebenfalls ihren direkten Weg hat, doch sie teilt das Streben des Verstands nach Geld nicht. Sie versteht überhaupt nicht, was das soll, denn grob gesagt kann sie nicht abstrakt "denken". Daher wird die Seele bei der Jagd nach dem Geld kein Verbündeter des Verstands sein. Und ohne die Seele ist der Verstand kraftlos, wie auch die Seele ohne den Verstand.

Was also tun? *Bestimmen Sie Ihr Ziel und gehen Sie auf es zu, ohne an die Mittel zum Erreichen des Ziels zu denken.* Die Mittel werden sich von selbst finden. Mit anderen Worten: Wenn sich Seele und Verstand Hand in Hand auf Ihr Ziel zubewegen, werden sich vor Ihnen Türen öffnen, die Ihnen früher unzugänglich erschienen waren.

Könnte nun vielleicht das Spiel an der Börse Ihre Tür sein? Ich möchte mir kein Urteil erlauben. Sie schreiben: "*Es wollte mir aber partout nicht gelingen, stabile Gewinne zu erzielen. Im Gegenteil, zwei Jahre lang ...*" Ziehen Sie die Schlussfolgerung selbst. Milliardäre werden genau die, die auf ihr Ziel zugehen, nicht die, die bloß auf Geld aus sind.

Wenn jemand durch seine Tür geht und auf sein Ziel zugeht, singt seine Seele, und sein Verstand reibt sich zufrieden die Hände. Bringt das Spiel an der Börse Ihrer Seele Freude? Gibt diese Beschäftigung Ihrem Verstand Befriedigung? Diese Fragen sollten Sie beantworten.

Esoterisches Wissen

Ich bin mit verschiedener Literatur der vorliegenden Art vertraut. Was jedoch ganz seltsam ist: Im Prinzip sagen solche Bücher ein und dasselbe, in vielem aber unterscheiden sie sich doch wieder.

Angesichts all der Informationen, die ich gelesen habe, schwirrt mir manchmal der Kopf, und ich weiß nicht mehr, was richtig und was falsch ist. Praktisch alle sagen, dass man sich nicht jede Information zu Herzen nehmen sollte. Doch was sollten Menschen tun, die sensibel sind und die, sagen wir, täglich Almosen verteilen?

Ohne die Not anderer zu sehen und zu verstehen, wird die Welt doch hart und böse.

Ich will Journalist werden und arbeite bereits bei einem Verlag, wo ich hauptsächlich mit den Problemen der Frauen zu tun habe. Auf der Grundlage ihrer Geschichten schreibe ich Essays. Es ist unmöglich, produktiv zu sein, ohne ihre Sorgen und Nöte in sich einzulassen. Was sollen Journalisten tun, die täglich mit den verschiedensten Informationen konfrontiert werden? Bedeutet das, dass ich das ganze Leben lang Pendel schwingen oder selber leiden muss? Habe ich vielleicht etwas falsch verstanden?

Manchmal kommt mir auch der Gedanke, dass all solche Modelle wie Transsurfing utopisch sind. Was, wenn ich herausfinde, dass auch Transsurfing ein Pendel ist, das Sie erschaffen haben und mit dem Sie die Gedanken anderer zum Schwingen bringen? Warum können Sie seine Gesetze nicht einfacher machen?

Transsurfing ist nicht meine Erfindung, daher lassen sich seine Gesetze nicht ändern. Solche Dinge kann man auch gar nicht "erfinden". Es von anderen zu lernen geht auch nicht. Esoterisches Wissen kann nicht erfunden oder erlernt werden. Es befindet sich einfach an einem allgemein zugänglichen Ort. Ich nenne diesen Ort den Variantenraum. Andere mögen eine andere Bezeichnung haben, das ändert aber nichts an seinem Wesen.

In Ihrem Brief schreiben Sie, dass bestimmte Fragen Sie verwirren. Wie nun kann man sich zurechtfinden in einer solchen Menge von Lehren, die nach Ihren Worten alle ein und dasselbe sagen, sich aber in vielem doch wieder unterscheiden? Sie werden nicht glauben, wie einfach das ist.

Wenn man einen Berg von Literatur über Psychologie und Esoterik gelesen hat, ist man möglicherweise an einem bestimmten Punkt geneigt, all das, was andere in ihren Büchern geschrieben haben, einfach zu vergessen. Wenn Sie sich auf irgendeinem Gebiet grundlegendes Wissen angeeignet haben, können Sie weitere Informationen geradewegs aus dem Variantenraum beziehen.

Dafür müssen Sie kühn genug sein aufzuhören, in fremden Büchern nach Antworten auf Ihre Fragen zu suchen. Solange sich Ihr Verstand an die Weisen dieser Welt wendet, werden Sie sich in der Lage des ewigen Studenten befinden und der Verwirrung anheimfallen. Orientieren Sie sich um: Wenden Sie sich mit Ihrem Verstand an Ihre Seele, und Sie werden Antworten auf alle Fragen bekommen.

Wissen Sie, was diejenigen, die Erfindungen machen, Meisterwerke der Kultur und Kunst erschaffen oder Bücher schreiben, von allen übrigen unterscheidet, die deren Meisterwerke bestaunen und deren Bücher lesen? Was die Schöpfer von den Kennern und die Lehrer von den Schülern unterscheidet?

Erstere hatten die Kühnheit, Ihren Verstand vom Schaffen anderer zu lösen und sich an Ihre Seele zu wenden. Den Kennern und Schülern mangelt es nämlich durchaus nicht an Talent! Ihre Absicht ist einfach nur umgekehrt ausgerichtet - fremde Werke zu schätzen und von anderen zu lernen.

Vielleicht denken Sie jetzt, ich würde versuchen, Sie mit leerer Demagogie oder Binsenweisheiten zu überschütten. Der Verstand soll sich an seine Seele wenden? Klingt reichlich unkonkret und schwammig, nach einer Art zuckersüßer Spiritualität.

In Wirklichkeit spreche ich aber über ganz konkrete Dinge. Zu sagen, Ihre Seele wüsste auch so schon alles, wäre nicht ganz akkurat. Die Seele weiß zwar nicht, aber sie hat im Gegensatz zum Verstand Zugriff auf das Informationsfeld, wo alle Angaben über Vergangenheit und Zukunft gespeichert sind und wo alle Meisterwerke und Entdeckungen ihren Ursprung haben.

Der Verstand nimmt die Gefühle der Seele als intuitives Wissen und Eingebungen wahr, und interpretiert diese dann in Form von gängigen Begriffen und Bezeichnungen.

Der Verstand kann nicht etwas Neues erfinden. Er kann nur aus alten Steinen ein neues Haus errichten. Etwas prinzipiell Neues kann durch die Einheit von Seele und Verstand geschaffen werden. Doch um diese Einheit zu erreichen, muss man ein paar einfache, konkrete Schritte befolgen.

Akzeptieren Sie die Tatsache, dass Ihnen jegliches Wissen zugänglich ist. Wenden Sie sich mit der Frage an sich selbst. Gehen Sie Ihren Pfad. Nehmen Sie sich Ihr Recht auf Individualität. Nutzen Sie Ihren Zugriff auf das Wissen.

Das Wissen wird Ihnen zugänglich sein, sobald Sie Ihre Absicht von anderen auf sich selbst richten. Sagen Sie sich, dass Sie individuell und einzigartig sind und alles wissen. Stellen Sie sich die Frage, und warten Sie auf die Antwort. Sie wird von selbst kommen, vielleicht sofort, vielleicht nach ein paar Tagen oder Monaten, je nach Schwierigkeit. Aber kommen wird sie auf jeden Fall!

Bei jedem Menschen findet eine Kommunikation zwischen Verstand und Seele statt. Trotzdem ist es wichtig, sich mit der Absicht des Verstandes an die Seele zu wenden. *Das ganze Geheimnis liegt darin, dass kaum jemand auf den Gedanken kommt, dies zu versuchen. Wer dies aber tut, beginnt Neues zu entdecken und Meisterwerke zu schaffen.*

Das Einzige, was die Vereinigung von Seele und Verstand stört, ist die interne und externe Wichtignahme. Das Wichtigkeitssyndrom hält das schöpferische Potenzial im Futteral der gängigen Stereotype gefangen.

Sie schreiben über die Probleme der Leser: *"Es ist unmöglich, produktiv zu sein, ohne ihre Sorgen und Nöte in sich einzulassen."*

Eine richtig schön abgedroschene Phrase, nicht wahr? Man könnte noch ergänzen, ohne das Problem eines Menschen in sich einzulassen, könne man diesem gar nicht helfen. Klingt auch richtig. Doch in Wahrheit ist es ein falsches Stereotyp, das von den Pendeln in die Welt gesetzt wurde.

Wenn Sie die Probleme der Menschen in sich einlassen, ist dies keine Hilfe zu deren Lösung, sondern eher ein Hindernis. Sie sind dann nicht mehr in der Lage, objektive Lösungen zu finden.

Die Menschen bekommen Probleme, wenn sie sich mit ihrem Spiel identifizieren. Das Leben widerfährt ihnen, und wie in einem unbewussten Traum befinden sie sich in der Macht der Umstände. Dabei bräuchten sie nur in den Zuschauerraum hinabzusteigen und das Spiel mit Distanz zu betrachten, und schon würde ihnen vieles klarer werden.

Solange Sie in die Probleme der Menschen eintauchen, bleiben Sie in der gleichen Lage wie die Menschen, denen Sie helfen wollen. Um ihre Probleme zu verstehen und zu lösen, müssen Sie distanziert handeln.

Nicht herzlos oder gleichgültig, sondern distanziert! Darin liegt der Unterschied zwischen der Abwesenheit der Wichtignahme und Herzlosigkeit.

Probleme - Ihre eigenen wie auch fremde - werden Sie nur dann lösen können, wenn Sie die Rolle eines mitspielenden Zuschauers einnehmen. Solange Sie in Ihre und fremde Probleme "leben", sind Sie hilflos.

Viele Leser können den Unterschied zwischen Distanziertheit und Herzlosigkeit nicht verstehen. Ich wiederhole es nochmals: *Die Abwesenheit der Wichtignahme ist Distanziertheit, nicht Herzlosigkeit.* Spielen Sie Ihre Rollen "aus Spaß", wie Kinder. Dann werden Sie Marionettenspieler, das heißt Herr der Lage. Wenn Sie sich aber mit Ihrer Rolle identifizieren, werden Sie zur Marionette.

Es ist wirklich nicht nötig, sich alles zu Herzen zu nehmen. Wenn Sie Klarheit bekommen, ist alles nicht so wichtig, wie es scheint. Helfen sollte man dem, der der Hilfe bedarf. Aber dann sollte man es distanziert tun, ohne von Emotionen überwältigt zu werden. Ihre Gefühle schaden bloß. Außerdem sollten Sie Hilfe nur jemandem zukommen lassen, der darum bittet.

Auf Ihre Frage: "*Doch was sollten Menschen tun, die sensibel sind und die, sagen wir, täglich Almosen verteilen?*" gibt es eine ganz konkrete, für Sie aber unerwartete Antwort: *sich vom Gefühl der Schuld lossagen.*

Wenn Sie systematisch Almosen geben, so bedeutet dies, dass Sie sich zu dieser Handlungsweise verpflichtet fühlen. Solches Pflichtbewusstsein rührt von einem Schuldgefühl her. Sie handeln eigentlich nicht aus Erbarmen mit den Bedürftigen, sondern aus der Pflicht heraus, ihnen zu helfen. Das ist kein echtes Mitgefühl, sondern eine Erscheinungsform der Wichtignahme.
Wenn in Ihnen plötzlich Anteilnahme an einer armen, kranken Greisin erwacht, so handelt es sich um Mitleid. Aber wenn Sie nicht ruhig, ohne innere Spannungen, an einem Bettler vorbeigehen können, so handeln Sie nicht aus Mitleid, sondern aus einem Pflichtgefühl heraus.

Was tun?

Verwirklichen Sie einfach Ihre Freiheit. Sie sind nichts und niemandem verpflichtet. Nehmen Sie sich Ihr Recht auf Wissen. Sie selbst sind in der Lage, Antworten zu geben. Solange Sie nicht von Wichtignahme frei sind, werden Sie von Zweifeln geplagt werden. Wenn frei, dann richtig. Sobald Sie aber frei sind, können Sie sich auch die Freiheit nehmen, Mitgefühl zu haben und zu zeigen.

Wie kann ich meinen Liebsten zurückholen?

Ich bitte Sie inständig um eine Antwort auf meine Frage: "Wie kann ich meinen Liebsten zurückholen?"

Wenn er Sie von sich aus verlassen hat, werden Sie ihn kaum dazu bewegen können, zurückzukommen. Genauer gesagt, Sie können Ihr Ziel nicht durch eine Bemühung der inneren Absicht erreichen, das heißt durch Handlungen, die auf sein "Zurückholen" gerichtet sind. Zu solchen Handlungen gehören jegliche Versuche, auf den Betreffenden direkt einzuwirken. Sollten Sie dennoch Erfolg haben, so wird er schon nicht mehr der Alte sein.

Sie können ihn nur mit der äußeren Absicht zurückgewinnen. Mithilfe der inneren Absicht versuchen Sie Ihre Ziele zu erreichen, indem Sie unmittelbar auf die Welt einwirken. Die äußere Absicht wirkt so, dass die Welt Ihnen von selbst entgegenkommt. Der Mechanismus der äußeren Absicht lässt sich wie folgt zusammenfassen.

Partner richten sich in ihren Beziehungen nach der inneren Absicht, das heißt, sie wollen etwas voneinander bekommen. Wenn einer der Partner es nicht bekommt, geht die Beziehung in die Brüche.

Jeder Mensch strebt nach Befriedigung in seinen Beziehungen. Das kann sich auf das Bedürfnis nach Liebe beziehen, auf Sex, Respekt, Anerkennung der eigenen Vorzüge, gegenseitiges Verständnis, Beisammensein, Flucht vor der Einsamkeit, Unterhaltung usw.

Gibt es wohl so etwas wie einen gemeinsamen Nenner all dieser persönlichen Bestrebungen? Ja, dies ist und bleibt die Sicherung und

Bestätigung der eigenen Bedeutsamkeit. Egal wonach sich ein Mensch in seinen Handlungen richtet, seine Motive sind so oder so mit dem Gefühl der eigenen Bedeutsamkeit verknüpft. So ist der Mensch veranlagt.

Die innere Absicht in den Beziehungen der Menschen ist in dieser oder jener Form immer auf die Sicherung und die Bestätigung der eigenen Bedeutsamkeit gerichtet. Aber worauf ist die innere Absicht Ihres Liebsten gerichtet? Auf die Suche nach einem Partner, der ihm das Gefühl der eigenen Bedeutsamkeit bestätigt.

Und worauf ist Ihre innere Absicht gerichtet? Ihren Liebsten zurückzubekommen und so zum einen Ihre Bedeutsamkeit wiederherzustellen und zum anderen die Beziehung zu erneuern, die Ihnen Befriedigung verschaffte.

Überlegen Sie mal: Können Sie die Bestrebungen Ihres Partners befriedigen, nur indem Sie sich nach Ihrer inneren Absicht richten?

Um Ihren Liebsten zurückzubekommen, müssen Sie ihm das geben, worauf seine innere Absicht gerichtet ist. Sie sollten ihn nicht tadeln, wenn er von Ihnen eine Bestätigung seiner Bedeutsamkeit wünscht. Sie wollen ja schließlich das Gleiche von ihm bekommen.

Das erste Prinzip des Freiling lautet bekanntlich: *Sagen Sie sich von der Absicht los, etwas zu bekommen, und ersetzen Sie sie durch die Absicht zu geben. Dann werden Sie das bekommen, wovon Sie sich losgesagt haben.*

Sagen Sie sich von Ihrer inneren Absicht los, worauf sie auch gerichtet sein mag. Finden Sie heraus, worauf die Absicht Ihres Partners gerichtet ist. Seien Sie bestrebt, seine Absicht zu befriedigen. Sobald Sie Ihre Handlungen auf die Befriedigung der Bedürfnisse Ihres Partners umorientieren, wird sich Ihre innere Absicht in eine äußere verwandeln.

Dann wird es Ihnen nicht nur gelingen, Ihren Partner glücklich zu machen, sondern Sie werden auch alles von ihm bekommen, was Sie selbst wollten, *und das sogar im Überfluss.* Wenn Sie es schaffen, sich von Ihrer Absicht zu bekommen loszusagen, und sie mit der Absicht zu geben ersetzen, werden Sie auf alle Fälle das bekommen, wovon Sie sich losgesagt haben.

Dieses Prinzip funktioniert so effektiv, dass man meinen könnte, dabei seien irgendwelche Zauberkräfte im Spiel. In der Tat, es ist echte Magie - aber ohne jede Beschwörungsformeln und Zaubertränke.

Aber etwas Verlorenes wiederzubekommen ist eigentlich sehr schwer. Bemühen Sie sich lieber, die Prinzipien des Freiling anzuwenden, *bevor* es in Ihrer Beziehung zu einer ernsten Krise kommt.

Auf jeden Fall würde ich an Ihrer Stelle, bevor Sie irgendetwas unternehmen, gut überlegen: Wollen Sie ihn wirklich zurückhaben, oder brennt in Ihnen einfach der Wunsch, dass der Verlorene (bzw. von Ihnen Verstoßene) Ihre Bedeutsamkeit wiederherstellt?

Wenn Sie das Gefühl haben, vernachlässigt zu werden, ist das sehr schmerzlich. Aber selbst wenn mir die Umstände bekannt wären, könnte ich Ihnen nichts Konkretes empfehlen. Es liegt nur in meiner Kraft, Ihnen das Werkzeug in die Hand zu geben. Wie Sie es dann verwenden, müssen Sie schon selbst entscheiden.

Vergessen Sie nicht, dass die Schicht Ihrer Welt Ihr Spiegelbild ist. Wenn Sie bevorzugen zu leiden, so wird dies auch Ihre Realität werden. Wenn Sie das Prinzip der Koordination der Absicht nutzen und die sich entwickelnden Umstände als besonders günstig bewerten, so wird dies Ihre Realität werden.

Möglicherweise befreit Sie die Trennung von Ihrem Geliebten von Ihnen unbekannten Problemen. Sie aber stehen unter dem Eindruck, alles entwickle sich zum Schlechten. Sagen Sie sich, dass alles so kommt, wie es kommen soll; Sie selbst können ja entscheiden, ob Sie deswegen Freude oder Leid empfinden. Ich an Ihrer Stelle würde mich freuen, aufspringen und in die Hände klatschen. Gestatten Sie dem Spiegel, Ihnen Freude zu schenken.

Ich habe das gleiche Problem mit der Frau, die ich liebe (wir waren drei Jahre miteinander befreundet und dann vier Jahre verheiratet).

Der Hauptgrund für die Trennung war meine finanzielle Instabilität. In vielen Fragen bin ich zu nachgiebig, zu unentschlossen und zu vorsichtig. Meine Frau denkt, mit meinem Wissen und meiner Erfahrung hätte ich eine Firma gründen sollen. Mit meinem nachgiebigen Charakter fällt es mir schwer, mich nach oben durchzuboxen. Außerdem ist so eine Karriere nichts wirklich Kreatives.

In vielem gebe ich meiner Frau Recht. Ich gehe Fragen oftmals vielleicht etwas übergründlich an. Ich suche nach zusätzlichen Informationen und mehr Erfahrung. Meine ganze Karriere ist so angelegt, dass ich mich nicht länger als ein oder zwei Jahre an einem Ort aufhalte (was mir Erfahrung und Wissen in meinem Job verschafft). Das große Plus in meinem Charakter ist Aufgeschlossenheit und Mitgefühl. Gleichzeitig ist dies jedoch auch das Minus, das meine berufliche Karriere behindert.

Für meine Frau sind Stabilität, Zuverlässigkeit und Kinder wichtig. Meine inneren Motive sind auch darauf gerichtet, aber nicht aus der Perspektive einer Karriere, sondern nach dem Prinzip, ein gewinnbringendes Geschäftsschema zu entwickeln. Und dafür brauche ich eben Erfahrung und Wissen, Dinge, die für mich schon immer die höchste Priorität hatten.

Vor drei Monaten haben wir uns getrennt, allerdings ohne großen Krach. Meine Frau hat sich eine eigene Wohnung genommen, die finanziell erschwinglich ist. Sie ist auf der Suche nach sich selbst. Aber unsere Beziehung hat sich doch recht stark abgekühlt. Sie hat keinen Wunsch mehr, mit mir zu verkehren. Wie kann ich meine Frau zurückgewinnen?

Ich kann Ihnen kein konkretes Rezept zur Lösung Ihrer Probleme geben. So etwas wage ich nur, wenn die Lage klar ist. In diesem Fall habe ich zwar eine Meinung, die aber recht subjektiv ist und daher falsch sein kann.

Wenn ich die Antwort auf eine Frage nicht kenne, höre ich auf meine Intuition. Wenn von da keine Rückmeldung kommt, kann ich empfehlen, eines der Prinzipien des Transsurfings anzuwenden, da ich weiß, dass dies auf keinen Fall schaden kann.

In diesem Fall nun richtet sich meine intuitive Antwort nach dem Prinzip, unentwegt auf die Stimme des Herzens zu hören. Andere sagen, Erfolg bedeute Karriere, Stabilität und ein hohes Einkommen. Doch solche Dinge sollten nicht das Ziel selbst ausmachen. Oder besteht der Pfad des Menschen etwa aus dem Aufstieg auf der Karriereleiter?

Karriere, Stabilität und ein hohes Gehalt sind in sich selbst keine Ziele, sondern begleitende Attribute. Ihr Ziel ist, dass Ihr Leben sich in ein Freudenfest verwandelt. Wenn Sie Ziel und Attribut verwechseln, werden Sie nichts erreichen. Die Attribute kommen von selbst, als Nebenerscheinung des Erreichens des Ziels. Wenn Sie zum Beispiel ein erstklassiger Spezialist sind, stehen Ihnen alle guten Dinge offen.

Deshalb sollte man das Ziel direkt anstreben, nicht die Vorteile, die das Erreichen des Ziels mit sich bringt. Man sollte meinen, das sei eine offensichtliche Tatsache. Alle verstehen das. Doch paradoxerweise flackert diese Erkenntnis nur kurz im Bewusstsein des Menschen auf, um daraufhin angesichts des Glanzes der Attribute wieder zu verschwimmen.

Die Menschen stürzen sich geradezu auf die Attribute, wie Motten ins Licht, doch so erreichen sie nichts. Wie können sie Erfolg erreichen, wenn sie nicht das Ziel anstreben, sondern die Attribute? Auf dieser Widersinnigkeit beruht das Märchen, Wohlstand sei ein Los des Schicksals.

Erfolg kommt mit der Bewegung auf das Ziel hin. Wenn wir nur auf die Endresultate schielen, bleibt der Prozess der Bewegung unbeachtet. Übrig bleibt am Ende das Stereotyp: Strebe nach Karriere und Geld, mit anderen Worten: "Fliege ins Licht."

Alle sehen nur den Glanz bereits etablierter Stars. Doch nur wenige beachten den Pfad, den sie auf dem Weg zu den Gipfeln des Erfolgs beschritten haben. Alle Stars mussten durch ein dichtes Gestrüpp von Misserfolgen laufen. Der Erfolg lächelt, früher oder später, nur denen, die davon überzeugt sind, auf ihrem eigenen Weg zu gehen. Man braucht sich nur unentwegt auf sein Ziel zuzubewegen und sich zu erinnern: Was auch immer geschehen ist, der Variantenstrom treibt mich in die richtige Richtung. Niemand kann wissen, auf welche Weise er sein Ziel erreichen wird.

Wenn Sie den gängigen Stereotypen folgen, so können Sie bestimmte Erfolge erreichen. Aber die Erfolge werden mittelmäßig sein, und sie werden Sie viel Mühe kosten. Um einen wirklich großen Erfolg zu erreichen, müssen Sie Ihr Ziel bestimmen und unentwegt darauf zusteuern, ohne auf andere zu hören. Sie können die Ratschläge anderer zur Kenntnis nehmen, aber den endgültigen Beschluss müssen Sie im eigenen Herzen fassen. Nur so werden Sie aufhören, wie eine Motte mit dem Kopf gegen die Laterne zu bumsen.

Der richtige Entschluss kommt durch die Einheit von Seele und Verstand. Als eindeutiges Kriterium für einen *falschen* Entschluss kann der Zustand seelischen Unbehagens gelten. Wenn Sie Ihren Entschluss gefasst haben und Sie dabei auch nur das geringste Unwohlsein empfinden, wie zum Beispiel das Gefühl der erzwungenen Notwendigkeit, dann kommt das einem klaren "Nein" der Seele gleich. Wenn Sie im Zusammenhang mit Ihrem Entschluss kein seelisches Unbehagen empfinden, so sagt Ihre Seele damit entweder "Ja" oder "Ich weiß nicht". In einem solchen Fall kommt Ihrem Verstand das letzte Wort zu. Ist der Entschluss richtig, *dann singt die Seele, und der Verstand reibt sich vor Freude die Hände.*

Wenn Sie nun Ihr Ziel gar nicht bestimmen können, so sollten Sie aufhören, sich mit dieser Frage zu quälen. Oder ist es etwa unmöglich, ohne Ziel zu leben? Wenn Sie einfach leben wollen, ohne sich nach irgendetwas zu richten - warum nicht? In diesem Fall kann ich nur eines empfehlen: Sie brauchen nicht zu schwimmen, sondern sich lediglich mit dem Strom *zu bewegen.* Mit anderen Worten: Beachten Sie das Prinzip der Koordination, dann wird Ihr Leben in ruhigen und komfortablen Gewässern dahinfließen. Das Ziel wird sich Ihnen höchstwahrscheinlich von selbst offenbaren, wenn Sie aufhören, krampfhaft nach ihm zu suchen.

Was nun Ihre Frage betrifft, wie Sie Ihre Frau zurückgewinnen können, so kann ich Ihnen keine Empfehlung geben. Nach Ihrer Schlüsselpassage zu urteilen - "*Sie ist auf der Suche nach sich selbst. Aber unsere Beziehung hat sich doch recht stark abgekühlt. Sie hat keinen Wunsch mehr, mit mir zu verkehren.*" -, geht es eigentlich gar nicht um finanzielle Stabilität. Wenn sie Sie nicht liebt, können Sie sie auf keine Weise zurückbekommen.

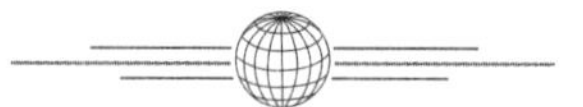

Die Absicht

Ich habe folgende Frage: Gilt das Gesetz des Transsurfings auch in Bezug auf andere Menschen? Kann zum Beispiel eine Mutter ihre (psychisch kranken) Kinder heilen? Oder was ist, wenn Sie (oder ich) die Absicht haben, dass Russland ein reiches Land wird, in dem die Menschen glücklich leben werden?

Wir alle haben die Kraft der Absicht. Die Frage ist nur, wie stark sie ist. Wenn Sie über die Absichtskraft Christi verfügten, könnten Sie natürlich heilen. Aber die Kraft der Absicht ist nicht die Kraft des Wunsches. Wenn Sie etwas sehr stark wollen, werden Sie es kaum bekommen. Auch der Glaube ist hierbei nicht entscheidend, denn wo Glaube ist, ist auch immer Platz für Zweifel.

Die Absicht ist eine leidenschaftslose, unbedingte Entschlossenheit, den eigenen Willen zur Realität werden zu lassen und die ruhige Gewissheit, dass genau dies geschehen wird. Wenn die Absicht frei ist von Wünschen, Angst, Zweifeln und anderen Wichtigkeitspotenzialen, dann ist sie rein. Zum Beispiel ist die Absicht, die Post aus dem Kasten zu holen, eine reine Absicht.

Wenn Ihre Bereitschaft, Ihre Kinder zu heilen, derart rein ist, werden Sie es auch tun. Denken Sie aber nicht, dass man solche Reinheit durch Bemühung erreichen kann. So sehr sich ein Gelähmter auch bemühen mag, er wird nicht vom Fleck kommen. Gleichzeitig wird er seine Beweglichkeit sehr leicht zurückgewinnen, wenn er sich zufällig erinnert, was genau er tat, um sich zu bewegen.

Wie man die Kraft der Absicht erwirbt, das kann weder ich noch jemand anders lehren. Aber im Transsurfing gibt es Methoden, die es Ihnen erlauben, die Absicht zu zwingen, unabhängig von Ihrem Willen zu wirken: die so genannte äußere Absicht.

Falls die Behandlung Ihrer Kinder nicht hilft, sollten Sie Ihre Versuche aufgeben, Ihre Kinder zu heilen. Was ist psychische Verwirrung? Sie findet statt, wenn die Seele des Menschen sich auf ein unrealisiertes Gebiet im Variantenraum einstimmt. Normale Menschen sind auf unsere realisierte Welt eingestimmt, und "psychisch Kranke" sind ganz und gar nicht krank, sondern "schweben" einfach in einer unrealisierten und deshalb aus unserer Sicht "anormalen" Sphäre.

Akzeptieren Sie Ihre Kinder so, wie sie sind. Sie sind nicht krank, sondern einfach anders als die meisten Kinder. Eigentlich ist es sehr gut, wenn ein Mensch anders ist als die Masse der Menschen - das ist normal. Anormal ist unsere jetzige Weltlage, wo alle auf die gleiche Weise handeln und denken.

Das Bemühen, Ihre Kinder "normal" zu machen, wird nicht erfolgreich sein. Wie ich schon sagte, sollte man nicht mit Gewalt nach der Kraft der Absicht greifen. Wenn Sie sich Mühe geben und besorgt oder verdrießlich sind, erschaffen Sie damit ein mächtiges Überschusspotenzial, dass die ganze Sache nur noch verschlimmert.

Wenn Sie es hingegen schaffen, Ihre Kinder so zu akzeptieren, wie sie sind, und sie als normal anerkennen, dann bekommen Sie auf indirektem Wege die Kraft der Absicht. In diesem Fall wird Ihre innere Absicht in eine äußere Absicht umgewandelt werden.

Geben Sie Ihren Kindern Aufmerksamkeit, Fürsorge und - so weit wie möglich - Freiheit. Befreien Sie die Kinder von der Notwendigkeit, "normal" zu sein, und befreien Sie sich selbst von der Notwendigkeit, sie "normal" zu machen. Dann werden Sie früher oder später Ergebnisse sehen.

Entscheiden Sie gleichzeitig selbst: Wollen Sie meinen Rat annehmen oder nicht? Wie Sie sehen, hat Ihnen jemand geantwortet, der kein Spezialist auf dem Gebiet der Psychiatrie ist. Habe ich überhaupt das Recht, solche Ratschläge zu erteilen?

Ihre Seele kann Ihnen Antwort geben auf jegliche Fragen, die Sie betreffen. Vertrauen Sie mehr der Stimme Ihres Herzens als der Meinung anderer Menschen, mich eingeschlossen.

Mein einziger Vorzug besteht darin, dass mir Ihre Kinder gleichgültig sind. In dieser Hinsicht gibt es bei mir kein Überschusspotenzial in Bezug auf sie, und folglich ist meine Absicht, Ihnen zu antworten, rein.

Aber eines begreife ich nicht. Warum sind Sie über das Schicksal Russlands besorgt, wenn Ihre Kinder krank sind? Geht das Spektrum Ihrer Sorge nicht etwas zu sehr in die Breite? Mir gefallen diese Ideen nicht, alle glücklich zu machen.

Jeder erschafft nur die Schicht seiner eigenen Welt, und daher ist ein Einzelner nicht in der Lage, ganz Russland glücklich zu machen. Das können nur alle Menschen zusammen tun. Aber Menschen, die durch eine gemeinsame Idee vereint sind, erschaffen letztlich ein Pendel, und das beginnt früher oder später sein destruktives Werk: Es bringt seine Anhänger vom Weg ab und entfesselt eine Schlacht mit seinen Konkurrenten.

Sie wissen ja, wodurch alle Ideen, die Menschen glücklich zu machen, ihr Ende fanden. Hinter jeder dieser Ideen, einschließlich der auf Liebe zu Gott beruhenden, steht ein Pendel. Im Namen Gottes und im Namen des Glücks wurden auf der Erde ganze Völker zerstört.

Kein Pendel ist in der Lage, alle Menschen glücklich zu machen. Auf jeden Fall würden dabei viele leiden und viele unglücklich werden. Glück kann kein Allgemeingut sein. Es ist ein rein individueller Begriff. Wenn die ganze Gesellschaft zur Erschaffung allgemeinen Glücks mobilisiert wird, entsteht eine Zerrüttung, die laut Bulgakow "nicht in den Toiletten, sondern in den Köpfen anfängt".

Es ist im Interesse der Pendel, die Sorge um andere als Zeichen für die Größe der Seele auszugeben. Sie verstehen es geschickt, sehr überzeugende Stereotype zu erschaffen. Aber das alles ist nur schöne Demagogie. Alle Menschen werden nur dann glücklich sein, wenn jeder von ihnen durch seine Tür zu seinem Ziel geht. In diesem Sinne ist das Transsurfing ein Pendel für Individualisten. Aber es ist der einzig reale Pfad zu wahrem, unvergänglichem Glück.

Wenden Sie sich von den Pendeln ab, befreien Sie Ihre Seele aus dem Futteral der Stereotype und beschäftigen Sie sich mit Ihrem eigenen Glück. Auf dem Weg zu Ihrem Ziel werden Sie eine Menge guter und nützlicher Dinge tun. Und natürlich können Sie dann auch vielen armen und unglücklichen Menschen helfen, weil Sie die Mittel dazu haben.

> *Sie sagen, wenn der Mensch auf den Wellen des Erfolgs reitet, dann sei er rundum glücklich und erfolgreich - Hauptsache, er gibt nicht dem Einfluss der destruktiven Pendel nach. Aber was sagen Sie dazu, dass dem Menschen nicht alles gelingen kann? Entweder kümmere ich mich um Karriere, Kohle und Erfolg oder um ein gemütliches Zuhause, Ruhe und Liebe. Natürlich hätte ich auch nichts dagegen, wenn man alles zugleich haben kann ...*

Dass dem Menschen nicht alles gelingen kann, ist Ihre Ansicht. Es ist Ihre persönliche Wahl. Weil Sie so denken, wird es auch so sein. Die Welt verwirklicht immer Ihre Wahl. Sie schreiben: *"Am besten wäre es natürlich schon, wenn man alles zugleich haben könnte."* Auch in diesem Punkt verwirklicht die Welt Ihre Wahl. Sie spiegelt einwandfrei die Tatsache wider, dass Sie "nichts dagegen" hätten, "wenn man alles zugleich haben kann". Aber auch nicht mehr als das. Das hatten Sie ja gewollt, nicht wahr? Also bekommen Sie es auch.

Wenn Sie aufhören, bloß *zu wollen,* und dafür *beabsichtigen zu haben,* dann erreichen Sie Ihr Ziel. Beachten Sie das Motto des Transsurfings: *"Ich will nicht, ich hoffe nicht - ich beabsichtige."*

Das Wichtigkeitspotenzial

> *Wie kann ich Angst, Kummer und Panik vermeiden? Wie soll ich das praktisch angehen? Zum Beispiel: Nahe Verwandte sind verreist - sagen wir Tochter und Sohn. Dann mache ich mir Sorgen: Wie war wohl der Flug? Warum rufen sie nicht an?*

Sie haben ein interessantes, aber komplexes Thema angeschnitten. Ein universelles Rezept gegen Angst gibt es nicht. Würde aber jemand ein einfaches und wirksames Mittel finden, das ohne sonstige Veränderung des Bewusstseins Angst beseitigen kann, dann wäre er einer der größten Erfinder aller Zeiten.

Gemäß der Terminologie des Transsurfings ist Angst ein Überschusspotenzial, das entsteht, wenn dem Objekt der Angst übermäßige Bedeutung gegeben wird. Das Überschusspotenzial verstößt gegen das Gleichgewicht im energetischen Feld und ruft Kräfte hervor, die auf seine Beseitigung gerichtet sind.

Angenommen, Sie müssen am Rande eines Abhangs entlanggehen und haben panische Angst, in die Tiefe zu fallen. Auf welche Weise können die Nivellierungskräfte dieses Potenzial beseitigen? Die energiesparendste

Weise besteht darin, Sie den Abgrund herabzustürzen. Die Natur wählt immer den Pfad des kleinsten Energieaufwands.

Da Ihnen eine solche Variante aber nicht passt, müssen Sie den Widerstand der Nivellierungskräfte überwinden und die Balance halten. Mit anderen Worten: Um das Angstpotenzial auszugleichen, müssen Sie noch zusätzliche Anstrengungen unternehmen. Folglich wird Ihre Energie gleich doppelt beansprucht: zuerst für das Potenzial selbst und dann für dessen Kontrolle. Freie Energie bleibt da fast keine mehr übrig, weil auch eine Art Erstarrung aufkommt.

Wenn das Angstpotenzial eine bestimmte Größe erreicht, wird es unmöglich, es unter Kontrolle zu halten, und dann machen die Nivellierungskräfte mit Ihnen, was sie wollen. Mit anderen Worten, Panik kommt auf, und Sie werden von den Kräften zur Löschung des Potenzials fortgerissen, das heißt zu Ihrem Untergang.

Wenn Sie den Pegel der Wichtigkeit der Lage bewusst herabsetzen, werden Sie Ihre Angst verlieren. Das Problem ist nur, dass es Ihnen nicht gelingen wird, Ihre Wichtignahme bewusst zu reduzieren. Deshalb ist das einzig wirksame Mittel eine Absicherung oder ein Hilfsweg. Wie dieser aussieht, kann von Fall zu Fall verschieden sein.

Wenn keine Alternativlösung vorhanden ist, dann ist alles, was Sie in diesem Fall tun können, nicht gegen die Angst anzukämpfen. Sich einzureden, dass Sie sich nicht fürchten, ist vergeblich. Selbstbetrug wird Ihnen nicht helfen. Jede Form des Kampfes gegen die Angst stiehlt Ihnen nur Energie und verstärkt das Überschusspotenzial. Wenn Sie die Angst nicht vermeiden können, dann fürchten Sie sich einfach! Handeln Sie nach bestem Gewissen, bloß kämpfen Sie nicht gegen die Angst an.

Wenn Sie zum Beispiel vor einer Rede oder einem Auftritt aufgeregt sind – nur zu! Tun Sie sich keinen Zwang an. Ergeben Sie sich völlig diesem bemerkenswerten Gefühl. Gestatten Sie sich, auszurasten, wenn Ihnen das gefällt. Sobald Sie dies tun, wird die ganze Aufregung auf wunderbare Weise verpuffen, als wäre sie nie dagewesen. Das geschieht deshalb, weil ein bedeutender Teil der Energie für den Kampf mit der Aufregung verbraucht wurde.

Besorgnis und Beunruhigung sind weniger starke Erscheinungsformen der Angst. Die Wichtignahme wird hierbei durch das Gefühl der Ungewissheit hervorgerufen. In einem solchen Fall gibt es die Möglichkeit, den Pegel der Wichtigkeit herabzusetzen. Wenn Sie etwas beunruhigt, dann können Sie sich sagen, dass das für Sie sehr unvorteilhaft ist. Befürchtungen und schlimme Erwartungen werden in der Regel in die Realität umgesetzt.

Eine der Arten, um Beunruhigung zu tilgen, ist das Handeln, ganz egal wie. Das Potenzial der Besorgnis und der Beunruhigung wird durch Aktivität zerstreut. Die Art der Handlung braucht noch nicht einmal einen direkten Bezug zum Gegenstand der Beunruhigung zu haben. Es reicht aus, wenn Sie sich mit etwas beschäftigen, und sogleich werden Sie spüren, wie Ihre Beunruhigung abnimmt.

Als solide Grundlage zur Senkung des Wichtigkeitspegels kann das Prinzip der Koordination der Absicht dienen: Alles kommt, wie es kommen soll. Gestatten Sie sich, nicht zu wissen, wie die Ereignisse sich entwickeln werden. Lassen Sie ab von Ihrem Anspruch auf die Kontrolle des Drehbuchs, und erlauben Sie der Situation, sich günstig zu entwickeln.

Günstige Umstände werden wie von selbst entstehen, wenn Sie sich bewusst mit dem Strom bewegen und nicht mit den Armen auf das Wasser eindreschen. Das Prinzip der Koordination der Absicht funktioniert; darauf können Sie sich verlassen. Die Welt beabsichtigt nicht, irgendjemandem Unannehmlichkeiten zu bereiten – nicht weil es Kräfte gibt, die sich angeblich um Sie kümmern, sondern weil so weniger Energie verbraucht wird.

Die Natur verschwendet keine Energie. Es ist für sie nicht von Vorteil, für Sie Energie zu verwenden. Unannehmlichkeiten sind immer mit überschüssigem Energieaufwand verbunden. Wohlergehen hingegen ist die Norm und erfordert einen minimalen Energieaufwand. Der Verstand des Menschen, der keine Vorstellung vom Pfad des kleinsten Widerstands hat, kämpft gegen den Variantenstrom und schafft sich selbst haufenweise Hindernisse und Probleme. Woher sollten sie sonst kommen? Den Energieerhaltungssatz hat noch niemand aufgehoben.

Das Prinzip der Koordination sollte man allerdings nicht zu wörtlich nehmen, indem man zum Beispiel in die Hölle herabsteigt und dabei stur behauptet, alles sei so, wie es sein soll. Doch im Allgemeinen kann man sich getrost auf dieses Prinzip verlassen.

Mein Problem ist das folgende: Ich habe mir sehr hohe Ziele gesteckt, befinde mich aber ständig in der Umgebung von Pendeln, die mich stören. Ich kann mit niemandem über meine Ziele oder meine Interessen sprechen; sogar meine Verwandten sagen, dass ich nichts erreichen werde. Wenn ich die Leute beobachte, sehe ich, dass sie praktisch alle gleich sind. Schreiben Sie mir bitte etwas.

Na klar, die Pendel werden Sie stören. Sie stören jeden. Um ihre Wirkung auf ein Minimum zu reduzieren, müssen Sie Ihre Wichtigkeitspegel auf niedrigem Level halten; mit anderen Worten: Messen Sie keiner Sache übermäßige Bedeutung bei. Diese Empfehlung mag ungewöhnlich klingen, doch die meisten Probleme entstehen gerade infolge des Wichtigkeitssyndroms, ob nun intern oder extern.

"Sehr hohe Ziele" sind definitionsgemäß gar nicht schwer zu erreichen. Schwer erreichbar werden sie erst durch die gewohnheitsmäßigen Stereotype des Verstands. Diese Stereotype können Sie mithilfe des Prinzips der Koordination der Absicht zerstören.

Sie können jedes beliebige Ziel erreichen, wenn es denn Ihres ist. Wenn es sich um ein fremdes Ziel handelt, werden Sie seelisches Unbehagen erfahren, wenn Sie in Gedanken ein Dia betrachten, auf dem das Ziel schon erreicht ist.

Was nun Fragen zur Wahl Ihres Ziels betrifft sowie der konkreten Arten, dieses zu erreichen, so sollten Sie nur zur Kenntnis nehmen, was andere sagen – mehr nicht. Als Anleitung zum Handeln sollten Ihnen die Befehle Ihres Herzens dienen, und nicht die Ratschläge anderer. Das trifft insbesondere auf Verwandte zu, die Ihnen "von ganzem Herzen das Beste wünschen".

Ich kann allerdings aus Ihrem Brief gar nicht genau ersehen, was für ein Problem Sie haben. Besonders unklar ist mir der Satz: "Wenn ich die Leute beobachte, sehe ich, dass sie praktisch alle gleich sind."

> *Ich will damit sagen: Alle mich umgebenden Menschen, einschließlich meiner Eltern und Freunde, verstehen mich nicht. Sie verstehen auch nicht meine Wünsche und zwingen mich, in ihrem Interesse zu handeln. Sie verstehen noch nicht einmal, wie man denken kann wie ich. Aber ich bin ein Mensch, der eiserne Disziplin bevorzugt und seine Tage plant. Ich liebe Aktivität, Beharrlichkeit und Hartnäckigkeit in der Verfolgung meiner Ziele. Ich suche nach neuem Wissen, usw. Doch meine Eltern zwingen mich, all das zu vergessen, und sie sagen, ich solle mir einen Job suchen und ein normales, ruhiges Leben führen (für mich sind das niedrige Ziele). Und die Lebensphilosophie all meiner Freunde ist meiner Meinung nach sogar noch schlimmer: Schule schwänzen, über andere herziehen, den Lehrer demütigen und über Themen sprechen, die aus meiner Sicht völlig uninteressant sind. Auch stören sie mich im Unterricht. Hinzu kommt, dass meine Eltern sich ständig streiten.*

Jetzt sehe ich schon ein wenig klarer. Ich weiß nicht, ob Ihnen mein Rat gefallen wird. Aber ich kann nur ein Angebot machen, entscheiden müssen Sie selbst. Ich dränge niemandem etwas auf. Sie fragen - ich antworte.

Also, um Ihr Problem zu lösen, sollten Sie vielleicht selber mal so richtig eine ruhige Kugel schieben. Denken Sie jetzt bitte nicht, ich wollte Sie auf den Arm nehmen.

Ich denke einfach, der Grund für Ihre Probleme liegt in einem überhöhten Potenzial interner Wichtignahme. Sie schreiben: *"Aber ich bin ein Mensch, der eiserne Disziplin bevorzugt und seine Tage plant. Ich liebe Aktivität, Beharrlichkeit und Hartnäckigkeit in der Verfolgung meiner Ziele. ... aber ich befinde mich ständig in der Umgebung von Pendeln, die mich stören."*

Sie stellen an sich (und vermutlich auch an andere) sehr hohe Ansprüche. Ich kann nicht mit Sicherheit behaupten, vermute es aber, dass Sie sich selbst die Rolle eines Menschen aufgebürdet haben, der "ernsthaft und voller Verantwortungsbewusstsein mit einer wichtigen Sache beschäftigt ist". Wenn dem so ist, dann ist es kein Wunder, dass Sie ständig von Leuten mit entgegengesetzten Eigenschaften umgeben sind. Deren Verantwortungslosigkeit, Lässigkeit, Undiszipliniertheit und Ränkesucht geht Ihnen dann auf die Nerven. All diese Taugenichtse werden bestrebt sein, Ihre klare Planung zunichte zu machen.

Warum geschieht dies? Weil das Überschusspotenzial Ihrer internen Wichtignahme eine starke Polarisierung bewirkt. Menschen mit entgegengesetzten Eigenschaften werden sich an Sie heften wie Eisenspäne an einen Magneten. So wirken die Nivellierungskräfte, die auf die Beseitigung des Potenzials gerichtet sind. Ihre nähere Umgebung ist Ihr Spiegel. Wenn Sie nun ein Überschusspotenzial interner und externer Wichtignahme schaffen, wird der Spiegel sich krümmen. In der Realität kommt diese Krümmung dadurch zum Ausdruck, dass Sie sich in der Umgebung von Pendeln befinden, die Sie stören.

Genauer gesagt, sind die Sie störenden Menschen keine Pendel, sondern deren Marionetten. Die Pendel spüren die Energie Ihres Potenzials und zwingen die Menschen, Sie auf die Palme zu bringen. Sie ärgern sich, und der Clown treibt es noch wilder - es ist das Pendel, das ihn ansporn und sich die Energie des Ärgers einheimst.

Wenn man aber das Wichtigkeitspotenzial reduziert, wird sich das Bild der umgebenden Welt allmählich wandeln. Die Menschen können die gleichen bleiben, aber Sie werden sich Ihnen gegenüber ganz anders verhalten. Sobald die Polarisierung nachlässt, wird der Spiegel wieder eben, und die Realität wird normal werden.

Was aber ruft die Polarisierung hervor? Ihre positiven Eigenschaften? Keineswegs. Sie haben sehr gute Eigenschaften, die Ihnen alle Ehre machen und Ihnen gewiss im Leben helfen werden. Die Polarisierung entsteht als Folge eines Abhängigkeitsverhältnisses.

Ihre Eigenschaften bewirken keine Veränderungen im energetischen Bild Ihrer Umgebung, solange Sie sich nicht mit anderen vergleichen. Sie zum Beispiel denken: "Ich bin diszipliniert, die anderen sind Faulpelze. Ich bin zielstrebig, die anderen lassen sich gehen." Durch solches Gegenüberstellen kommt die Polarisierung zustande.

Hören Sie also einfach auf, sich mit anderen zu vergleichen. *Gestatten Sie sich, Sie selbst, und den anderen, anders zu sein. Lassen Sie los.* Sobald Sie dies tun, wird die Polarisierung aufhören, und Ihre Umgebung wird auf unbegreifliche Weise ihr Antlitz ändern - sie wird aufhören, Sie zu stören. Dann werden Sie verstehen, was Transsurfing ist.

Sie haben einem disziplinierten Leser empfohlen, eine ruhige Kugel zu schieben. Was aber soll jemand tun, der selber schon ein Schlendrian ist? Wie kann ich mich zwingen, mich mit ernsten Dingen zu beschäftigen?

Sie wollen sich nicht mit ernsten Dingen beschäftigen, nicht weil sie ernst sind, sondern weil sie nicht Ihre Dinge sind. Faulheit ist ein Zustand der Seele. Natürlich hat sie keine Lust, sich mit fremden Dingen zu beschäftigen. Vielleicht ist sie ja nicht in diese Welt gekommen, um für irgendwelche Pendel zu schuften, sondern um sich am Strand die Sonne auf den Bauch scheinen zu lassen, in den Alpen Ski zu fahren oder durch die Weltgeschichte zu reisen? Es gibt so viele verschiedene Genüsse in dieser Welt.

"Und wer soll dann arbeiten?", wird das Pendel ärgerlich fragen. Darauf könnten Sie beherzt mit den Worten eines fröhlichen Studentenliedes antworten: "Es arbeite der Zottelbär, dass er im Walde brüllt nicht mehr." Genauso ist es. Pflichtgefühl und Notwendigkeit sind Erfindungen der Pendel.

Unsere Welt ist so reich und so freigebig, dass ihre Gaben auch dann noch ausreichen, wenn jeder durch seine Tür geht und sein Ziel anstrebt. Das wird allerdings kaum je geschehen. Doch der Einzelne kann, wenn er will, seine Schicht der Welt in einen sehr gemütlichen Winkel verwandeln. Zu diesem Zweck muss er sein Ziel und seine Tür finden.

Wenn Sie Ihr Ziel ansteuern, brauchen Sie sich nicht mehr zu zwingen und gut zuzureden. Vor Freude hüpfend, wird die Seele durch ihre Tür rennen. Anderen mag der Weg durch Ihre Tür wie beschwerliche Arbeit vorkommen, aber für Sie wird es das reinste Vergnügen sein.

Solange Sie durch eine fremde Tür auf ein fremdes Ziel zugehen, arbeiten Sie für die Pendel. Auf diesem Pfad wird Ihre Seele immer sagen: "Ich will nicht", und der Verstand wird stur wiederholen: "Du musst." Es ist ein Pfad nach nirgendwo, mit welch vernünftigen Argumenten und schönen Dekorationen er auch gesäumt sein mag. Es gibt nur eine Lösung: Finden Sie Ihr eigenes Ziel, und gehen Sie auf es zu.

Eine Zeit lang kann Spielen eine Arznei gegen die erzwungene Notwendigkeit werden. Erinnern Sie sich, wie Sie in der Kindheit Erwachsene spielten: Verkäufer oder Arzt zum Beispiel. Stellen Sie sich auch jetzt vor, dass Sie nicht zu arbeiten brauchten, sondern spielen könnten.

Sie leiden nur dann an der zwingenden Notwendigkeit, wenn Sie sich mit diesem Spiel identifizieren. Schlüpfen Sie in die Rolle des mitspielenden Zuschauers. Handeln Sie distanziert. Geben Sie sich nicht völlig der Sache hin, die Sie verrichten müssen. Tun Sie so, als sei es ein Spiel.

Die Inversion der Realität

Der Film der Realität läuft unerbittlich im Fluss der Zeit ab. Feiertage kommen und gehen. Wie schade, dass sie so schnell vorbei sind! Hemingway hatte Recht: *Einen Feiertag sollte man immer bei sich tragen.* Das gelingt aber nur selten. Irgendwohin verflüchtigt er sich, und alle Farben des Lebens verblassen. Auf die Seele legt sich dann eine Leere und bedrückende Trauer, die manchmal nachvollziehbar ist, manchmal aber keine offensichtlichen Gründe hat.

Das Dumme an der Sache ist, dass die Welt gern kopfüber in Finsternis stürzt, ihre Aufhellung aber nur sehr langsam vonstatten geht, oft erst nach quälendem Warten. Die Neigung der Menschen zum Negativismus macht das Ganze auch nicht besser. Bedrücktheit ist ein Zustand der Einheit von Seele und Verstand: beide sind sich einig, dass es einem schlecht geht.

In einem solchen Fall drängt die äußere Absicht die Realität unentwegt in dunkle Regionen des Variantenraums. Der Spiegel reagiert auf der Stelle. Die Aufhellung jedoch kann lange auf sich warten lassen, weil es dem Betreffenden schlecht geht und er aus dieser Haltung heraus die Schicht seiner Welt in immer düstereren Farben ausmalt.

Manchmal geht es ihm so schlecht, dass er sich nicht einmal mehr an Transsurfing oder Ähnliches zu erinnern vermag. Wie kann man einer solch ausweglosen Lage entkommen und die Realität korrigieren? Das ist in der Tat keine einfache Aufgabe. Doch es gibt eine radikale Methode mit der Bezeichnung *Inversion der Realität.*

Es ist verdammt lange her und doch so nahe - zwanzig Jahre liegt es nun zurück. Ich studierte damals Physik an einer fürchterlichen Fakultät, wo die Dozenten sich des Öfteren wie Steinzeitmonster aufführten. Für den Kurs hatten sich fünfundsiebzig Studenten eingeschrieben, doch nur fünfundzwanzig kamen ans Ziel. Unter diesen Bedingungen galt das Gesetz: *Willst du leben, dann lerne zu lachen.*

Wir dachten uns damals ein Spiel aus, das ich in der Folgezeit völlig vergessen hatte und erst viel später verstand: Es lief nach allen Regeln des Transsurfings ab. Das Wesen des Spiels bestand darin, seine Einstellung zur aktuellen Lage auf den Kopf zu stellen, das heißt eine Art Inversion durchzuführen. Wenn es jemandem schlecht geht, zwingen die Regeln der Pendel ihn, zu leiden, bekümmert zu sein, unter der Last der Probleme zu wanken und alles ernst zu nehmen. Die Regeln unseres Spiels hingegen sahen es vor, genau das Gegenteil zu tun. Sehen Sie selbst, wie wir das taten.

> "Ich habe eine sehr frohe Enttäuschung erlebt. Mir ist nämlich ein außergewöhnlich glückliches Missgeschick widerfahren."
>
> "Mir ist ein nicht wieder gutzumachender Fehler unterlaufen, weshalb es mit mir sofort bergauf geht."
>
> "Irgendein sympathischer Gentleman hat mich mit seinem Auto von oben bis unten mit Schmutz beglückt."
>
> "All meine Versuche waren vergebens, und das war der Grundstein meines Erfolgs."

"Sie liebt mich nicht! Doch das ist, ehrlich gesagt, sehr gut! Sie verstellt sich bloß verdammt gut!"

"Er hat mich sitzenlassen! Selten so gelacht!"

Und so weiter im gleichen Stil, mit allen möglichen Raffinessen. Das einzig Störende dabei war das hysterische Gelächter, das diese Transformationen der Misserfolge begleitete. In den Vorlesungen war unser lautes Gekicher natürlich tabu, und so verwandelte sich unser unterdrücktes Lachen in Prusten, Glucksen, Grunzen, Schnauben und sonstige Laute, wie man sie normalerweise von Huftieren kennt. In der Pause dann kam die aufgestaute Energie in Form von frenetischem Geheule zum Ausbruch, ganz im Sinne Castanedas.

Was hierbei aus der Sicht des Transsurfings geschah, verstehen Sie sicher selbst. Erstens wird jede Wichtignahme auf der Stelle gekillt, und somit fallen auch jegliche Überschusspotenziale flach. Zweitens entsprechen die Parameter der gedanklichen Ausstrahlung der Energie der Begeisterung, so irrsinnig diese auch sein mag, auf keine Weise einer tristen Lebenslinie, und daher verwirklicht sich der Übergang auf der Stelle. Der Spiegel reagiert schnell, weil Seele und Verstand schließlich erleichtert aufseufzen. Daraufhin wendet sich die Realität zum Besseren.

Einmal stand uns Studenten eine Prüfung über die Wahrscheinlichkeitstheorie bevor. Unser Lehrer war, gelinde gesagt, ein schrecklicher Typ. Wir verbrachten die Nacht vor der Prüfung im Studentenheim. Es war eine ominöse Nacht. Wir zerbrachen uns gemeinsam den Kopf, wie wir die Sache angehen sollten.

"Wer weiß, was Wahrscheinlichkeit ist und wie man sie berechnet?"
"Das ist ein Geheimnis, umhüllt von tiefer Finsternis."
"Und unsere Weibsbilder sitzen hier und büffeln ..."
"Ihr Bastarde ..."
Eines der "Weibsbilder", das unser Gespräch mitgehört hatte, steckte den Kopf durch die Tür.

"Schweig, Unselige, wir sind Gentlemen."
"Hosenscheißer seid ihr."
"Junge Gelehrte."
"Blödmänner."

Einer von uns hatte die Idee, die ganze Nacht Karten zu dreschen, und man einigte sich auf Preference. Ich aber sagte: "Nein, Leute, für mich ist das zu spät, ich geh schlafen." Die "Gentlemen" jedoch warfen sich in Schale, steckten sich, wie es sich gehörte, (billige) Zigarren in den Mund und setzten sich mit einigen Flaschen ominösen Inhalts an den Tisch, um Karten zu spielen.

Am nächsten Morgen traf ich sie noch immer am gleichen Tisch an.

"Ihr Idioten!", sagte ich. "Heute kriegt ihr nichts auf die Reihe."

Sie aber standen auf, lachten lakonisch-süffisant und gingen erhobenen Hauptes ihrem Verderben entgegen.

Ich sollte mit meiner Warnung Recht behalten. Sie alle bekamen eine Drei*. Mit mir war das eine ganz andere Sache! Ich bekam eine Zwei**. Es war ein toller Erfolg! Wie sie mich alle beneideten! Sie drängten sich um mich, schauten mir in die Augen und fragten mich aus ... Wie nur war mir das gelungen?

Ich aber ging mit stolz erhobenem Kopf umher.

"Hab's euch doch gesagt, Gentlemen! Ich hoffe, ihr versteht jetzt, wohin ihr euch diese jämmerlichen Dreier stecken könnt."

---

* Entspricht der Note "ausreichend" im deutschen Schulsystem, denn im russischen Notensystem ist "5" die beste und "2" die schlechteste Note. Die Note 1 darf nicht vergeben werden.

** Entspricht der Note "mangelhaft".

An jenem Tag feierten wir in großem Stil meinen Sieg. Wir amüsierten uns köstlich. Am folgenden Tag ging ich hin, wiederholte die Prüfung* und bekam eine Fünf**. Das war's. Sie können mir ruhig glauben, das habe ich mir nicht aus den Fingern gesogen. Wenn die Inversion qualitativ gut ist, lässt das Ergebnis nicht auf sich warten.

Was aber, wenn die Stimmung so schlecht ist, dass Inversion einfach nicht möglich ist? Dann sollte man sich in eine noch schlechtere Stimmung hineinsteigern, bis sie geradezu grotesk oder absurd wird. Wenn man die Kontrastwirkung des Dias bis zum Maximum steigert, wird es irgendwann ins Negative umschlagen. So ungefähr haben wir es manchmal auch getan.

Einmal fiel ein Mädchen in Depressionen. Zur Unterstreichung der Situation war sie ganz in Schwarz gekleidet und sagte, sie sei in Trauer. Alle kamen zu ihr und drückten ihr ihre Anteilnahme aus. Sie fragten sie, auf welche Weise sie sich das Leben nehmen und wann dies geschehen werde. Schließlich versammelte sich eine kleine Schar von Spitzbuben, die schwermütig ein gramvolles Lied anstimmten, mit Wehklagen, Weinen und Händeringen, kurzum das volle Programm, wie es bei anständigen Wilden so üblich ist. Allmählich ging das wilde Lied in ein gedehntes Geheul über, dann in ein natürliches Hundegebell und letztlich, als uns die Kräfte ausgingen, begannen alle, einschließlich der Dame in Schwarz, wie verrückt zu lachen.

Natürlich ist alles einfach, wenn man sich in solch fröhlicher Runde befindet. Wenn man allein ist, muss man alles selber auf die Reihe bekommen. Wie? So, wie es einem gefällt. Scherz beiseite. Man muss sich tatsächlich in eine absurde Lage hineinmanövrieren. Nur sollte man dazu keine bewusstseinsverändernden Mittel einnehmen, sonst endet alles tatsächlich in einem Desaster.

---

* Zu Sowjetzeiten konnte ein Student eine schlechte Prüfung wiederholen.

** Die beste Note im sowjetischen Schul- und Bildungssystem, siehe auch Seite 213, Anmerkung

Aber mir persönlich missfällt die Methode des Kontrastes für Alleinstehende, und daher möchte ich Ihnen dazu nicht raten. Ich erwähne dies nur der Information halber. Der Zustand der Bedrückung und Beklemmung zeugt von einem äußerst niedrigen Pegel der Absichtsenergie. Besser ist es, seine Energetik auf gebührendem Niveau zu halten, dann kommen Depressionen gar nicht erst auf.

Wie Sie sehen, kommt die Inversion der Realität dem Prinzip der Koordination der Absicht sehr nahe. Der Unterschied besteht bloß darin, dass die Inversion radikaler und voller Humor ist.

Kapitel 6

Ein Abstecher in die Psychologie

Auf der Grundlage des Variantenraums lassen sich bestimmte anormale Erscheinungen und seltsame Phänomene von Raum und Zeit erklären.

Eine seltsame Realität

Zum Schluss dieses Buches möchte ich dem Verstand noch ein wenig mehr Halt geben. Leider ist vieles im Transsurfing so unglaublich, dass man dem Verstand ständig erklären muss, dass all dies tatsächlich real ist.

Was für ein Modell auch immer man dem Transsurfing zugrunde legt, seine Prinzipien bleiben intakt. *Mit anderen Worten, diese Prinzipien sind vom Modell unabhängig.* Und das Hauptprinzip besteht darin, dass unsere gedankliche Ausstrahlung einen unmittelbaren Einfluss auf die Realität unserer Umgebung hat. Die offizielle Wissenschaft weigert sich bislang, diese Tatsache anzuerkennen, da experimentelle Untersuchungen zu mehrdeutigen Ergebnissen führen. Aber wir wollen ja unsere Probleme jetzt lösen und nicht warten, bis die Gelehrten ihr gewichtiges Wort in die Waagschale werfen.

Wir haben uns daran gewöhnt, dass unsere Welt dem Kausalprinzip gehorcht und dass ein beliebiger Effekt seinen Grund hat. Unter diesem Grund versteht man gewöhnlich eine konkrete Handlung. Im Allgemeinen gelten Gedanken nur als mittelbare Ursache von Handlungen, und nicht als materielle Ausstrahlung, die die Umgebung direkt beeinflussen kann. Aber die Fakten sprechen für sich.

Die unerklärlichen Erscheinungsformen der Wirkungsweise der äußeren Absicht konnten von der Wissenschaft nicht vollständig ignoriert werden. Schon der berühmte Schweizer Psychiater C. G. Jung untersuchte Phänomene, die mit der Wechselwirkung von Gedanken und materieller Realität zu tun hatten. Er hat Hunderte seltsamer Fälle untersucht, die wie unbegreifliche Zufälle anmuteten, ohne ersichtlichen Kausalzusammenhang. Jung prägte für solche Zufälle den Begriff der *Synchronizität.* In seinen Vorlesungen über Synchronizität führte er ein klassisches Beispiel aus seiner Praxis an.

*Am 1. April 1949 habe ich mir am Vormittag eine Inschrift notiert, in welcher es sich um eine Figur handelt, die oben Mensch, unten Fisch ist. Beim Mittagessen gab es Fisch. Jemand erwähnte den Brauch des »Aprilfisches«. Am Nachmittag zeigte mir eine frühere Patientin, die ich seit Monaten nicht gesehen hatte, einige eindrucksvolle Fischbilder. Am Abend zeigte mir jemand eine Stickerei, die Meerungeheuer und Fische darstellt. Früh am nächsten Morgen sah ich eine frühere Patientin, die mir nach zehn Jahren zum ersten Mal wieder begegnete. Sie hatte in der Nacht vorher von einem großen Fisch geträumt. Als ich einige Monate später diese Serie in einer größeren Arbeit verwendete und eben die Niederschrift beendet hatte, begab ich mich vors Haus an den See an eine Stelle, wo ich am selben Morgen schon mehrere Male gewesen war. Diesmal lag ein fußlanger Fisch auf der Seemauer. Da niemand dort gewesen sein konnte, weiß ich nicht, wie der Fisch dorthin gelangt ist.**

Ich könnte Ihnen noch eine Reihe solcher Geschichten erzählen, die im Prinzip nicht wunderlicher oder unglaubwürdiger sind als die nicht zu widerlegenden RHINEschen Resultate [im Sinne von übersinnlicher Wahrnehmung, zum Beispiel dem Kartenraten; *Anmerkung des Autors*], *und Sie würden dann bald sehen, daß fast jeder Fall eine eigene Erklärung erfordert. Die einzige, naturwissenschaftlich mögliche Kausalerklärung versagt aber infolge der psychischen Relativierung von Raum und Zeit, welch letztere unabdingbare Voraussetzungen für den Ursache-Wirkungs-Zusammenhang bilden.*

Mein Beispiel betrifft eine junge Patientin, die sich trotz beidseitiger Bemühung als psychologisch unzugänglich erwies. Die Schwierigkeit bestand darin, daß sie alles besser wußte. Ihre treffliche Erziehung hatte ihr zu diesem Zwecke eine geeignete Waffe in die Hand gegeben, nämlich einen scharfgeschliffenen cartesianischen Rationalismus mit einem geometrisch einwandfreien Wirklichkeitsbegriff. Nach einigen fruchtlosen Versuchen, ihren Rationalismus durch eine etwas humanere Vernunft zu

* C. G. Jung: *Die Dynamik des Unbewussten* (Gesammelte Werke, Band 8), Seite 579 f.

mildern, mußte ich mich auf die Hoffnung beschränken, daß ihr etwas Unerwartetes und Irrationales zustoßen möge, etwas, das die intellektuelle Retorte, in die sie sich eingesperrt hatte, zu zerbrechen vermöchte. So saß ich ihr eines Tages gegenüber, den Rücken zum Fenster gekehrt, um ihrer Beredsamkeit zu lauschen. Sie hatte die Nacht vorher einen eindrucksvollen Traum gehabt, in welchem ihr jemand einen goldenen Skarabäus (ein kostbares Schmuckstück) schenkte. Während sie mir noch diesen Traum erzählte, hörte ich, wie etwas hinter mir leise an das Fenster klopfte. Ich drehte mich um und sah, daß es ein ziemlich großes fliegendes Insekt war, das von außen an die Scheiben stieß mit dem offenkundigen Bemühen, in den dunkeln Raum zu gelangen. Das schien mir sonderbar. Ich öffnete sogleich das Fenster und fing das hereinfliegende Insekt in der Luft. Es war ein Skarabaeide, *Cetonia* aurata, *der gemeine Rosenkäfer, dessen grüngoldene Farbe ihn an einen goldenen Skarabäus am ehesten annähert. Ich überreichte den Käfer meiner Patientin mit den Worten: »Hier ist Ihr Skarabäus«. Dieses Ereignis schlug das gewünschte Loch in ihren Rationalismus, und damit war das Eis ihres intellektuellen Widerstands gebrochen. Die Behandlung konnte nun mit Erfolg weitergeführt werden.**

Ich saß also an meinem Manuskript, dachte über Jungs Käfer nach und überlegte, ob ich ihn als Beispiel in das Buch aufnehmen sollte, als auf einmal ein Vagabund von eindrucksvollem Äußeren durch das Fenster in mein Zimmer flog. Es war ein Käfer, der dem oben beschriebenen sehr ähnlich sah. Das können Sie nun glauben oder auch nicht. Ich muss gestehen, dass mich - ungeachtet der Tatsache, dass derartige Besuche äußerst selten sind - das Auftauchen des Käfers überhaupt nicht wunderte. Das lag aber nicht etwa daran, dass ich es gewohnt war, Phänomenen der Synchronizität gelassen zu begegnen. Im Gegenteil, vertieft in meine Betrachtungen, maß ich dem Ereignis keine weitere Bedeutung bei. Ohne viel nachzudenken, beförderte ich den Käfer durch ein offenes Klappfenster ins Freie, sodass er nicht selbst danach suchen musste. Erst einige

* C. G. Jung: *Die Dynamik des Unbewussten* (Gesammelte Werke, Band 8), Seite 584.

Zeit später jedoch dämmerte es mir: Mein Gott, was war ich doch für ein Trottel! Wann immer mich die äußere Absicht auf ihre Präsenz hinweist, komme ich aus dem Staunen nicht mehr heraus. Offenbar träumte ich mit offenen Augen, während ich praktisch mit der Nase auf dieses Signal gestoßen wurde. Wäre ich abergläubisch, so hätte ich das Geschehnis sicher als ein Zeichen von oben gedeutet. Sie können sich also vorstellen, wie die Menschen ständig mit offenen Augen vor sich hin träumen und die offensichtlichsten Erscheinungsformen der äußeren Absicht übersehen.

Ähnliche Beispiele gibt es in großer Zahl. Aus der Sicht des Transsurfings ist die gegebene Situation klar: Die Visualisierung ruft in einzelnen Fällen einen starken Stoß des Windes der äußeren Absicht hervor. Aber Jung will sich nicht voreilig festlegen, was der Grund für das Zusammenfallen der Ereignisse ist: ob nun die Gedanken selbst die Geschehnisse hervorgerufen haben oder ob die Gedanken die Folge einer unbewussten Vorahnung der Geschehnisse sind. Zum einen sagt er: *"Gedanken bilden die Grundlage für eine Serie zufälliger Ereignisse"*, zum anderen aber: *"Es ist manchmal schwierig, sich des Eindrucks zu erwehren, dass es eine Vorahnung des Auftretens einer Serie von bestimmten Ereignissen gibt."*

Zum einen konstatiert er, Gedanken seien die Grundlage für eine Serie zufälliger Ereignisse; zum anderen aber gibt er die Schwierigkeit zu, sich des Eindrucks zu erwehren, es gebe so etwas wie eine Vorahnung für das Auftreten einer Serie bestimmter Ereignisse.

In seiner Abhandlung "Synchronizität als ein Prinzip akausaler Zusammenhänge" (1952) definiert Jung Synchronizität als "die Gleichzeitigkeit eines gewissen psychischen Zustandes mit einem oder mehreren äußeren Ereignissen, welche als sinngemäße Parallelen zu dem momentanen subjektiven Zustand erscheinen".* Lange konnte sich Jung nicht dazu durchringen, sein Werk zu veröffentlichen, weil das Phänomen der Synchronizität den Rahmen des traditionellen wissenschaftlichen Denkens sprengt.

Jung kommt zu einem zwar vagen, aber nach den Maßstäben der traditionellen Wissenschaft recht mutigen Schluss: "Die synchronistischen Phänomene beweisen das simultane Vorhandensein von sinngemäßer Gleichartigkeit in heterogenen, kausal nicht verbundenen Vorgängen, oder mit anderen Worten die Tatsache, daß ein vom Beobachter wahrgenommener Inhalt *ohne kausale Verbindung* zugleich auch durch ein äußeres Ereignis dargestellt sein kann. Daraus ergibt sich der Schluß, daß entweder die Psyche räumlich nicht lokalisierbar oder daß der Raum psychisch relativ ist."**

Offensichtlich besteht hier kein Widerspruch zum Gesetz der Kausalität. Einen Grund gibt es immer, nur tritt der Mechanismus der Wechselwirkung von Gedanken und Umgebung auf undeutliche bis unbegreifliche Weise in Erscheinung. Was nun ist der Grund für synchronistische Phänomene - entwickeln sich Ereignisse aus Gedanken, oder entstehen Gedanken aus einer Vorahnung von Ereignissen heraus? Aus Sicht des Transsurfings sind beide Möglichkeiten plausibel. Die Seele erhält Zugriff auf Daten, die sich im Feld der Informationen befinden, welche dann vom Verstand interpretiert werden. Der Verstand bildet seinerseits Gedanken, die sich bei Vorhandensein der Einheit von Seele und Verstand materiell verwirklichen können. Diese Thesen bilden auch das Fundament des Transsurfing-Modells. Aber ich möchte hier wiederum betonen, dass das Variantenmodell nicht beansprucht, eine exakte Beschreibung der Welt zu liefern, sondern nur als Ausgangsbasis dient, als Grundlage zum Verständnis der Prinzipien. Wir kennen diese Welt noch zu wenig. Das soll uns jedoch nicht daran hindern, die Prinzipien des Transsurfings anzuwenden. Und davon, dass sie funktionieren, können Sie sich selbst überzeugen.

Alle Erscheinungen, die mit der Wirkung der gedanklichen Energie auf die Umwelt verbunden sind, lassen sich durch das aus der Quantenphysik bekannte Theorem von John Bell begründen, das folgendermaßen

---

* C. G. Jung: *Die Dynamik des Unbewussten* (Gesammelte Werke, Band 8), Seite 501.

** C. G. Jung: Die *Dynamik des Unbewussten* (Gesammelte Werke, Band 8), Seite 590.

lautet: "Voneinander isolierte Systeme existieren nicht. Jedes Teilchen des Universums steht mit allen anderen Teilchen in 'direkter' Verbindung (die schneller als das Licht ist). Selbst wenn die Teile durch riesige Entfernungen voneinander getrennt sind, bildet das ganze System eine ungeteilte Einheit." Dieses Theorem ist theoretisch bewiesen und wurde auch schon praktisch bestätigt. Freilich steht die "direkte Verbindung" im Widerspruch zur Relativitätstheorie, die behauptet, dass Energie sich nicht schneller ausbreiten kann als das Licht. Nichtsdestoweniger hat das Theorem seine Existenzberechtigung.

Die äußere Absicht fügt sich also nicht der Relativitätstheorie. Die Quantenphysik basiert auf unbeweisbaren Ausgangsthesen. Dies bedeutet, dass auch sie eindeutig nur ein Denkmodell ist. Sie weist nicht nur einen, sondern eine ganze Reihe seltsamer Widersprüche auf. Dies bestätigt einmal mehr, dass man diesem Modell keine sehr hohe Bedeutung beizumessen braucht. Jungs Ideen haben übrigens die Unterstützung der Begründer der modernen Physik gefunden: Wolfgang Pauli und Albert Einstein. Es ist außerdem sehr wahrscheinlich, dass der Prozess der Informationsübertragung keinen direkten Bezug zur Energie hat und daher schneller ablaufen kann als mit Lichtgeschwindigkeit.

Im Variantenmodell lassen sich auch Widersprüche finden, aber dennoch erklärt es vieles. Zwar können bestimmte bekannte Paradoxe von Raum und Zeit durch das Variantenmodell nicht völlig geklärt werden, aber zumindest "geglättet". Bisher haben wir den Übergang auf eine andere Lebenslinie synchron zur Zeit betrachtet. Mit anderen Worten, die Lebenslinien waren immer Parallelen zur Zeitachse. Der Übergang führte also immer von einem Zeitpunkt zu genau dem gleichen Zeitpunkt.

Nun stellen Sie sich einmal zwei Lebenslinien vor, die nicht parallel zur Zeitachse verlaufen. Die Projektionen ein und desselben Punktes dieser Linien auf die Zeitachse werden dann an verschiedenen Stellen liegen. Der Übergang von einer Linie zur anderen bringt eine Zeitverschiebung mit sich, und zwar je nach Richtung der Neigung in die Vergangenheit oder Zukunft. Das relative Gefälle der Neigung bestimmt jeweils die Größe der Zeitverschiebung.

Wenn nun zwei Lebenslinien zu einer gedachten Raumachse nicht parallel verlaufen, wird der Übergang von einer zur anderen demgemäß eine augenblickliche (oder unglaublich schnelle) Verschiebung im Raum bedeuten. Neigung und Neigungsrichtung der Linien bestimmen hierbei die Weite und die Richtung der Verschiebung. Dies ist zwar eine recht grobe, aber für unser Verständnis durchaus genügende Erklärung.

Ein akribischer Leser könnte nun einwenden: Und wie verhält es sich mit dem Paradox des Verstoßes gegen das Kausalitätsgesetz bei einer Zeitreise? Angenommen, ich reise zurück in die Zeit vor meiner Geburt und töte meine eigenen Eltern. Wie könnte ich dann noch geboren werden? Dieses Paradox ist im Lichte des Variantenmodells nur ein scheinbares. Auf ein und derselben Lebenslinie kann ich dann tatsächlich nicht mehr geboren werden. Was nun? Dann werde ich eben auf einer anderen Linie geboren. Zur Erinnerung: Es gibt eine unendliche Vielzahl von Lebenslinien, das heißt von Varianten, wo es mich gibt und wo nicht. Der blutrünstigste Liebhaber von Paradoxen könnte in seine eigene Kindheit reisen, sich dort selbst begegnen und der unschuldigen Kreatur den Garaus machen. Aber in diesem Fall würde er nicht sich selbst, sondern einer Variante von sich selbst begegnen, die neben vielen anderen existiert.

Man kann die Vergangenheit nicht wirklich ändern, denn sie ist bereits geschehen. Sie ist aber nicht nur deshalb geschehen, weil die Realisierung eines vergangenen Abschnitts der Lebenslinie vorbei ist, sondern auch, weil die Varianten der vergangenen Ereignisse ohnehin schon existierten. Über die Zukunft kann man in diesem Sinne gleichermaßen sagen, dass sie bereits geschehen ist. Deshalb gibt es beim Übergang von einer Lebenslinie zu einer anderen keinen Verstoß gegen die Kausalgesetze. Sie können einen Film nehmen und ein Bild herausschneiden, aber dadurch werden die nachfolgenden Bilder nicht leiden. Die Zeit selbst ist statisch. Was sich dynamisch verändert, ist nur die Realisierung der Varianten auf den Linien.

Was tatsächlich unmöglich ist, ist eine Zeitreise in die Zukunft oder Vergangenheit auf ein und derselben Linie. Nur in diesem Fall liegen echte Paradoxe vor. Sind nicht aus diesem Grunde die Voraussagen von Hellsehern so ungenau und oft sogar falsch? Hellseher haben irgendwie die Gabe, Sektoren der Zukunft abzutasten. Wenn nun die abgetasteten Sektoren auf anderen Lebenslinien liegen, dann sind die Fehler in den Prophezeiungen leicht erklärbar. Gemäß dem Variantenmodell könnte man sagen: Je weiter eine Linie von einer anderen entfernt ist, desto größer die Unterschiede in den Drehbüchern.

Die Gelehrten befremdet auch die Fortbewegungsart von Ufos: die irrwitzige Beschleunigung, das unvermittelte Anhalten und der plötzliche Richtungswechsel in einem rechten Winkel. Unter Berücksichtigung der Trägheit ist eine solche Bewegung unmöglich; außerdem wären die Insassen dieser Flugapparate riesigen Überlastungen ausgesetzt. Aus Sicht des Transsurfings jedoch geschieht dabei überhaupt nichts Übernatürliches. Die Ufonauten erfahren keinerlei Überlastung, weil die Ufos ganz anders fliegen als unsere herkömmlichen Flugzeuge und Raumschiffe. Was wir sehen, ist wahrscheinlich gar nicht die Bewegung der Objekte, sondern deren Realisierung im Variantenraum.

Was nun Seele und Verstand betrifft, so gibt es auch hierbei viele Unklarheiten. Die materialistische Wissenschaft stellt sich die Welt als ein streng mechanistisches System vor. Mit anderen Worten: Die Materie ist die primäre Energie, und sie bestimmt das Bewusstsein. Im Lichte der neuesten Entdeckungen der gleichen Wissenschaft verliert dieses Modell jedoch immer mehr seine Berechtigung. Übrigens wird sich der Wandel der wissenschaftlichen Weltbilder immer von neuem wiederholen, solange der Mensch fälschlicherweise davon ausgeht, dass er das Wesen der fundamentalen Naturgesetze verstehen könne. Mit dem gleichen Erfolg könnte eine Henne an ihrer Auffassung von der Entstehung, dem Bau und der Entwicklung einer Geflügelfarm festhalten. Der Mensch steht in seiner Entwicklung auf einer höheren Stufe, aber die unendliche Komplexität der Welt wird dadurch nicht geringer. Es ist dem Menschen einfach nicht gegeben, alles zu wissen und zu verstehen.

Die Pendel der Wissenschaft und der Religion, die sich als alleinige Vertreter der Wahrheit sehen, haben ihre Herrschaft nicht so sehr dank der richtigen Erläuterung der Wahrheit, sondern vielmehr durch die Verfolgung Andersdenkender etabliert. Ständige Feindschaft herrscht nicht nur allgemein zwischen den Pendeln der Wissenschaft und denen der Religion, sondern auch zwischen den einzelnen Zweigen dieser Pendel. Die Schlacht hat kein Ende. Aber bei dieser Schlacht geht es nicht um die Wahrheit, sondern darum, Anhänger zu gewinnen.

Als ich die Unfähigkeit des Gehirns begründete, alle Informationen zu speichern, ging ich von einem Modell aus, das Information als Computerbits betrachtet. Dieses Modell ist jedoch auf die Neuronen des Gehirns eigentlich gar nicht anwendbar. Wer weiß, wie diese Information in Wirklichkeit gespeichert wird? Stellen Sie sich vor, ein Wissenschaftler jener Zeit, als es noch kein Radio und Fernsehen gab, soll ein Fernsehgerät untersuchen. Er würde versuchen, die verschiedenen Tasten und Knöpfe zu betätigen, um zu beobachten, was jeweils auf dem Bildschirm geschieht. Da der Wissenschaftler die tatsächliche Wirkungsweise des Fernsehers nicht kennt und sich auf die Ergebnisse seiner "wissenschaftlichen" Beobachtungen stützt, würde er zu verschiedenen Schlussfolgerungen kommen, die alle auf einer scheinbar zweifelsfreien Tatsache beruhen: Der Fernseher generiert die Sendungen selbst. Sie entstehen in seinen eigenen Transistoren und Schaltkreisen.

Auf die gleiche Weise untersuchen die Anhänger der mechanistischen Modelle das Gehirn des Menschen. Tatsächlich wirkt sich ein Schaden bestimmter Regionen des Gehirns auf vorhersehbare Weise auf die Wahrnehmung bzw. Psyche aus. Das Prinzip der Wirkungsweise des menschlichen Intellekts bleibt jedoch nach wie vor unbekannt. Nichtsdestoweniger folgern die Anhänger des materialistischen Weltbilds, dass die Materie das Bewusstsein formt, nicht umgekehrt. Die Konservativen unter ihnen, die sich stolz Gelehrte nennen, verkünden hochnäsig: Sie beschäftigen sich mit echter Wissenschaft, die auf tatsächlichen Fakten beruht und nicht auf Vermutungen von Dilettanten. Alles, was über den Rahmen ihrer Theorien hinausgeht, wird als unwissenschaftlich deklariert und nicht nur verworfen, sondern offen verfolgt. Zum Glück nimmt die Anzahl solcher Dogmatiker stetig ab.

Sie können mit den Ideen dieses Buches nun übereinstimmen oder nicht, doch vergessen Sie dabei bitte nicht, dass es sich nur um ein Modell handelt. Wie alles in Wirklichkeit vor sich geht, weiß niemand. Es ist eine Eigenheit des Verstandes, alles abzulehnen, was über den Rahmen rationaler Erklärungen hinausgeht. Solange der Verstand nicht von der Rationalität eines Denkmodells überzeugt ist, wird er es nicht in seine Schablone der Weltanschauung aufnehmen. Transsurfing funktioniert ohne jeden Zweifel, aber wer es anwenden will, muss seinem Verstand eine vernünftige Erklärung dafür vorlegen können.

Das Variantenmodell bietet uns die Möglichkeit, festen Boden unter den Füßen zu verspüren - aber auch nicht mehr als das. Es ist und bleibt ein Schema. Allerdings lässt es sich in ein anderes, verfeinertes Modell transformieren. Zum Beispiel können wir auf die Vorstellung der so genannten Lebenslinien verzichten, die uns zu Beginn des Buches das Verständnis erleichtern sollten. So wird aus dem Variantenraum ein Kontinuum. Es gibt keine Pfade im Wald mehr - es ist einfach nur noch ein Wald. Dadurch ändert sich jedoch nichts am Wesen des Transsurfings. Egal von welchem Modell wir ausgehen, es wird die Realität nur mehr oder weniger adäquat widerspiegeln. Der Pfad der Erkenntnis der Realität ist unendlich, so unendlich wie die Erscheinungsformen der Realität.

Möglicherweise werden Sie denken, die Prinzipien des Transsurfings hätten Anklang an andere, ähnliche Lehren. Das ist kein Wunder. Jede Lehre ist ein in sich verhältnismäßig geschlossenes, selbstständiges Modell. Aber da wir alle Menschen mit einer qualitativ ähnlichen Weltanschauung sind, können sich die verschiedenen Modelle hier und da überlappen. Es ist vergeblich, sich die Frage zu stellen, welches von ihnen die Welt am treffendsten beschreibt. Was Wert hat, sind nur die praktischen Ergebnisse, die sich aus diesem oder jenem Modell gewinnen lassen.

Nehmen wir zum Beispiel die Mathematik. Die verschiedenen Zweige der Mathematik sind unterschiedliche Modelle zur Beschreibung der materiellen Realität. Ein und dieselbe physische Aufgabe kann man auf verschiedene Weise lösen, je nachdem, welches mathematische Modell man zugrunde legt. Es ist sinnlos, darüber zu streiten, ob nun die analytische Geometrie oder die Differentialrechnung besser sei. Man kann nur wählen, welches System einem mehr liegt. Treffen Sie also Ihre Wahl.

Die Absicht der Magier der Frühantike

Bilanz ziehend, möchte ich mich der Absicht der Magier der Antike anschließen. Damit meine ich die Hüter des Wissens, die in unserer Realität bis zum Untergang der letzten großen Zivilisation lebten. Überreste dieses Wissens sind bis heute in bestimmten esoterischen Lehren und Praktiken zu finden.

Es gibt nämlich Hinweise - die sich allerdings nicht nachprüfen lassen -, dass einige jener Magier in eine andere Realität eingegangen sind und jetzt versuchen, der Menschheit ihr Wissen vom Pfad der Transzendenz zu vermitteln.

Noch vor Kurzem hätte ich auf eine solche Behauptung, gelinde gesagt, skeptisch reagiert. Doch in den vergangenen Jahrzehnten haben sich die Fälle gehäuft, wo an den verschiedensten Orten des Globus Menschen unabhängig voneinander ähnliche Interpretationen ein und desselben Wissens verkünden. Und nun bin eben auch ich auf dieses Wissen gestoßen, das, wie gesagt, keineswegs meinem eigenen Hirn entsprungen ist.

Ich kann nicht mit voller Gewissheit behaupten, dass der Aufseher, über den ich im ersten Kapitel dieser Buchserie schrieb, tatsächlich existiert, zumindest nicht in unserer Realität. Dennoch habe ich mehr als genug Gründe anzunehmen, dass es ihn tatsächlich gibt.

In meinen Träumen sind mir alle möglichen Personen begegnet, die aber überhaupt keinen Einfluss auf meine recht konservative Weltanschauung hatten. Meine Begegnung mit dem Aufseher jedoch hat nicht nur alle meine Vorstellungen über die Welt, sondern auch mein ganzes Leben umgekrempelt.

Auf einmal beginnt nun ein ehemaliger Physiker, der keine besonderen Anlagen mitbringt, Bücher zu schreiben. Das Unglaublichste aber ist, dass den Anstoß hierzu ein gewöhnlicher Traum gegeben hat.

Seit jener ersten Begegnung ist mir der Aufseher nicht mehr erschienen. Doch manchmal scheint es mir, dass ich seine unsichtbare Präsenz spüre. Wie dem auch sei, ich habe das Transsurfing nie für *mein eigenes* Wissen gehalten.

Ich bin nur ein Relais-Sender, der auf die entsprechende Region im Variantenraum eingestellt ist. Daher kann ich eigentlich keine direkten Verdienste für mich beanspruchen, obwohl natürlich nicht übersehen werden sollte, dass es mir mit großer Mühe gelungen ist, das Wissen des Transsurfings zu systematisieren und in schriftliche Form zu bringen. Erkenntnis ist eine Sache, aber diese dann zu vermitteln steht auf einem anderen Blatt.

Auch Ihnen steht nicht einfach eine Erkenntnis bevor, sondern auch die Verinnerlichung dieses Wissens. Nachdem Sie dieses Buch vielleicht auf einen Sitz verschlungen haben, haben Sie noch kein Wissen, sondern erst *Information* erlangt. Und das ist nicht das Gleiche!

Transsurfing bietet genügend konkrete Methoden zur Realisierung eines Traumes an. Aber auch dies mag dem einen oder anderen noch zu mager erscheinen. Wenn Sie dieses Verfahren angehen wie das Knüpfen einer Krawatte, dann können Sie damit womöglich das ganze Leben umsonst verbringen, denn das Lenken des eigenen Schicksals untersteht nicht Regeln nach der Art "erstens, zweitens, drittens".

Transsurfing sollte nicht auf das Befolgen irgendwelcher Methoden reduziert werden. *Es geht nicht um eine Technik, sondern um die Erkenntnis der inneren Freiheit und darum, sich als Herr der Schicht seiner Welt zu fühlen.* Wenn Sie dieses Empfinden erreichen, wird alles von sich aus laufen, auch ohne jede Technik.

Um jedoch diese Erkenntnis zu erlangen, muss man das Transsurfing zu seiner Lebensweise machen. Einen anderen Weg gibt es nicht. Allerdings ist dieser Weg überhaupt nicht beschwerlich, sondern vielmehr faszinierend, wie das Spiel mit dem Spiegel.

Die Welt ist der Spiegel Ihrer Einstellung zu ihr, nur mit einer verzögerten Reaktionszeit. Indem Sie Ihr Verhalten der jeweils folgenden Reaktion des Spiegelbilds gegenüberstellen, werden Sie Ihren Verstand an eine einfache, aber schwer zu erkennende Wahrheit gewöhnen: *Durch Ihre Absicht formen Sie die Schicht Ihrer Welt.*

Auch müssen Sie sich erst an die einfache, aber ungewöhnliche Wahrheit gewöhnen, dass Sie um die Mittel und Wege zum Erreichen eines Ziels nicht besorgt sein sollten. Dieser Feststellung liegt ein fundamentales Prinzip zugrunde: *Die Richtung der Absicht bestimmt den Vektor des Variantenstroms.*

Sie brauchen einfach nur diese Richtung zu unterstützen und den Variantenstrom nicht zu stören. Die Mittel zum Erreichen des Ziels werden sich von selbst finden; Sie können und sollten nicht wissen, auf welche Weise Ihr Ziel erreicht werden wird. *Was auch immer geschieht – wenn Sie am Zieldia festhalten und das Prinzip der Koordination beachten, wird der Variantenstrom Sie zum Ziel tragen.* Dies ist ein Gesetz.

Sie werden die Prinzipien des Transsurfings nicht sogleich nach dem Lesen dieses Buches verstehen. Die Information wird sich nur als Folge der Praxis in Erkenntnis umwandeln. Warten Sie nicht auf sofortige Resultate. Mit der Absicht im Reisegepäck wird früher oder später alles klappen.

Möglicherweise ist es mir bisher nicht in ausreichendem Maße gelungen, die Absicht der antiken Magier zu erfüllen und Ihnen das Wissen des Transsurfings in ganzer Fülle zu vermitteln. Aber ich plane weiterzumachen, und der nächste Band wird bald fertig sein, der Arbeitstitel lautet: *Die Äpfel fallen in den Himmel.*

In jenem Band werden sich Ihnen neue Facetten eröffnen, in denen unsere seltsame und schöne *Spiegelwelt* glitzert.

Epilog

Hiermit ist eine weitere magische Exkursion in die Welt des Transsurfings zu Ende. Wenn Sie nur Ihre Neugier befriedigen wollen, bleibt das Transsurfing für Sie nicht mehr als eine Exkursion. Aber wenn etwas in diesem Buch die Saiten Ihrer Seele berührt hat, fängt die magische Reise jetzt erst an.

Es ist mir gleichgültig, ob Sie mir alles abgenommen haben oder nicht. Nach meiner Begegnung mit dem Aufseher im Reich der Träume war ich selber ja auch skeptisch. Ich habe nicht die Absicht, es den Pendeln gleichzutun und massenhaft Anhänger um mich zu scharen, um Ihnen allen etwas zu beweisen.

Wenn Sie die Prinzipien des Transsurfings in der Praxis anwenden, werden Sie nicht nur sich selbst davon überzeugen, dass sie funktionieren, sondern Sie werden für sich selbst viele neue, seltsame Entdeckungen machen. Dann werden Sie mir vielleicht schreiben, und wir können uns zusammen wundern und freuen.

Wir alle sind einsame Wanderer im grenzenlosen Variantenraum. Transsurfing entzündet ein Hoffnungsfeuer für den müden Wanderer, der sich durch die Finsternis falscher Begrenzungen und Stereotype schleppt. Nutzen Sie Ihr Recht auf die Freiheit der Wahl, dann werden Sie das Rauschen der Morgensterne hören, und Ihre Äpfel werden in den Himmel fallen. Viel Erfolg, einsamer Wanderer!

Die Transsurfing-Reihe von Vadim Zeland

Transsurfing – die Bücher zur Realitätssteuerung von Vadim Zeland

Transsurfing ist eine mächtige Technik zur Realitätssteuerung, mit der jeder die Möglichkeit hat, die Realität nach Belieben zu lenken. Vadim Zeland erläutert in den 6 Bänden dieser Reihe, dass die Realität nicht festgeschrieben ist. Jeder Mensch kann zu jeder Zeit aus einer Vielzahl möglicher Wege den für sich richtigen wählen, um sein Ziel zu erreichen. Er kann selbst entscheiden, welche Ereignisse in seinem Leben stattfinden werden und welche nicht.
Millionen von Lesern in aller Welt haben Vadim Zelands Bücher gelesen und die Prinzipien des Transsurfings in ihr Leben integriert – mit Erfolg.

Transsurfing
Die Realität ist steuerbar
232 Seiten, broschiert · € [D] 16,00
ISBN 978-3-89845-154-3

Transsurfing 2
Das Praxisbuch
240 Seiten, broschiert · € [D] 16,00
ISBN 978-3-89845-201-4

Transsurfing in 78 Tagen
Die Kunst der Realitätssteuerung
216 Seiten, broschiert · € [D] 16,00
ISBN 978-3-89845-377-6

Transsurfing 4
Die zwei Gesichter der Realität
192 Seiten, broschiert · € [D] 16,00
ISBN 978-3-89845-285-4

Transsurfing 5
Die Realität auf den Kopf gestellt
192 Seiten, broschiert · € [D] 16,00
ISBN 978-3-89845-324-0

Transsurfing – Lenker der Realität
Die Antworten
296 Seiten, broschiert · € [D] 16,00
ISBN 978-3-89845-445-2

572 Seiten, broschiert
ISBN 978-3-89845-494-0
€ [D] 22,00

Vadim Zeland

Ausstieg aus dem technogenen System

Vadim Zeland macht klar, dass der technische Fortschritt nicht dem Menschen sondern nur dem System selbst dienlich ist und zeigt Ihnen, wie Sie sich aus dem System ausklinken können. Er bietet Ihnen dadurch die Chance, Ihre individuelle Lebensqualität zu steigern. Lernen Sie die Spielregeln des Systems kennen und entdecken Sie, wie Sie sich von den Abhängigkeiten des Systems loslösen können. Ihr Bewusstsein wird wieder frei, die Kraft Ihrer Intelligenz und Ihrer Kreativität wird steigen und es wird Ihnen nicht mehr schwerfallen, Ihre Ziele zu erreichen. Sie sind einzigartig, und sie haben die Chance die Matrix auszuhebeln und in die Freiheit zu gelangen. Das ist ein prächtiges Privileg. Gönnen Sie es sich!

240 Seiten, gebunden, mit abgerundeten Ecken
ISBN 978-3-89845-569-5
€ [D] 16,95

Vadim Zeland

TransSurfing to go

Vadim Zeland zeigt Ihnen, wie Sie sich endlich das Leben formen können, das Sie schon immer führen wollten.
Falls Sie es wagen, den Rahmen des scheinbar feststehenden Algorithmus »Denke wie alle – handle wie alle – sei wie alle« zu verlassen, werden sich Ihre Möglichkeiten und Chancen weit über die Grenzen des für alle anderen Erreichbaren hinaus ausdehnen!
In »TransSurfing to go« fasst der Erfolgsautor alle relevanten Prinzipien der Methode kompakt zusammen und hilft Ihnen, sie zur richtigen Zeit zu verwenden.
Einfach zu lesen – einfach anzuwenden.

240 Seiten, broschiert
ISBN 978-3-89845-678-4
€ [D] 18,00

Andrej Korobeishchikov

Metanoia – Der Weg der Seher

Überwinde die Grenzen deiner Realität

Der Autor offenbart uns die Welt hinter der Welt und enthüllt Stereotypen der Gesellschaft mit einem Trainingsprogramm, durch das wir diese andere Welt sehen und verstehen können. Als Jäger-Schamane der Taiga beschreitet er den Weg des Sehers.
Durch den Eintritt in ein neues Raum-Zeit-Gefüge, entdeckt man eine Parallelzivilisation und eine Welt, die unseren Alltag mit ungeahnten Kräften beeinflusst. Die mystischen Erfahrungen des Autors werden in das moderne Leben eingebunden und es beginnt eine Suche nach dem Höchsten Geist und dem verlorenen Zuhause durch die Schattenseiten der modernen Gesellschaft.

352 Seiten, broschiert
ISBN 978-3-96933-041-8
€ [D] 28,00

Grażyna Fosar & Franz Bludorf

Vernetzte Intelligenz

Kollektives Bewusstsein & Hyperkommunikation aller Lebewesen

Alles im Universum ist über Frequenzen miteinander verbunden. Wir leben in einem riesigen Netzwerk, vergleichbar einem kosmischen Internet – in das wir uns mittels unserer DNA einwählen! Aber was bedeutet das genau? Sind wirklich alle Lebewesen über die Hyperkommunikation miteinander vernetzt? Die Autoren diskutieren zusammen mit ihren renommierten Gesprächspartnern, wie Stephen Hawking oder F. A. Popp, über spannende Forschungsergebnisse aus Quantenphysik, Astronomie, Medizin und Bewusstseinsforschung. Kritisch hinterfragen sie auch etablierte Theorien und legen so ein besonderes naturwissenschaftliches Buch vor, das ganz ohne Zahlen und Formeln auskommt. Und keine Fragen offen lässt.

320 Seiten, broschiert
ISBN 978-3-96933-059-3
€ [D] 22,00

Johannes von Buttlar & Trutz Hardo

Supersurfing – Reisen durch Raum & Zeit

Ein Praxisbuch

Traum, Zeitreise oder Quantenphysik?
Wie wäre es eine Zeitreise zu machen oder sich im unendlichen Raum teleportieren zu können? Das ist keine Wunschvorstellung mehr, sondern absolut möglich und real.
Die beiden Autoren belegen das mit Beweisen, historischem Hintergrund, wissenschaftlichen Grundlagen und dem Aufbau der angewandten Technik des SUPERSURFING.
Sie zeigen Ihnen wie Sie die Grenzen durchbrechen und die aufregendsten Erfahrungen durch Zeit und Raum machen können.

144 Karten mit Kurzanleitung, inkl. Miniposter, in Box
EAN 4260075280-28-8
€ [D] 25,00

Franziska Krattinger

Die Kraft der 144 Schalt- und Machtworte

Es ist schwer, eingefahrene Wege zu verlassen und wirklich etwas in seinem Leben zu verändern.
Die 144 wirkungsvollen Karten mit Schalt- und Machtworten helfen dabei, denn sie erwecken die uns innerwohnende positive Macht zur selbstbestimmten Veränderung von Situationen und Vorhaben. Eines dieser Worte genügt bereits, um einen unterbrochenen energetischen Fluss wieder zum Laufen zu bringen und so alles zum Besten zu lenken!
Schalten auch Sie einfach um – und beobachten Sie die positiven Veränderungen in Ihrem täglichen Leben. Sie haben WIRKLICH die Macht dazu!

144 Seiten, mit Farbteil, broschiert
ISBN 978-3-89845-624-1
€ [D] 12,00

Ewgenij Titow

Die Sibirische Zeder

Die »Königin der Taiga« und die Kostbarkeiten der Zedernnüsse

In diesem Ratgeber zeichnet der Autor ein umfassendes Bild der »Königin der Taiga« und beschreibt anschaulich die verschiedenen Arten, das breite Spektrum an heilenden Wirkungen in den Nüssen, den Nadeln, dem Harz, dem Holz und den ätherischen Ölen und originelle Landschaftsgestaltungen mit der Zeder. So macht er Lust darauf, die majestätischen Bäume auch im eigenen Garten anzusiedeln.
Ein umfangreiches, lehrreiches und auf dem deutschen Markt einzigartiges Kompendium für alle, die mehr über den alten Kultbaum Russlands erfahren möchten.

288 Seiten, broschiert
ISBN 978-3-89845-420-9
€ [D] 14,95

Larisa Renar

Die Macht der Weiblichkeit

Die Macht weiblicher Energierituale
Dieses Buch beschreibt die Stärken der weiblichen Energie, die schönen Schwächen, die unglaublichen Möglichkeiten und die süßesten Mächte der Erde. Entdecken Sie mit diesem voller Charme geschriebenen Buch Ihre Weiblichkeit, die Macht der Verführung und das Geheimnis, wie Sie Ihre Wünsche realisieren.
Tauchen Sie ein in die moderne Welt von Larisa Renar und in die Welt des frühen 20. Jahrhunderts der Fürstin Varvara Renar. Profitieren auch Sie wie die Autorin von den Kenntnissen der Urgroßmutter, von den Verführungsrezepten und dem geheimen Wissen über die weibliche Macht – und werden Sie zur modernen Liebesgöttin ...

240 Seiten, broschiert
ISBN 978-3-89845-354-7
€ [D] 14,90

Alexander Sviyash

Ab heute bin ich Glückskind

Leben ist das, was ich will

Haben Sie tatsächlich das, was Sie für Ihr Glück brauchen? Nein? Dabei können Sie jederzeit zu einem wahren Glückskind werden und alles haben, was Sie sich wünschen. Es kommt nur auf Sie an!
Alexander Sviyash verrät, wie sich Ihr Leben selbst unter den schwierigsten Bedingungen drastisch zum Besseren wendet und wie Sie zu einem Glückskind werden. Ihre Ziele erreichen Sie zukünftig mit wenig Mühe. Das mag wie ein Wunschtraum klingen, aber es ist eine unumstößliche Tatsache, von der Sie profitieren können, wenn Sie es nur zulassen ...

Weiterführende Informationen zu
Büchern, Autoren und den Aktivitäten
des Silberschnur Verlages erhalten Sie unter:
www.silberschnur.de

Natürlich können Sie uns auch gerne den
Antwort-Coupon aus dem beiliegenden
Lesezeichenflyer zusenden.

Ihr Interesse wird belohnt!